UTB 2516

Eine Arbeitsgemeinschaft der Verlage

Beltz Verlag Weinheim · Basel
Böhlau Verlag Köln · Weimar · Wien
Wilhelm Fink Verlag München
A. Francke Verlag Tübingen und Basel
Haupt Verlag Bern · Stuttgart · Wien
Verlag Leske + Budrich Opladen
Lucius & Lucius Verlagsgesellschaft Stuttgart
Mohr Siebeck Tübingen
C. F. Müller Verlag Heidelberg
Ernst Reinhardt Verlag München und Basel
Ferdinand Schöningh Verlag Paderborn · München · Wien · Zürich
Eugen Ulmer Verlag Stuttgart
UVK Verlagsgesellschaft Konstanz
Vandenhoeck & Ruprecht Göttingen
Verlag Recht und Wirtschaft Heidelberg
WUV Facultas Wien

Schlüsselqualifikation Sozialkompetenz

Theorie und Trainingsbeispiele

von Peter R. Wellhöfer

Lucius & Lucius · Stuttgart

Anschrift des Autors:

Prof. Peter R. Wellhöfer
Georg-Simon-Ohm-Fachhochschule
Fachbereich Sozialwesen
Bahnhofstr. 87
90401 Nürnberg

Bibliografische Information der Deutschen Bibliothek

Die Deutsche Bibliothek verzeichnet diese Publikation in der
Deutschen Nationalbibliografie; detaillierte bibliografische Daten
sind im Internet über http://dnb.ddb.de abrufbar

ISBN 3-8282-0268-3 (Lucius & Lucius)
© Lucius & Lucius Verlagsgesellschaft mbH Stuttgart 2004
   Gerokstr. 51, D-70184 Stuttgart
   www.luciusverlag.com

Druck und Einband: F. Pustet, Regensburg

Printed in Germany

UTB-Bestellnummer: 3-8252-2516-X

Vorwort

Seit Jahren wird in der Öffentlichkeit beklagt, dass in allen Ausbildungsebenen zu wenig Wert auf die Vermittlung von Schlüsselqualifikationen bzw. neudeutsch „soft skills" gelegt werde. Die fachliche Qualifikation entspricht dabei meist den Anforderungen und wird akzeptiert, gleichzeitig wird aber ein Defizit an sozialen Fähigkeiten und Fertigkeiten attestiert. Wie bedeutsam diese sozialen Kompetenzen eingestuft werden, können wir beim Studium von Stellenanzeigen ersehen. In mindestens jeder zweiten Anzeige werden Eigenschaften wie Verhandlungsgeschick, Teamfähigkeit, gewandtes Auftreten, kommunikative Fähigkeiten, kundenorientiertes Verhalten, Belastbarkeit, Führungseigenschaften, soziale Kompetenz, Kommunikationsstärke, Kontaktstärke, Beratungskompetenz usw. gefordert. Die Vermittlung dieser Fertigkeiten steht nur selten in einem Ausbildungs- oder Rahmenstudienplan.

In der vorliegenden Arbeit möchte ich meine jahrzehntelangen Erfahrungen in der Planung und Durchführung von Seminaren, Workshops und Lehrveranstaltungen im Bereich der Erwachsenenbildung zusammenfassen. Meine Zielgruppe sind einerseits Lehrende im (Aus-) Bildungsbereich, andererseits aber auch interessierte Leserinnen und Leser, die sich über das Thema „Sozialkompetenz" informieren wollen und Möglichkeiten suchen, wie sie ihr soziales Verhalten weiterentwickeln können. Die meisten der vorgeschlagenen Übungen können auch im Einzelversuch durchgeführt werden, allerdings ist zu betonen, dass soziale Kompetenzen sich am besten in sozialen Situationen mit entsprechendem Feedback erlernen und differenzieren lassen

Das Buch besteht aus drei Teilen, die unabhängig voneinander gelesen werden können. Im ersten Teil versuche ich den Begriff der Sozialkompetenz zu definieren und stelle das Menschenbild der Humanistischen Psychologie vor. Bei diesem Bezugssystem unterscheidet sich sozialkompetentes Verhalten deutlich von antrainierten „Sozialtechniken". Im zweiten Teil werden die Selbst- oder Ich-Kompetenz als Basis der Sozialkompetenz dargestellt und Trainingsmöglichkeiten angeboten, mit denen das eigene Stress- und Zeitmanagement verbessert, sowie Personen und Situationen realitätsgerechter bewertet werden können. Der dritte Teil konzentriert sich auf die Sozialkompetenz im engeren Sinne, wie Kommunikation, Präsentation, Führung, Konfliktsteuerung und Gruppenmoderation.

Auch diese Themenbereiche werden sowohl theoretisch dargestellt als auch durch Übungen erlebbar gemacht.

Neben der Einsicht, dass „Wissenschaft eine Abschreibgesellschaft ist" (Neuberger 2002, S. VIII), haben viele Studierende, Seminarteilnehmer und Kollegen Diskussionsbeiträge geliefert, die ich im Einzelnen leider nicht mehr benennen und würdigen kann. Hervorheben möchte ich die Kolleginnen und Kollegen vom „Team für psychologisches Management" – tpm – mit denen ich ein gutes Jahrzehnt zusammenarbeiten, diskutieren und Erfahrungen sammeln konnte. Viele der dabei gewonnenen Ideen sind in die vorliegende Arbeit eingeflossen.

Bedanken möchte ich mich bei meiner Familie, die mir nicht nur für die Arbeit an diesem Buch den Rücken freigehalten hat, so dass ich ungestört meine „stillen Stunden" (siehe Thema Zeitmanagement) einplanen und realisieren konnte; sie hat auch die mühsame Arbeit des Korrekturlesens übernommen, damit den Fehlerteufel in seine Schranken verwiesen und mir zusätzliche Hinweise zur Verbesserung der Lesbarkeit gegeben. Dr. Wulf D. von Lucius hat mich bei allen (verlagstechnischen) Fragen unterstützt, motiviert und damit wesentlich zum Gelingen der Arbeit beigetragen.

Auch wenn viele Personen an dieser Veröffentlichung indirekt beteiligt sind, liegt die inhaltliche Verantwortung allein beim Autor. Da Fehler und Irrtümer menschlich sind, beanspruche ich diese Eigenschaft auch für mich. Ich bitte allerdings die Leserinnen und Leser, mich auf Fehler aufmerksam zu machen und anzuregen, welche Aspekte aus Ihrer Sicht fehlen bzw. stärker herausgearbeitet werden sollten (peter.wellhoefer@fh-nuernberg.de), damit im Sinne der Qualitätsentwicklung die Veröffentlichung weiter verbessert werden kann.

Im Text verwende ich im Folgenden die männliche Anrede. Der Grund ist nicht die Annahme, dass vor allem Männer sich mit dem Thema Sozialkompetenz auseinandersetzen sollten (was einige Untersuchungsergebnisse nahe legen), sondern allein die bessere Lesbarkeit. Wenn also von Lesern oder Teilnehmern die Rede ist, dann möchte ich damit ausdrücklich auch Leserinnen bzw. Teilnehmerinnen ansprechen.

Uttenreuth-Weiher,
im Winter 2003/2004

Peter R. Wellhöfer

Inhaltsverzeichnis

1. Schlüsselqualifikationen und Sozial-kompetenz

1.1. Was ist Sozialkompetenz?

Sozialkompetenz verstehen wir heute als eine Schlüsselqualifikation, die bei nahezu allen Berufen gefordert wird. Diese Bezeichnung setzt sich aus zwei Begriffen zusammen, die unterschiedliche Bedeutungen besitzen. Das Wort „Sozial" bezieht sich auf eine eher wertfreie Beschreibung zwischenmenschlicher Interaktionen, während der Begriff „Kompetenz" eine wertende Qualität besitzt.

Das Thema „Schlüsselqualifikation" wurde von Mertens (1974), dem ehemaligen Direktor des Instituts für Arbeitsmarkt- und Berufsforschung der Bundesanstalt für Arbeit, in die bildungspolitische Diskussion eingeführt. Die wirtschaftlichen, technischen und gesellschaftlichen Veränderungen führen zu einem raschen Wandel der Anforderungen an die beruflichen Qualifikationen. Eine rein fachlich orientierte Ausbildung genügt nicht mehr, da der gesellschaftliche Wandel eine laufende Anpassung der Bildungsmaßnahmen an die neuen Anforderungen erzwingt. Die erlernten und die geforderten Qualifikationen klaffen deshalb auseinander; diesen „time-lag" möchte Mertens durch die Förderung der Schlüsselqualifikationen möglichst gering halten. Die Schlüsselqualifikationen sollen die Erwerbstätigen befähigen, möglichst schnell auf die sich ändernden Berufsanforderungen zu reagieren. Von Mertens wird der Begriff Sozialkompetenz nicht direkt erwähnt, das geschilderte Defizit wird aber in der bis heute andauernden Diskussion als ein wesentlicher Aufgabenbereich der Schlüsselqualifikationen angesehen.

Roth (1971) hat den Begriff Sozialkompetenz in die deutsche Pädagogik eingeführt und versteht darunter einen Aspekt der Mündigkeit als Kompetenz für eine verantwortliche Handlungsfähigkeit, die sich in drei Bereichen zeigt: „a) als Selbstkompetenz, d.h. als Fähigkeit für sich selbst verantwortlich handeln zu können, b) als Sachkompetenz, d.h. als Fähigkeit, für Sachbereiche urteils- und handlungsfähig und damit zuständig sein zu können, und c) als Sozialkompetenz, d.h. als Fähigkeit, für sozial, gesellschaftlich und politisch relevante Sach- und Sozialbereiche urteils- und handlungsfähig und also ebenfalls zuständig sein zu können" (Roth 1971, S. 180). Auch Arnold (1995) betont, dass Schlüsselqualifikationen mehr bedeuten als fachspezifische Qualifikationen. Diese fachliche Handlungskompetenz muss durch die Selbst- und Sozialkompetenz erweitert werden.

Die drei Kompetenzbereiche (Fach-, Selbst- und Sozialkompetenz) werden in der aktuellen Definition häufig noch durch die zusätzliche Methodenkompetenz ergänzt.

Giesecke weist auf veränderte Akzente bei der Diskussion der Schlüsselqualifikationen in den 90-er Jahren hin: „Nicht mehr die instrumentelle, kognitive Handlungsfähigkeit, das Ausbessern veralteter Wissensbestände im beruflichen/fachlichen Bereich erhalten besondere Aufmerksamkeit, sondern die Sozialkompetenz" (Giesecke 1996, S. 81). Er befürchtet in diesem Zusammenhang allerdings, dass die Vermittlung der sozialen Kompetenz in Gefahr gerät in Richtung Vermittlung/Training von Sozialtechnologien zu verlaufen, mit denen die Erwerbstätigen instrumentalisiert, aber nicht emanzipiert werden. Dieser Aspekt wird uns noch im Zusammenhang mit der Wertbezogenheit der Sozialkompetenz beschäftigen.

Erpenbeck (1996) betont, dass die berufliche Kompetenzentwicklung kein völlig neues Phänomen sei, sondern dass eine vernünftige berufliche Qualifikation schon immer auch auf persönliche und soziale Fähigkeiten Wert gelegt habe und beklagt die inflationäre Verwendung des Kompetenzbegriffs. Der relativ eng definierte Qualifikationsbegriff gerät in Gefahr durch die vage definierten „Bindestrich-Kompetenzen" entgrenzt zu werden.

Die Sozialkompetenz wird teilweise kritisch als „Regenschirm-Konstrukt" (Holtz, 1994, S. 114) bezeichnet, mit dem unterschiedliche Themenbereiche wie Motivation, soziale Intelligenz, moralische Urteilsfähigkeit, Interaktion, Kommunikation, soziale Interessen, kognitive Vermittlungsprozesse, Selbstsicherheit, Einfühlungsvermögen, soziale Wahrnehmung u.a. zu einer neuen, äußerst komplexen („Über"-) Fähigkeit zusammengefasst werden.

Interessant ist in diesem Zusammenhang, dass die Kompetenz-Diskussion vorwiegend im Bereich der (Berufs- und Sozial-) Pädagogik abläuft. In der Psychologie führt dieser Begriff ein Schattendasein. In den einschlägigen, psychologischen Wörterbüchern (z.B. Drever und Fröhlich 1975, Häcker und Stapf 1998, Benesch 2002) sucht man nach der „Sozialkompetenz" vergeblich. Am ehesten finden wir ihn im Bereich der Organisationspsychologie (Aus- und Weiterbildung, Führungsqualifikation). Sozialkompetenz wird dabei vorwiegend als **die** Schlüsselqualifikation verstanden und im Zusammenhang mit dem Konstrukt „soziale Intelligenz" diskutiert, die von Guilford und Höpfner (1976) herausgearbeitet wurde. Goleman (1999, S. 387) beschreibt mit seiner „emotionalen Intel-

(1999, S. 387) beschreibt mit seiner „emotionalen Intelligenz" den gleichen Sachverhalt, indem er darunter „...die Fähigkeit (versteht), unsere eigenen Gefühle und die anderer zu erkennen, uns selbst zu motivieren und gut mit Emotionen in uns selbst und in unseren Beziehungen umzugehen".

Die beschriebenen Systematisierungsversuche der Sozialkompetenz beziehen sich auf unterschiedliche Aspekte. So ist die inhaltliche Frage zu klären, ob sich der Begriff auf beobachtbare Verhaltensweisen und/oder auf nichtbeobachtbare, kognitive Aspekte (z.B. Einstellungen, Werte, Wissen) bezieht.

In qualitativer Hinsicht ist zu klären, ob eine wertfreie Definition der sozialen Kompetenz sinnvoll ist oder ob sie nur im Zusammenhang mit bestehenden Normen und Werten vorstellbar ist. Sollte sie nicht wertfrei definiert werden können - und viele Argumente gehen in diese Richtung - dann ist die Frage, wer das Normensystem bestimmen kann.

Evers (1999, S. 31) kommt bei seiner Analyse der Definititionsversuche zu folgenden drei Grundtypen:

- Empirisch-normativ: Hier konzentriert man sich vorrangig auf beobachtbares Verhalten und formuliert auf empirischer Grundlage normative Idealvorstellungen.

- Theoretisch-normativ: Hier bezieht man sich ebenfalls auf beobachtbares Verhalten, formuliert die Normen aber auf theoretischer Basis.

- Theoretisch-kognitiv: Hier konzentriert man sich vorwiegend auf kognitive Strukturen und Prozesse und versucht eher wertfrei zu beschreiben, welche dieser Prozesse erfolgreich sind.

Ob ein Verhalten als „sozial kompetent" bezeichnet werden kann ist immer abhängig von seiner **Situationsbezogenheit**. Aus der generellen Situationsbezogenheit erklärt sich auch die Wertbezogenheit des sozialkompetenten Verhaltens.

Diese Situationsbezogenheit erklärt auch, dass eine konkrete und allgemein anwendbare Definition der Sozialkompetenz unmöglich ist. Was wir unter sozialkompetentem Verhalten verstehen, zeigt sich immer erst in der konkreten Interaktionssituation.

Versuch einer empirischen Annäherung:

Damm-Rüger und Stiegler (1996) versuchten in ihrer Untersuchung die „sozialen Anforderungen und Handlungen im Arbeitsalltag" detailliert und konkret zu erfassen, um anschließend Anregungen für eine gezielte Förderung der sozialen Qualifikation im Ausbildungsbereich abzuleiten. Sie befragten Berufstätige aus unterschiedlichen Arbeitsfeldern zu den ihrer Meinung nach typischen Anforderungen an die soziale Qualifikation und ergänzten diese Daten durch Expertengespräche und Beobachtungen am Arbeitsplatz. Aus den Ergebnissen schließen sie auf vier Grundthemen sozialer Handlungssituationen, die nach dem jeweiligen sozialen Spannungsgrad geordnet werden können. Nach ihnen existieren folgende Grundthemen:

- Kontakt und Kommunikation
- Kooperation
- Probleme und
- Konflikte

Wobei ihre Trennung zwischen Probleme und Konflikte etwas willkürlich erscheint.

Parallel dazu analysierten sie zwei Grundfähigkeiten, die erforderlich sind, um soziale Handlungssituationen wahrnehmen zu können:

- Einfühlungsvermögen und
- Fähigkeit zur Selbstreflexion

Aus der Basis des empirischen Materials erstellten sie ausführliche Verhaltensbeschreibungen („Checklisten") der typischen Anforderungen an soziale Qualifikationen, die als Operationalisierungen des sozialkompetenten Verhaltens angesehen werden können.

Zusammenfassende Betrachtung der Begriffsdiskussion:

Wenn wir die zentralen Definitionsaspekte zusammenfassen, dann verstehen wir unter Sozialkompetenz ein erfolgreiches Verhalten in sozialen Situationen. Welche Verhaltensweisen dabei in den einzelnen Situationen (Interaktion, Kooperation, Konflikt) erfolgreich sind, wird durch das bestehende Wertesystem/Menschenbild der Beteiligten bestimmt.

Der allgemeine Kompetenzbegriff des menschlichen Handelns kann in die Fach-, Selbst- und Sozialkompetenz aufgeteilt werden, wobei allerdings starke Überschneidungen bestehen, wie in Abbildung 1 dargestellt wird. Eine spezifische Betrachtung der Methodenkompetenz – sie wird häufig gesondert aufgeführt - erscheint mir überflüssig, da sie in allen drei Bereichen erforderlich ist und dort integriert sein sollte.

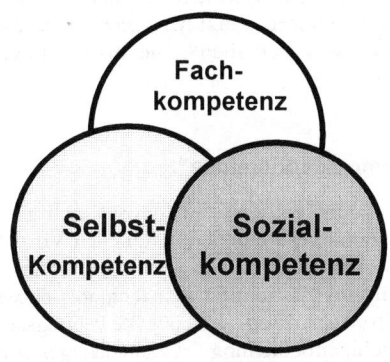

Abb. 1: Struktur der Handlungskompetenz

Wurde in der Vergangenheit vor allem die Fachkompetenz als zentrale Qualifikation gefördert, dann haben seit den 90-er Jahren die Selbst- und die Sozialkompetenz stark an Bedeutung gewonnen.

1.2. Sozialkompetenz oder Sozialtechnik?

Wie wir bei der Diskussion sehen konnten, ist sozialkompetentes Verhalten abhängig von der Situation und dem Normen- und Wertesystem der beteiligten Personen. So kann ein und dasselbe Verhalten in einer Situation - wie eine strenge Kontrolle der Mitarbeiter durch die Vorgesetzten - je nach bestehendem Menschenbild für eine hohe oder geringe soziale Kompetenz sprechen. Da sich die Menschenbilder im Verlauf der Zeit ändern, verändern sich auch die Vorstellungen vom „sozial richtigen Verhalten", wie aus der folgenden Betrachtung deutlich wird:

Der Mensch als „homo oeconomicus":

Die grundlegende Annahme ist, dass der Mensch sich grundsätzlich nur für Geld und die damit verbundenen materiellen Vorteile interessiert. Taylor (1913) hat auf dieser Grundlage seine „wissenschaftliche Betriebsführung" (scientific management) entwickelt, bei der detaillierte Arbeitsvorschriften (genauer Bewegungsablauf: „the one best way", Maschinenbedienung, Arbeitsplatzgestaltung, Pausenanzahl und -länge usw.) dem Arbeiter vorgegeben wurden, damit er möglichst viel leisten (Firmeninteresse) und verdienen (Arbeiterinteresse) kann. Dieses Menschenbild entspricht nach McGregor (1960) dem Modell des „economic man", das von folgenden Annahmen ausgeht:

- Die meisten Menschen sind nur durch Geld zu motivieren und streben nach maximalem Gewinn.

- Da die Organisation die finanziellen Anreize kontrolliert, ist der Mensch im Wesentlichen passiv, manipulierbar und muss durch die Organisation kontrolliert werden.

- Menschen sind von Grund auf faul und können nur durch äussere Anreize motiviert werden.

- Menschliche Gefühle sind vorwiegend irrational; es muss verhindert werden, dass sie die materiellen Interessen stören.

- Die natürlichen Ziele des Menschen widersprechen meist denen der Organisation, so dass seine Arbeit streng kontrolliert werden muss.

- Selbstdisziplin und Selbstkontrolle widersprechen den irrationalen Gefühlen des Menschen.

- Es gibt zwei Gruppen von Menschen: die eine, die den geschilderten Annahmen entspricht und eine kleine Elitegruppe, die weniger emotional und selbstmotiviert ist und deshalb die Managementaufgaben und die Verantwortung für die anderen übernehmen muss.

Dieses Menschenbild bezeichnet McGregor (1960) als Theorie X. Er ist sich auch sicher, dass die Vertreter dieser Theorie sie in der Realität bestätigt finden. Durch die „Sich-Selbst-Erfüllende-Prophezeiung" werden Menschen, die misstrauisch behandelt werden, denen man alles vorschreibt und die laufend kontrolliert werden, sich passiv verhalten, nur das tun was ihnen vorgeschrieben wird und sich bei jeder Gelegenheit auch vor der ihnen zugewiesenen Arbeit drücken.

„Sozialkompetentes" Verhalten bei diesem Menschenbild/Wertesystem beinhaltet autoritäres Führungsverhalten, klare Vorschriften und umfassende Kontrollen gegenüber den Arbeitnehmern. Dieses Verhalten entspricht aber nicht der Sozialkompetenz im engeren Sinne, sondern stellt eine Sozialtechnik dar, deren Ziel es ist, möglichst viel Effektivität aus wirtschaftlicher Sicht zu erzielen und dabei die individuellen Bedürfnisse der Beteiligten abzuwürgen.

Der „sozial bezogene, komplex motivierte und sich selbst verwirklichende" Mensch:

Dieses Menschenbild, das McGregor (1960) als **Theorie Y** bezeichnet, geht von folgenden Annahmen aus:

- Jeder Mensch ist in seiner motivationalen und kognitiven Struktur vielseitig angelegt und durch seine Umwelt in unterschiedlicher Weise geprägt.

- Jeder Mensch ist einzigartig und um seine persönliche Entwicklung und Selbstverwirklichung bemüht.

- Es gibt viele Ziele, die den Menschen zur Arbeit motivieren. Finanzielle Anreize sind meist nur kurz- bis mittelfristige Motivatoren.

Anhänger dieses Menschenbildes betrachten Sozialkompetenz als ein Verhalten, das auf die individuellen Bedürfnisse der „Mit"-Arbeiter eingeht, versucht die Befriedigung der vielseitigen Bedürfnisse am Arbeitsplatz zu ermöglichen, Chancen für persönliche Weiterentwicklung anzubieten und die Zusammenhänge mit den Unternehmenszielen zu sichern. Der hier erforderliche Führungsstil ist integrativ, kooperativ und delegierend.

Theorie X und Y sind natürlich Extrempole, zwischen denen in der Praxis zahlreiche Mischformen existieren. Weinert (1987) kam bei einer Befragung von Führungspersonen, die er faktorenanalytisch auswertete, zu 12 unabhängigen Dimensionen, mit denen die impliziten Persönlichkeitstheorien von Führungskräften beschrieben werden können. Diese Menschenbilder bestimmen die soziale Wahrnehmung und die Art des sozialen Verhaltens zu den Mitarbeitern.

Da ich wesentlich stärker mit McGregors Theorie Y sympathisiere, möchte ich auf die grundlegende psychologische Theorie dieses Menschenbildes näher eingehen. Ich möchte diese Theorie nicht als Abbild der Realität , sondern eher als anzustrebendes Idealbild, als eine Art (bildungspolitischer und organisationspsychologischer) Vision darstellen.

Humanistische Psychologie

In der ersten Hälfte des vergangenen 20. Jahrhunderts wurde die Psychologie durch zwei Theorien/Menschenbilder dominiert, die auch heute noch große Bedeutung besitzen: Psychoanalyse und (klassischer) Behaviorismus. In den 50-er Jahren entstand in Amerika eine Bewegung, die beide Ansätze als zu mechanistisch und nicht mit dem menschlichen Wesen vereinbar hielt und massiv kritisierte: die Humanistische Psychologie. Ihre Gründer stammten aus den verschiedenen psychologischen (z.B. Maslow, Rogers, Bühler, Perls, Cohn, Frankl) und philosophischen Richtungen (z. B. Buber, Sartre).

Der Psychoanalyse Freuds wird dabei vorgeworfen, dass sie den Menschen zu pessimistisch und vorzeitig durch frühkindliche Fixierungen in den ersten Lebensjahren geprägt sieht. Am Behaviorismus wird kritisiert, dass der Mensch durch Umweltfaktoren beliebig geformt und manipuliert werden könne und letztlich als nichts anderes als eine größere weisse Ratte oder ein langsamer Computer betrachtet werde. Beide Theorien würden dem wahren Wesen des Menschen, das durch Freiheit, Eigenverantwortlichkeit, Kreativität, soziale Zugehörigkeit, Gemeinschaftsgefühl und aktives Streben nach persönlichem Wachstum und Selbstverwirklichung charakterisiert sei, nicht gerecht.

Die Humanistische Psychologie versteht sich als „dritte Kraft", die den beiden anderen Theorien ein ganzheitliches Menschenbild, bei dem das Individuum als bio-psycho-soziale Einheit betrachtet wird, gegenüberstellt. Die Ziele der Humanistischen Psychologie gehen dabei über die Reform und Weiterentwicklung der etablierten Theorien hinaus: Sie möchte, durch den Entwurf einer „Gegenkultur", der sozialen Entfremdung in der (amerikanischen) Gesellschaft entgegenwirken und dem Menschen helfen, im „Hier und Jetzt", ein sinnerfülltes Leben zu finden. Das klare Ziel ist, Menschlichkeit und soziale Verantwortung zu stärken, mit der Hoffnung, damit auch schrittweise die Gesellschaft zu humanisieren.

Die Humanistische Psychologie hat sich seit ihrer Gründung (1961 wurde das Journal of Humanistic Psychology veröffentlicht und ein Jahr später wurde die American Association of Humanistic Psychology gegründet) in wenigen Jahren weltweit ausgebreitet, wobei die klientenzentrierte Gesprächpsychotherapie (Rogers 1974, 1978), die Themenzentrierte Interaktion (Cohn 1991) und die Gestalttherapie (Perls 1974) einen sehr starken Einfluss auf die Arbeit in den Bereichen Beratung, Therapie und Weiterbildung ausgeübt haben.

Maslow (1954, 1973), einer der Gründungsmitglieder, hat ein Entwicklungs- und Motivationsmodell der Persönlichkeit vorgestellt, das weit verbreitet ist. Den Mängelbedürfnissen, die nach Befriedigung und Spannungsabfuhr drängen, stellt er die Wachstumsbedürfnisse gegenüber, die nach Spannungssteigerung streben. Kreativität und Selbstverwirklichung werden zu den zentralen Wachstumsbedürfnissen, die in seiner Bedürfnishierarchie an oberster Stelle stehen. Seine Annahme ist, dass die jeweils nächsthöhere Bedürfnisstufe erst aktiviert wird, wenn die darunter liegenden Motive ausreichend befriedigt werden konnten. Die Bedürfnisse selbst sind dabei genetisch bedingt, der Grad ihrer Befriedigung ist umweltabhängig. Abbildung 2 zeigt die bekannte Bedürfnishierarchie.

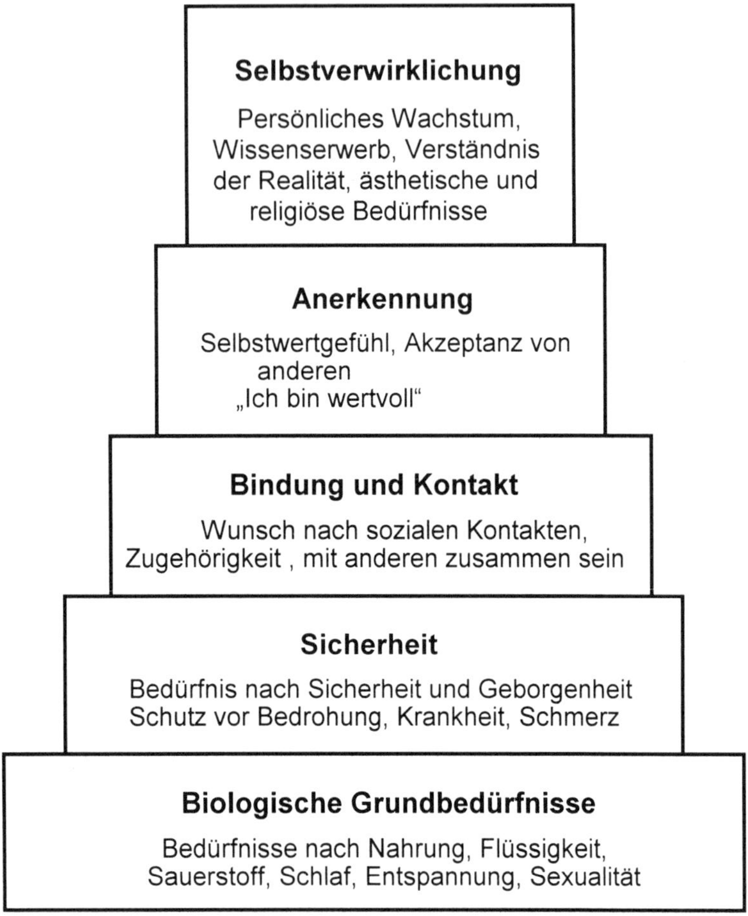

Selbstverwirklichung

Persönliches Wachstum,
Wissenserwerb, Verständnis
der Realität, ästhetische und
religiöse Bedürfnisse

Anerkennung

Selbstwertgefühl, Akzeptanz von
anderen
„Ich bin wertvoll"

Bindung und Kontakt

Wunsch nach sozialen Kontakten,
Zugehörigkeit , mit anderen zusammen sein

Sicherheit

Bedürfnis nach Sicherheit und Geborgenheit
Schutz vor Bedrohung, Krankheit, Schmerz

Biologische Grundbedürfnisse

Bedürfnisse nach Nahrung, Flüssigkeit,
Sauerstoff, Schlaf, Entspannung, Sexualität

Abb. 2: Die Bedürfnishierarchie nach Maslow (1954, 1981)

Betrachten wir das Modell kritischer, dann fällt auf, dass es relativ vage formuliert ist, eine empirische Basis kaum besteht und auch die angenommene Abfolge und Abgrenzung der Stufen in der Realität nicht zwingend erscheint.

Wir können die fünf Stufen auch problemlos auf drei Stufen reduzieren, wie dies Alderfer (1969, 1972) vorschlägt und empirisch untermauert. Bei seiner **„EKS-Theorie"** unterscheidet er zwischen:

- **Existenz- oder Grundbedürfnisse:** Bedürfnisse deren Befriedigung das Überleben sicherstellen (Nahrung, Wohnung, Kleidung, Wärme, ...). Thema: „Ich will leben!"

- **Kontaktbedürfnisse:** Streben nach Geborgenheit und Zuwendung von anderen (informelle Gruppen, Teamarbeit, mit anderen Menschen etwas unternehmen oder gestalten, ...). Thema: „Ich will zu Euch!"

- **Selbstverwirklichungs- und Wachstumsbedürfnisse:** Erleben der eigenen Wirkung, Erfolg bei selbstständigem Bewältigen sinnvoller Aufgaben (abwechslungsreiche Tätigkeiten, kreatives Arbeiten, Weiterbildung, selbstständiges Arbeiten und neue Ziele finden ...). Thema: „Ich will etwas leisten!"

Auch Alderfer nimmt an, dass erst die Existenzbedürfnisse ausreichend befriedigt werden müssen, bevor es zur Motivdifferenzierung kommt und die nächsthöheren Bedürfnisse aktualisiert werden. Wenn diese allerdings auf längere Zeit nicht befriedigt werden, dann kommt es zur Regression auf die vorangegangene Stufe.

Neben Maslow hat vor allem Carl Rogers (1974, 1978, 1988) für die schnelle Ausbreitung der Humanistischen Psychologie gesorgt. Er hat die wesentlichen Gedanken in die psychotherapeutische Beratung umgesetzt und die Beziehung zwischen Therapeut und Klient (nicht Patient!) neu gestaltet. Bei ihm nimmt der Therapeut nicht mehr die Rolle des allwissenden Lehrmeisters ein, sondern wird zum Partner des Klienten. Er schafft für den Klienten die entsprechenden Therapiebedingungen, unter denen er seine Fähigkeit zur Selbstaktualisierung (Selbstheilung, Selbstverwirklichung) wieder entdeckt. Ich möchte in diesem Zusammenhang die Persönlichkeitstheorie und die klientenzentrierte Gesprächsführung etwas ausführlicher darstellen, weil sie als theoretisches Bezugssystem für die späteren Kapitel dient. Sie stellt aber auch die Vision eines Menschenbildes dar, mit dem vermieden werden kann, dass „sozial kompetentes" Verhalten als unpersönliche, wenn auch effektive Sozialtechnik trainiert und angewandt wird.

Rogers versucht nicht - hier distanziert er sich eindeutig von der Psychoanalyse - die frühkindlichen Erfahrungen und Störungen aufzudecken und neu zu verarbeiten, sondern konzentriert sich bei seiner Gesprächstherapie auf das aktuelle Erleben, auf die subjektive Realität des Klienten im „Hier und Jetzt". Der Therapeut schafft eine Situation, in der sein Klient die verzerrten und verleugneten Erlebnisinhalte wieder wahrnehmen und sie als bewusste Aspekte in sein Selbstkonzept, seine Persönlichkeit integrieren kann.

Die grundlegende Annahme Rogers (und der Humanistischen Psychologen) ist, dass jeder Mensch grundsätzlich die „Kraft zum Guten", den Antrieb zur Selbstaktualisierung besitzt, der allerdings durch die (frühkindliche) Entwicklung mehr oder weniger stark beeinträchtigt, gehemmt und in problematische Richtung verzerrt werden kann. Der Berater hat nun die Aufgabe, die therapeutische Situation so zu gestalten, dass die Selbstregulationskräfte des Klienten befreit und gefördert werden, damit er seine Bedürfnisse wieder unverzerrt wahrnehmen und befriedigen kann.

Der menschliche Organismus reagiert für Rogers immer ganzheitlich auf alle Erfahrungen und versucht die aktuellen Bedürfnisse zu befriedigen, auch wenn sie den vorhandenen Werthaltungen des Selbst widersprechen. Widersprechen sie dem Selbstkonzept, dann werden sie allerdings als bedrohlich erlebt und lösen Angst aus. Angst - auch in den anderen psychologischen Theorien als Wurzel des abweichenden, neurotischen Verhaltens betrachtet – ist demnach die ganzheitliche Reaktion des Organismus auf mögliche Erfahrungen, die das Selbstkonzept bedrohen können. Der Betroffene versucht in dieser Situation die bedrohlichen Erfahrungen zu vermeiden, indem er sie verzerrt oder verleugnet. Das Selbst schützt sich, indem es defensiv reagiert und Erfahrungsmöglichkeiten, die für den Organismus wichtig sind, ausblendet.

Das Ziel einer gelungenen individuellen Persönlichkeitsentwicklung sieht Rogers darin, dass zwischen Selbststruktur und den Erfahrungs- und Erlebnismöglichkeiten ein harmonisches Gleichgewicht besteht, so dass der Mensch voll erlebnis- und handlungsfähig ist. Die Gesprächspsychotherapie hat also die Aufgabe, die im Individuum vorhandene Fähigkeit zur Selbstaktualisierung / Selbstverwirklichung frei zu setzen. Der Berater („Counsellor") schafft demnach nur die geeigneten Bedingungen, unter denen der Klient die Blockierungen seiner Selbstaktualisierung überwinden und die „Kraft zum Guten" freisetzen kann. Ein konkretes Ziel wird nicht definiert: Der Weg ist das Ziel! Diese Bedingungen werden durch die zum Markenzeichen gewordenen **„Rogers-Variablen"** umschrieben:

- **Einfühlendes, nicht wertendes Verstehen (Empathie):** Der Berater versucht die individuelle, einzigartige Erlebnisweise des Klienten in der Situation nachzufühlen und zu verstehen. Dies erinnert an den Individualpsychologen Adler (1928, S. 267): „mit den Augen des anderen zu sehen, mit den Ohren des anderen zu hören und mit dem Herzen des anderen zu fühlen" und zeigt, dass Rogers nicht alle Verbindungen zur Tiefenpsychologie abgebrochen hat.

- **Unbedingte Wertschätzung:** („Achten-Wärme-Sorgen" bei Tausch und Tausch 1990, S. 66) Der Therapeut akzeptiert die Individualität des Klienten und verbindet dies nicht mit bestimmten Normen. Diese Haltung darf nicht mit gleichgültigem Tolerieren verwechselt werden, denn akzeptieren heißt noch lange nicht billigen. Der Klient fühlt sich dabei aber weniger bedroht und kann sich den Erlebnissen im „Hier und Jetzt" besser öffnen und sie in sein Selbstkonzept integrieren.

- **Echtheit - Ohne-Fassade-Sein:** Zwischen den Aussagen, den Erlebnis- und Verhaltensweisen des Therapeuten besteht Übereinstimmung (Kongruenz). Der Therapeut übernimmt nicht eine Rolle, sondern er ist „echt". Er wendet die klientenzentrierte Gesprächsführung nicht als „Sozialtechnik" an, sondern weil er die Gedanken der Humanistischen Psychologie verinnerlicht hat und seine Behandlung danach ausrichtet.

Die drei Variablen stehen in gegenseitiger Beziehung und bauen eine neue Lernsituation auf, die mit der früheren nicht vergleichbar ist. Es ist jetzt für den Klienten möglich, die bisher abgewehrten oder verzerrten Erfahrungen mit dem Selbstkonzept zu verbinden, es dadurch zu erweitern und flexibler zu gestalten. Der Klient fühlt sich zunehmend akzeptiert und erlebt weniger Bedrohungen und Ängste. Dadurch wird er offener und kann auch besser andere Personen akzeptieren und sich verständnisvoll auf sie einlassen. Die Selbstaktualisierung führt dadurch auch zu einer Verwirklichung der zentralen menschlichen und sozialen Bedürfnisse, sprich zur Entwicklung der Sozialkompetenz.

Rogers hat seine Gesprächspsychotherapie nicht als Dogma verstanden, sondern als einen Entwicklungsprozess, den er auch praktizierte. So hat er seinen ersten Ansatz der „nicht-direktiven" Gesprächspsy-

chotherapie   zur   „klientenzentrierten"   Gesprächspsychotherapie
weiterentwickelt und in späteren Jahren auf die Arbeit mit Gruppen
übertragen. In mehrtägigen **„personenzentrierten Encountergruppen"** (Rogers 1974) hat er sein Konzept erweitert. Die inhaltliche Arbeit in den Gruppen beginnt dabei völlig offen, d.h. die Gruppen müssen sich selbst organisieren, wobei allerdings einige Grundprinzipien zu berücksichtigen sind: Durch „Spontaneität und Echtheit" sollen die Gruppenmitglieder lernen, sich ihrer eigenen Wahrnehmungen und Gefühle bewusst zu werden, sie frei und spontan
gegenüber den anderen zu äußern und sich auch „echt", also entsprechend dieser Gefühle, zu verhalten. Dies gilt nicht nur für angenehme, sondern auch für unangenehme Gefühle.

Durch „einfühlendes Verstehen", „Akzeptieren" und „gemeinsames
Bemühen um bessere Lösungen" sind weitere Regeln vorgegeben,
durch die sich die Teilnehmer konstruktiv in der Gruppe entwickeln
können. Rogers hoffte, dass die Erfahrungen in den Encountergruppen auf den gesellschaftspolitischen Bereich ausstrahlen und
auch dort zu einem menschlichen Wachstum führen würden. Diese
Vorstellung hat sich allerdings bis heute (noch) nicht realisiert, auch
wenn die meisten Teilnehmer optimistisch, sozial begeistert und
veränderungsbereit nach den Encountergruppen in ihre alte, oft hart
und unsensible soziale Realität zurückkehrten.

Nicht alle Humanistischen Psychologen waren so geduldig wie Rogers und haben den Klienten die Zeit gelassen, die sie zur Entdeckung ihrer verzerrten oder verleugneten Wahrnehmungen be-
nötigten. Vor allem Fritz Perls (1974) hat in seiner **„Gestalttherapie"** den Klienten mit Regeln und Experimenten „heilsame
Schocks" erteilt, mit denen er das Selbstkonzept mit neuen Erlebnissen konfrontieren und provozieren wollte. Diese Übungen sollen
dazu führen, die „unvollständigen Gestaltprozesse" zu bewältigen
und das „noch nicht getane Geschäft" zu erledigen, d.h. die Integration des aktuellen Erlebens in das Selbstkonzept voranzutreiben.

Die Persönlichkeitstheorie von Rogers und die Hypothesen der Humanistischen Psychologie klingen sehr optimistisch, sehr idealistisch
und wünschenswert. Sie sind allerdings auch sehr vage formuliert
und deshalb sehr schwer zu validieren, d.h. empirisch zu bestätigen.
Rogers war allerdings stets bemüht, Therapieprozesse zu dokumentieren und die Effektivität der Therapeutenvariablen empirisch zu
belegen.

Kritische Aspekte:

Die kritischen Einwände gegen die Humanistische Psychologie konzentrieren sich vor allem auf die recht unklare Definition der Selbstverwirklichung, die geringe theoretische Differenzierung und die eher subjektiven Methoden (z.B. Selbstbeobachtung, einfühlendes Verstehen). Die Humanistischen Psychologen akzeptieren teilweise diese Einwände, betonen dabei allerdings, dass sie damit dem wahren menschlichen Wesen und den Alltagsproblemen gerechter werden, als durch den Methodenfetischismus und die Praxisferne der „akademischen" Psychologie.

Der Alleinanspruch der Humanistischen Psychologie auf das Prädikat „humanistisch" ist allerdings provozierend, überzogen und wird dem Bemühen der meisten Psychologen, auch wenn sie mit dem psychoanalytischen oder behavioristischen Bezugssystem arbeiten, nicht gerecht.

Es erscheint aus meiner Sicht gut möglich, das humanistische Bezugssystem verinnerlicht zu haben und dennoch mit den effektiven Methoden der sozial-kognitiven Verhaltenstherapie, die auch das Konzept der „Selbstwirksamkeit" („self-efficacy" nach Bandura 1979, 1986) beinhaltet, zu arbeiten. Dies wird auch von den „aktiven" Humanistischen Psychologen praktiziert, indem sie allerdings eher intuitiv durch „Experimente" das Wahrnehmen im „Hier und Jetzt" provozieren und Erfahrungen/Lernsituationen gestalten, die eine bessere Anpassung des Selbstkonzepts ermöglichen.

In den folgenden Kapiteln werden ebenfalls entsprechende Übungen vorgeschlagen, mit denen Erfahrungen im Zusammenhang mit der Selbst- und Sozialkompetenz gemacht werden sollen, die in das idealerweise bestehende humanistische Selbstkonzept integriert werden können. Auch wenn dieses Bezugsystem (noch) nicht vorhanden ist und der Leser mehr am Erwerb von „Sozialtechniken" interessiert ist, schaden diese Übungen nicht. Nach meinen Erfahrungen führen sie zu einer Sensibilisierung gegenüber sozialen Situationen, einer Reflexion des eigenen Menschenbildes und begünstigen dadurch eine positive Veränderung.

1.3. Entwicklung der Selbst- und Sozialkompetenz

Die Antwort auf diese Frage soll in den folgenden Kapiteln gegeben werden. Bei der Umsetzung besteht allerdings ein Problem: Soziale Kompetenzen können nur in einem sozialen Feld, durch erlebnisorientiertes Lernen mit anderen erfahren und weiter entwickelt werden. An der Selbstkompetenz können wir alleine arbeiten und sie schrittweise in sozialen Bezügen ausprobieren und testen, wie die Veränderungen wirken. Dazu benötigen wir aber ebenfalls das Feedback von Freunden, vertrauten Kollegen oder eines Coaches/ Trainers/Supervisors und bei problematischen Situationen eines Therapeuten.

In den folgenden Kapiteln wird einerseits der theoretische Hintergrund des jeweiligen Themas dargestellt, andererseits werden Übungen und Hinweise auf konkrete Seminarblöcke gegeben, mit denen diese Aspekte erlebbar gemacht werden können.

2. Selbstkompetenz

Im Rahmen der menschlichen Handlungskompetenz verstehen wir unter Selbst-, Ich- bzw. personaler Kompetenz die individuellen Fähigkeiten und Fertigkeiten eines Menschen. In Zusammenhang mit der Sozialkompetenz gibt es enge Berührungspunkte mit der Fähigkeit Belastungssituationen zu steuern, das eigene (Arbeits-)Verhalten zu strukturieren, zu planen und die eigenen gefühlsmäßigen Reaktionen an den realen Gegebenheiten auszurichten. Diese Fähigkeiten haben sich im Laufe der individuellen Entwicklung durch Interaktion zwischen Anlage- und Umweltfaktoren ausdifferenziert und können in gewissem Rahmen, der genetisch bedingt ist, weiterentwickelt werden.

Im Folgenden werden wir uns auf die Förderungsmöglichkeiten in den Bereichen Stress-, Zeit- und Selbstmanagement, sowie realitätsbezogene Wahrnehmung von Personen und Situationen konzentrieren.

2.1. „Stressbewältigung"

Das Wort „Stressbewältigung" steht in Anführungszeichen, weil die Bewältigung in vielen Veröffentlichungen und Seminaren zwar versprochen wird, dieses Versprechen aber nicht gehalten werden kann. Extrem formuliert: Wer seinen Stress bewältigt und keinen mehr hat ist tot, denn Stress gehört zum Leben. Von wesentlicher Bedeutung ist die Frage, wie kann ich meinen Stress und die Stressreaktion besser steuern? Um diese Frage sinnvoll beantworten zu können, müssen wir uns zuerst mit der Stressreaktion beschäftigen.

2.1.1. Stress und Stressreaktion

Nach Selye (1956, 1973), dem „Vater" der Stressforschung, ist Stress die **unspezifische** Reaktion des Organismus auf **jede** Anforderung. Diese Reaktion ist biologisch sinnvoll, da sie den Organismus auf volle Leistungsfähigkeit „umschaltet". Selye konzentrierte sich anfangs auf die rein körperlichen Reaktionen, wie sie bei Verletzungen und Krankheiten auftreten. Dieser Ansatz wurde in der aktuellen Stressforschung erweitert, indem auch der **psychisch bedingte**

Stress mit seinen jetzt allerdings sehr individuellen und nicht mehr unspezifischen Stressreizen und -reaktionen berücksichtigt wird.

Wie verläuft die natürliche Reaktion auf Stress?

Die „natürliche" Reaktion auf Stress läuft nach einem „Dreitaktmodell" ab: Die Belastung durch die Stressreize (Stressoren) führt zur Vorphase, in welcher unser Organismus kurzfristig „Luft holt" („Schrecksekunde"), in den parasympathischen Bereich abgleitet, bevor er Energien freisetzt, die für die anschließenden Aktivitäten vorgesehen sind. Dieser Aktivierungsphase folgt eine Phase der Erholung. Dies wird in Abbildung 3 dargestellt.

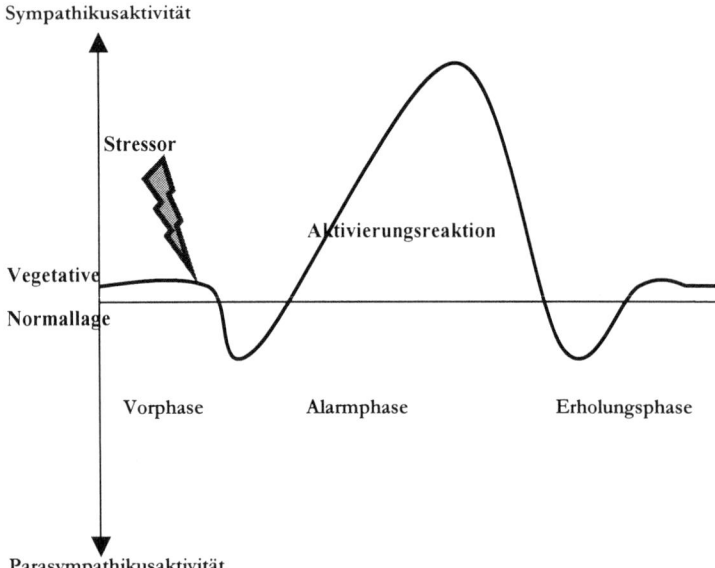

Abb. 3: „Das Dreitaktmodell der Stressreaktion"

Die Aktivierungsreaktion in der Alarmphase findet auf drei „Verhaltensebenen" statt:

- **motorische Ebene:** Unsere Willkürmuskulatur wird angespannt, wir sind „sprungbereit". Unser Kampf- oder Fluchtverhalten ist vorprogrammiert.

- **vegetativ-emotionale Ebene:** Unser vegetatives Nervensystem reagiert mit dem Ausstoß der „Stresshormone" (Adrenalin und Noradrenalin). Atmungsfrequenz, Herz-, Pulsschlag und Blutdruck werden erhöht, die Blutgefäße verengen sich, Zucker- und Fettreserven werden abgebaut und dem Körper als Energie zur Verfügung gestellt. Bei bestimmten Personen treten auch Reaktionen wie Kreislaufschwäche, Übelkeit, Erbrechen und Durchfall auf („Vagotoniker"). Mit der Belastung verbinden sich bestimmte Gefühlsreaktionen, die abhängig sind von der jeweiligen Stresssituation und der individuellen Lerngeschichte (z.B. überfordert sein, Panik, Angst, Ärger, Lust am Gefordertsein).

- **kognitive Ebene:** Wir bewerten die Stresssituation (z.B. „jetzt wird es gefährlich", „das schaffst Du nie", „Du zitterst ja, das gibt eine Katastrophe", „solche Probleme hast Du doch schon oft gemeistert") in realistischer oder häufig leider auch unrealistischer Weise.

Die Reaktionen auf den drei Verhaltensebenen beeinflussen sich gegenseitig. Dies kann zu Aufschaukelungsprozessen (im Sinne eines Teufelskreises) oder zu einer positiven Steuerung führen.

Bei der vegetativen Aktivierungsreaktion können wir allerdings starke individuelle Unterschiede beobachten. Die Reaktionen hängen davon ab, ob die Aktivitäten des sympathischen oder des parasympathischen Nervensystems dominieren. Dominiert die Sympathikusaktivität („Sympathikotoniker"), dann kommt es zu einer intensiven Alarmphase.

Der Gegenpol, der „Vagotoniker" neigt hingegen in der Vorphase zu einem verstärkten Abgleiten in die parasympathische Richtung, was im Extremfall bis zu einem Kreislaufkollaps führen kann. Die meisten Reaktionen verlaufen allerdings zwischen diesen Extrempolen.

In der modernen Industriegesellschaft wird die biologisch sinnvolle Stressreaktion allerdings problematisch. Die Stressoren haben sich extrem vermehrt und führen zu einer Stressdosis, die der Organismus in vielen Fällen nicht mehr sinnvoll bewältigen kann.

Wie reagieren wir auf Dauerstress?

Selye (1956) beschreibt die Reaktionen unter Dauerstress mit dem „Allgemeinen Adaptationssyndrom", das er durch folgende drei Phasen, deren zeitliche Dauer individuell variiert, charakterisiert:

- In der **Alarmreaktion** sinkt zuerst der Widerstand des Organismus ab, man fühlt sich überfordert und extrem „gestresst". Das vegetative Nervensystem wird voll aktiviert, d.h. Adrenalin, Noradrenalin, Hydrocortison werden in die Blutbahn gepumpt. Dadurch werden u.a. die folgenden Funktionen erhöht: Herz- und Pulsfrequenz, Muskeldurchblutung, Blutgerinnungsfaktoren, Fett- und Zuckergehalt des Blutes (Energien werden bereitgestellt). Erniedrigt werden z.b. die Durchblutung der Haut (man wird bleich) und der Eingeweide, sowie die sexuelle Aktivität.

- In der **Widerstandsphase** passt sich der Organismus den Stressbedingungen an: Die individuelle Widerstandskraft wird erhöht und die subjektiven Belastungssymptome verschwinden. Man fühlt sich gefordert aber fit!

- In der folgenden Phase der **Erschöpfung** zeigt sich, dass die Anpassungsenergie verbraucht ist, bestimmte Organe geschwächt sind und den Belastungen nicht mehr standhalten. Die anfänglichen Symptome, die bei der Alarmreaktion auftraten, werden wieder deutlich und manifestieren sich in organischen Störungen. Dabei neigen die „Sympathikotoniker" eher zu Störungen des Herz- und Kreislaufsystems (Bluthochdruck, Herzinfarkt), während die „Vagotoniker" zu Störungen im Magen- und Darmbereich (Magen- und Darmgeschwüre, aber auch niederer Blutdruck, Bronchialasthma) neigen.

Vester (1982, S. 45) hat die **Reaktionen unter Dauerstress** zusammengefasst und fünf zentrale Konfliktbereiche herausgearbeitet:

- Die **mobilisierten Fettsäuren** werden nicht durch körperliche Aktivitäten „verbrannt", sondern belasten zunehmend den Organismus, indem sie nach und nach (als Cholesterin) in den Blutgefäßen abgelagert werden; dadurch verlieren diese ihre Elastizität und verengen sich. Im Zusammenhang mit den erhöhten Blutgerinnungsfaktoren vergrößert sich die Thrombose- und Infarktgefahr.

- Die **Verschiebung des Hormonhaushaltes** (verstärkte Adrenalin- und Noradrenalinausschüttung) führt zu einer Kreislaufbelastung (Bluthochdruck bei den meisten Menschen) und erhöht dadurch ebenfalls das Infarktrisiko.

- Die **Unsicherheit und Nervosität** unter Stressbedingungen führt im Magen zu einer gesteigerten Salzsäureproduktion und Verkrampfungen im Darmsystem. Dadurch wird die Bildung von Magen- und Darmgeschwüren gefördert.

- Die Stressfaktoren reduzieren das **körpereigene Immunsystem** und machen den Organismus anfälliger gegenüber körperlichen Erkrankungen und indirekt auch für die Ausbildung krebsartiger Prozesse.

- Die **natürliche Sexualität** wird durch Dauerstress reduziert und verliert dadurch ihre ausgleichende und entspannende Wirkung. Durch die Ausrichtung der Synapsen im Gehirn kommt es vermehrt zu Denkblockaden und sekundären psychischen Stressoren, die sich zu einem Teufelskreis aufschaukeln können.

Unsere heutige Gesellschaft konfrontiert den Einzelnen mit einer Menge neuartiger Stressoren (Lärm, Abgase, Zerfall sozialer Strukturen und Werte, Termindruck, Menschendichte, Verkehr usw.), für die unsere biologisch sinnvolle Stressreaktion nicht geschaffen wurde. Es besteht die Gefahr, dass sie immer weniger ihrer Aufgabe, das Überleben zu sichern, gerecht wird. Die Medizin hat es in diesem Jahrhundert geschafft, eine Vielzahl an Krankheiten zu besiegen, so dass die Menschen an immer weniger Krankheiten sterben; die übrig gebliebenen Krankheiten bereiten ihr aber noch unüberwindliche Probleme (z.B. Herz-Kreislauferkrankungen, Magen-Darmgeschwüre, Krebs). In diesem Zusammenhang kann die Hypothese vertreten werden, dass die Ursachen dieser Erkrankungen multifaktoriell sind und der Faktor Stress dabei eine bedeutsame Rolle spielt (Vester 1982).

Wie entsteht der „hausgemachte" Stress?

Selye konzentrierte sich ursprünglich nur auf die Körperreaktionen bei Verletzungen und Krankheiten. Die aktuelle Stressforschung richtet ihre Aufmerksamkeit verstärkt auf die psychischen Stressoren, da in vielen Fällen objektiv vorhandene Reize und Situationen erst durch ihre subjektive Bewertung als bedrohlich erlebt werden. Lazarus (1968), ein Initiator der neueren Stressforschung, hat zwei Phasen der kognitiven Bewertung von Stressoren unterschieden: Bei der primären Bewertung entscheiden wir, ob ein Ereignis angenehm, bedrohlich oder bedeutungslos ist. Bewerten wir das Ereignis als bedrohlich, dann schätzen wir als nächstes ab, ob Schäden auftreten werden oder schon aufgetreten sind und was wir dagegen unternehmen können.

Müssen wir gegen die Bedrohung etwas unternehmen, dann kommt es zu einer sekundären Bewertung: Wir überlegen, welche persönlichen und sozialen Ressourcen wir zur Bewältigung der Stresssituation zur Verfügung haben und mit welcher Wahrscheinlichkeit sie erfolgreich sein werden. Die dann eingesetzten Reaktionen zur Stressbewältigung werden beobachtet und bewertet; sind sie erfolglos, werden weitere Reaktionen fortgesetzt. Dauerstress besteht dann, wenn der Erregungszustand andauert, die Anforderungen aber unsere inneren und äußeren Bewältigungsmöglichkeiten (Ressourcen) überfordern. Diese kognitiven Zwischenvariablen werden erlernt.

Doch wie erlernen wir diese „hausgemachten" Stressoren? Wir werden die zentralen Lernprinzipien im Folgenden kurz behandeln; vertiefende Informationen finden Sie in den einschlägigen Lehrbüchern der Psychologie (z.B. Schermer 1999, Wellhöfer 1990, 2001, Zimbardo und Gering 1999, Rothgang 2003).

Wir können zwei unterschiedliche Lernprinzipien und ein eher integratives Lernmodell unterscheiden: Klassisches und instrumentelles Konditionieren sowie das sozial-kognitive Lernen.

Klassisches Konditionieren: Nach diesem Lernprinzip werden bisher neutrale Reize zum Auslöser (Signal) für emotionale und vegetative Reaktionen. Als Basis benötigen wir eine schon vorhandene feste Reiz-Reaktionsverbindung, wie sie z.B. bei den vegetativen Reflexen besteht. Bei Schreck und Bedrohung kommt es zur Aktivierungsreaktion, bei Nahrungsaufnahme zur Speichelsekretion usw. Diese Reflexe können mit neutralen Reizen gekoppelt werden, so dass diese nach mehreren Koppelungen ihre Neutralität verlieren und zum Auslöser der vegetativen oder emotionalen Reaktion werden.

Erhält beispielsweise ein Versuchstier in einem Experiment schmerzhafte Elektroschocks, so zeigt es als automatische Reaktion alle Anzeichen von Schmerz, Angst und Erregung, die auch physiologisch gemessen werden können. Lässt man gleichzeitig oder kurz vorher im Käfig eine Lampe aufleuchten, dann genügen wenige Koppelungen (Licht - Elektroschock) und der bisher neutrale Reiz „Licht" löst die Panikreaktion aus. Folgt dem gelernten Signalreiz mehrmals kein Elektroschock, dann wird die Verbindung wieder „gelöscht". Besteht für das Versuchstier allerdings die Möglichkeit seine Situation aktiv zu verändern - was in natürlichen Situationen meist der Fall ist - , z.B. dass es den Käfig verlassen kann (Türe öffnen, über den Zaun springen), dann kommt es zum **Vermeidungslernen**: Sobald das Licht angeht, flüchtet das Tier aus der bedrohlichen Situation. Die Panik wird dabei abgebaut und das Fluchtverhalten wird durch den Erfolg belohnt.

Instrumentelles Konditionieren: Das Belohnungslernen entspricht dem instrumentellen Konditionieren, bei dem ein gezeigtes, zufällig ausgeführtes Verhalten durch seine Konsequenzen gelernt wird. Verhaltensweisen, die erfolgreich sind (belohnt werden, schmerzhafte Reize beseitigen), werden in Zukunft häufiger auftreten, während Verhaltensweisen, die zu negativen Konsequenzen führen (Bestrafung, Entlohnung) seltener auftreten („verlernt" werden). Unser Versuchstier hat im beschriebenen Experiment durch das klassische Konditionieren gelernt, das Signal „Licht" mit der vegetativen Panikreaktion zu verbinden und durch das instrumentelle Konditionieren die bedrohliche Situation zu „bewältigen".

Ein Verhalten, das durch Vermeidungslernen aufgebaut wird, ist allerdings sehr stabil gegenüber seiner Löschung. Das Tier hat gelernt, vor der bedrohlichen Situation zu fliehen und wird nicht mehr überprüfen, ob das Licht im Käfig wirklich noch ein Hinweis auf folgende Schocks ist.

Wir haben das Zusammenspiel zwischen klassischem und instrumentellem Konditionieren an einem experimentellen Beispiel beschrieben, weil wir hier die Einflussfaktoren kontrolliert untersuchen können. In der natürlichen Umgebung von Tieren und Menschen sind die Einflussfaktoren wesentlich komplexer, wirken aber in gleicher Weise. Die ablaufenden Prozesse können dabei unbewusst aber auch bewusst ablaufen und sich mit ganz bestimmten Erwartungen verbinden. In weiteren Tierversuchen (Weiss 1972) konnte bestätigt werden, dass psychischer Stress (z.B. Erwartungsängste) von rein physischem Stress unterschieden werden kann.

Sozial-kognitives Lernen: Für das menschliche Verhalten ist das sozial-kognitive Lernen („Lernen am Modell") von zentraler Bedeutung. Wir übernehmen im Laufe unserer Entwicklung von unseren wesentlichen Bezugspersonen (z.B. Vater, Mutter) und später von anderen Vorbildern komplexe Verhaltensmuster. Bandura (1976, 1986, 1994) hat dieses Lernprinzip ausführlich untersucht und dabei die folgenden Punkte, die für unseren Zusammenhang wichtig sind, herausgearbeitet: Er unterscheidet beim Modelllernen zwischen der Verhaltensaneignung und -ausführung. Das sozial-kognitive Lernen läuft schon ab, wenn wir bei anderen Menschen Verhaltensweisen (einschließlich der damit verbundenen Gefühle) beobachten und im Gedächtnis abspeichern (Aneignungsphase). Damit es zur Aneignung/Abspeicherung kommt, muss das Modell attraktiv (Macht, Kompetenz, Erfolg, Sympathie) sein, damit es die Aufmerksamkeit des Beobachters anzieht und fesselt. Ist das beobachtete Verhalten verständlich und wird es nachvollziehbar gezeigt, dann wird es mit seinen Konsequenzen (Erfolg, Misserfolg und damit verbundene Gefühle) im Gedächtnis mit der entsprechenden Situation abgespeichert.

Ob das abgespeicherte Verhalten auch in ähnlichen Situationen gezeigt wird, hängt von weiteren Variablen ab: Habe ich die erforderlichen Fähigkeiten oder muss ich sie erst einüben/lernen? Welche Erwartungen verbinde ich mit diesem Verhalten in der konkreten Situation im Vergleich zu den anderen ebenfalls abgespeicherten Alternativen? Auf diese Weise erlernen wir unsere „Selbstwirksamkeit" und Kontrollüberzeugungen, d.h. Überzeugungen, dass wir anstehende Belastungssituationen bewältigen können oder ihnen nicht hilflos ausgeliefert sind.

Alle drei Lernprinzipien wirken bei der Entwicklung unserer individuellen Stressauslöser und Stressreaktionen mit. Wenn diese Annahme stimmt - und es sprechen sehr viele experimentelle Belege dafür - dann können wir durch systematische Lernprozesse diese Situationen aber auch beeinflussen und verbessern.

2.1.2. Steuerungsmöglichkeiten der Stressreaktion

Sicher ist die Forderung, die Umwelt den Bedingungen des Organismus anzupassen richtig, auch wenn sie in absehbarer Zeit nicht realisiert werden kann. Wie kann ich dennoch meinen Organismus schützen?

Subjektive Methoden: Wir haben alle verschiedene Methoden der Stressbewältigung entwickelt, die allerdings meist nur kurzfristig helfen. So versuchen wir auf der **motorischen** Verhaltensebene durch sportliche Aktivitäten, Holzhacken, Wandern, Tanzen, usw. auf der **vegetativen und emotionalen** Ebene durch emotionale Bestätigungen, sexuelle Zuwendungen, aber auch Beruhigungstabletten, Alkohol, Zigaretten und auf der **kognitiven** Verhaltensebene durch „Abschalten", Lesen, Malen, Töpfern usw. die Stressreaktion kurzfristig zu bewältigen.

Systematische Methoden: Aus der Vielzahl der systematischen Entspannungsverfahren (siehe Petermann & Vaitl 1993) betrachten wir im Folgenden die muskulären Entspannungsverfahren (Jacobson 1938, Brechtel 1986, 1995), das Autogene Training (Schultz 1982, Hoffmann 1987) als Beispiel einer „wertneutralen" Meditationstechnik und ein Kompaktprogramm zur „Stressimpfung" (Meichenbaum 1977). Tabelle 1 listet unsystematische und systematische Bewältigungsversuche („Coping-Strategien") der Stress-Situation auf den verschiedenen Ebenen auf.

Tab. 1: Bewältigungsmöglichkeiten auf den einzelnen Reaktionsebenen

Verhaltens-ebene	Unsystematisch	Systematisch
Motorisch:	Sport, Wandern, Holzhacken, Tanzen, Massieren lassen	Muskuläres Tiefentraining MTT, Yoga
Vegetativ-emotional:	Bestätigungen, Zuwendungen, Zärtlichkeit, Sex, Sauna, Alkohol, Zigaretten, Psychopharmaka, Drogen	Autogenes Training (Meditation)
Kognitiv:	„Abschalten", Lesen, Kino, Krimi, Musik, Malen	Einübung positiver Vorsätze, RET, Meditation

Meichenbaum (1977) hat ein verhaltenstherapeutisches Programm zur „Stressimpfung" entwickelt, mit dem wir systematisch unsere Stressreaktionen analysieren und positiv verändern können. In der ersten Phase dieses Programms findet eine ausführliche Information über das Phänomen Stress und eine detaillierte Analyse der individuellen Stress-Situationen statt (**Informationsphase**). Die Informationen werden dabei auf die konkret bestehende Belastungssituation bezogen. Dabei sind die folgenden Fragen zu beantworten:

– Welche Stress-Situation möchte ich besser bewältigen?
– Welche konkreten Stressoren lösen dabei den Stress aus?
– Wie wichtig sind diese Stressoren für mich? Kann ich sie reduzieren oder vermeiden?
– Wie könnte ich in der Situation besser reagieren?
– Wie reagiere ich / reagiert mein Organismus konkret?
– Wie groß ist meine körperliche Belastbarkeit? Wie könnte ich meine Fitness erhöhen?
– Wie kann ich meine psychische Belastbarkeit (Frustrationstoleranz) erhöhen?
– Wie bewerte ich die Situation? Was sage ich zu mir? Kann ich das positiver, realitätsbezogener formulieren / bewerten?
– Wie kann ich die Aktivierungsreaktion / Aufschaukelungsprozesse besser steuern?
– Wie kann ich meine neuen Verhaltensweisen einüben und belohnen?

In der folgenden **Einübungsphase** werden nun die verschiedenen Bewältigungsmaßnahmen trainiert (Entspannungstechniken, positive Selbstinstruktion, erweiterte Informationssammlung über die bedrohlich erlebte Situation). Auftretende Erregungen werden dabei nicht als Verunsicherungen gewertet, sondern als Hinweis, dass etwas gegen den Stress unternommen werden muss. Meichenbaum schlägt vier Schritte zur Bewältigung der angstauslösenden Situationen vor:

- **Vorbereitung auf die Stress-Situation:** „Was ist zu tun? Ich will mich nicht verrückt machen, sondern überlege erst einmal, was vernünftigerweise zu tun ist, das ist viel besser als sich nervös zu machen. Ich werde das Ganze vernünftig angehen. Vielleicht bin ich ja nur gespannt auf das Ergebnis und verwechsle das mit der Angst, ...".

- **Konfrontation/Umgang mit dem Stressor:** „Das schaffe ich schon; nur schön langsam und eins nach dem anderen. Ich denke nach was jetzt zu tun ist und konzentriere mich auf das Wesentliche. Die Angst, die ich jetzt fühle, ist genau das, was ich auch erwartet habe. Ich bin voller Energie das zu schaffen, ...".

- **Bewältigung des Gefühls überwältigt zu werden:** „Ich bleibe in der Gegenwart; wenn die Bedrohung stärker wird, weiß ich auch, dass sie bald wieder nachlässt. Es gibt viel Schlimmeres, wozu sich darüber aufregen. Ich lenke mich einfach ab, betrachte das Ganze aus historischer Sichtweise (30 Jahre später), ..."

• **Selbstverstärkung:** „Siehst Du, es klappt; ich habe es geschafft. Da werden die anderen aber staunen! Eigentlich war es gar nicht so schlimm und es wird bei jeder Übung besser werden. Ich habe allen Grund mich über mein gezeigtes, erfolgreiches Verhalten in dieser Situation zu freuen, ..."

In der abschließenden **Anwendungsphase** geht es um die Umsetzung des eingeübten Copingverhaltens in der konkreten Stress-Situation mit der eingeplanten Belohnung, die den Effekt des erfolgreichen neuen Verhaltens in der (früher gefürchteten) Situation noch verstärkt.

Damit das Stressimmunisierungsprogramm erfolgreich verlaufen kann, müssen die Teilnehmer ein Verhalten einüben, das mit der Stressreaktion unvereinbar ist. Sie müssen lernen, ihren Organismus bewusst in einen Zustand zu versetzten, der sich mit Entspannung, Wohlgefühl, innerer Harmonie und Ruhe verbindet. Wer diesen Zustand aktiv erzeugen kann, ist bestens gegen Stress abgeschirmt. Diesen Zustand können wir über die drei Verhaltensebenen systematisch anstreben. Die bewährtesten Methoden sind dabei das muskuläre Entspannungstraining (motorische Verhaltensebene) und das Autogene Training (vegetativ-emotionale Verhaltensebene), die beide mit kognitiven Aspekten verbunden werden können. Im Folgenden werden die beiden Trainingsprogramme so vorgestellt, dass der Leser sie aktiv einüben kann (und auch soll).

2.1.2.1. Muskuläres Entspannungstraining

Der amerikanische Arzt Jacobson (1938) fand, dass der Leistungs- und Erfolgsdruck zwar emotionale Bedürfnisse befriedige, aber zu dauerhaften körperlichen Verspannungen bei gleichzeitigem hohen Energieverbrauch führt. Die körperlichen Symptome, wie Kopf- und Rückenschmerzen, Verdauungsbeschwerden, Erschöpfungszustände, Bluthochdruck, Nervosität, Angstzustände und Schlafstörungen sind die Folge dieser dauerhaften Anspannungen. Nach seiner Theorie müssen die Menschen neu lernen sich bewusst zu entspannen, um psychisch und physisch den Anforderungen der Leistungsgesellschaft gerecht werden zu können. Er hat mit seiner „progressiven Relaxation" ein Training der Muskelentspannung vorgeschlagen, das heute im Bereich der Gesundheitsvorsorge, Rehabilitation und der Verhaltenstherapie angewandt wird. Das Ziel dabei ist, möglichst schnell einen Zustand tiefer körperlicher Entspannung zu erreichen, der dann z.B. auf angstbesetzte Situationen übertragen werden kann („Systematische Desensibilisierung"). Dieses Verfahren ist aber generell gut geeignet, wenn wir uns gegen die Stressreaktion schützen wollen, denn wenn wir körperlich entspannt sind, können wir nicht gleichzeitig aufgeregt (gestresst) sein.

Bei der progressiven Muskelentspannung von Jacobson werden schrittweise alle Muskeln des Körpers zunächst voll angespannt und dann möglichst tief gelockert (Anspannung der Muskeln „auf Null gehen lassen"), ein Verfahren das anfangs etwa 30 Minuten benötigt, bei täglicher Übung allerdings schrittweise verkürzt werden kann, so dass nach erfolgreichem Training eine Kurzform ausreicht, um sich tief zu entspannen.

Brechtel (1986, 1995) hat die relativ langweiligen An- und Entspannungsübungen der gesamten Körpermuskulatur zu komplexeren Grundübungen zusammengefasst. Das Ziel seines **M**uskulären **T**iefentrainings (MTT) ist ebenfalls eine tiefe körperliche Entspannung, die auf den ganzen Körper ausstrahlt und so die motorische Komponente der Stressreaktion vermeidet oder abschwächt. Daneben können wir das MTT aber auch zur Erholung und zum „Auftanken" neuer Energien („Energetisierung") verwenden.

Beim Durchführen des Muskulären Tiefentrainings ist es wichtig, die folgenden Aspekte zu beachten:

Volle Kraft – Völlig los lassen!

Beim Muskulären Tiefentraining haben wir zwei Phasen: In der Anspannungsphase werden die entsprechenden Muskelgruppen bis zur Schmerzgrenze angespannt, um dann in der folgenden Entspannungsphase völlig entspannt zu werden. Wichtig dabei ist es, den Unterschied zwischen Anspannung und Entspannung zu beobachten, sich in die betroffenen Muskelgruppen einzufühlen, den Entspannungszustand neu zu entdecken und zu genießen.

Tief weiter atmen!

Eine Schwierigkeit taucht in der Anspannungsphase häufig auf: Wir neigen dazu, bei starker Kraftanstrengung die Luft anzuhalten und zu pressen. Dies führt zu einer unnötigen Kreislaufbelastung und manchmal sogar zu Kopfschmerzen. Es ist demnach bei den Übungen wichtig, bewusst (ruhig hörbar) weiter zu atmen.

Im Folgenden möchte ich die vier Grundübungen des MTT's so beschreiben, dass der Leser sie einüben kann. Versuchen Sie dabei möglichst zweimal täglich zu üben , wobei sie mit dem „King Kong" beginnen sollten. Wenn sich die Entspannung der Armmuskulatur zuverlässig einstellt, dann bauen Sie „Panzer", „Siegfried" und „Quasimodo" in das Training schrittweise ein. Die Übungsbeschreibung richtet sich dabei an gesunde und körperlich normal belastbare Leser. Sollten beim Leser in dieser Hinsicht Bedenken bestehen, dann ist es sinnvoll vorher einen Arzt zu konsultieren.

Einstiegsübung: KING KONG

Bei dieser Übung konzentrieren wir uns auf die gesamte Muskulatur beider Arme. Wie der Name schon andeutet, werden wir bei der Übung eine gewisse Ähnlichkeit mit dem Imponiergehabe des gleichnamigen Riesenaffen einnehmen.

Vorbereitung: Zuerst setzen wir uns bequem auf einen Stuhl, der möglichst keine Armlehnen haben sollte, denn die sind uns bei den Übungen im Wege. Alles was uns irgendwie einengt (Gürtel, Krawatte, Hemdkragen, u.s.w.) wird gelockert. Wir setzen uns dann auf den vorderen Bereich der Stuhlfläche, lassen den Kopf locker nach vorne sinken und schließen die Augen.

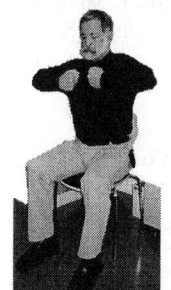

Anspannungsphase: Dann winkeln wir die Arme vor der Brust an (ohne dass sie sich berühren), so dass die Unterarme eine Gerade bilden, die Knöchel nach vorne zeigen und der Daumen auf dem zweiten Glied des Zeigefingers liegt. Ballen Sie die Hände zu Fäusten, atmen Sie tief und gleichmäßig durch und spannen Sie die gesamte Muskulatur der Finger, der Hände, der Unter- und Oberarme so kräftig an wie möglich. Da wir die Beuge- und Streckermuskulatur gleichzeitig anspannen, kommt es zum Zittern der Fäuste und Unterarme, der „King Kong"-Bewegung. Konzentrieren Sie sich dabei auf die starke Spannung in der Muskulatur und versuchen sie diese Anspannung noch bis zur Schmerzgrenze zu steigern. Atmen Sie dabei bewusst weiter und „genießen" Sie für einige Atemzüge den Schmerz.

Entspannungsphase: Lassen Sie Ihre Arme einfach fallen und sinken Sie im Rückgrat so zusammen, dass Ihr Oberkörper ausbalanciert in sich ruht. Der Kopf hat sich dabei ebenfalls nach vorne gesenkt und ruht mit dem Kinn auf der Brust. Atmen Sie langsam und bewusst weiter und konzentrieren Sie sich auf die jetzt völlig entspannte Muskulatur; versuchen Sie bei jedem Ausatmen die entspannte Armmuskulatur noch weiter zu entspannen und genießen Sie das Gefühl der Schwere und der Wärme, das sich zuerst in den Finger einstellt und sich mit der Zeit auf die gesamte Armmuskulatur ausbreitet.

Erfolgskontrolle: Wenn Sie die Muskulatur voll angespannt und dabei kräftig durchgeatmet haben, dann spüren Sie in der Entspannungsphase, wie das Blut in die entspannte Muskulatur strömt, die Arme dadurch schwerer und wärmer werden. Haben Sie bei den ersten Trainingsversuchen nur die Schwere und vielleicht ein leichtes Kribbeln in den Fingern gefühlt, dann sind Sie auf dem richtigen Weg. Vielleicht fühlen Sie auch, dass Ihre Finger etwas steif geworden sind. Dieses Steifheitsgefühl können Sie lösen, indem Sie die Fingerspitzen gegeneinander drücken, spreizen und lockern.

Wenn Sie die Übungen wiederholen, dann wird die erlebte Schwere tiefer und das Kribbeln zum Wärmegefühl werden. Dies sind die Begleiterscheinungen der Muskelentspannung: Unsere Blutgefäße - sie sind ja muskuläre Schläuche - entspannen und erweitern sich, lassen mehr warmes Blut bis zu den Fingerspitzen durch und führen so zu dem (nicht eingebildeten) Gefühl der Schwere und Wärme. Stellt sich dieses Schwere- und Wärmegefühl sicher ein, dann können Sie im Verlauf weiterer Übungen versuchen, dieses Gefühl auch auf die angrenzende Muskulatur ausstrahlen zu lassen. Diese Erweiterung empfiehlt sich auch bei den folgenden Übungen.

Bei vielen Übungsteilnehmern erhöht ein inneres Vorstellungsbild die gefühlte Intensität. Wenn Sie in der Entspannungsphase dieses Bild regelmäßig mit dem Entspannungszustand koppeln, dann gelingt es Ihnen mit der Zeit (über das „klassische Konditionieren"), allein durch diese Vorstellung, das Gefühl der Schwere und Wärme in den Armen abzurufen. Dabei bewegen wir uns allerdings schon in der Nähe des Autogenen Trainings.

Der King Kong führt meist schon zu überraschenden Entspannungserfolgen; wir lernen mit dieser Übung gut, wie sich Entspannung eigentlich anfühlt. Wenn wir die Anspannungs - Entspannungsreaktion beim King Kong beherrschen, dann können wir diese Übung schon einsetzen, um aufkommende Erregungen abzufangen, d.h. der Aktivierungsreaktion bei Stress gegenzusteuern.

Übung PANZER

Verspannungen der Brust- und Rückenmuskulatur sind durch vorwiegend sitzende Tätigkeiten sehr häufig geworden. Diese Verspannungen treten auch bei andauernden Belastungssituationen auf. Mit der Übung Panzer können diese oft schon chronisch und schmerzhaft gewordenen Verspannungen im Brust- und Rückenbereich gelockert und behoben werden. Die Übung regt zusätzlich den Kreislauf und die Durchblutung der betroffenen Muskulatur an.

Vorbereitung: Setzen Sie sich gerade auf einen Stuhl; die Muskeln, die Sie anspannen sollen, verlaufen von der Achselhöhle zur Brust; wenn Sie mit der linken Hand in die rechte Achselhöhle greifen, dann spüren Sie genau die Muskelgruppe. Stellen Sie sich vor, Sie wollen in Ihren Achselhöhlen je einen Tennisball zusammendrücken! Winkeln Sie dabei die Unterarme waagrecht nach vorne an und konzentrieren Sie sich auf die Bauchatmung.

Anspannungsphase: Spannen Sie nun diese Muskelgruppen fest an; versuchen Sie die imaginären Tennisbälle zum Platzen zu bringen. Lassen Sie aber dabei die Armmuskulatur locker (sie ist durch King Kong ja schon entspannt). Die Muskeln sind jetzt wie ein Brustpanzer gespannt, so dass Sie nur über den Bauch (Zwerchfellatmung) ein- und ausatmen können. Versuchen Sie die Spannung noch zu steigern und beobachten Sie die Anspannung mehrere Atemzüge lang.

Entspannungsphase: Lassen Sie sich wie bei der Übung King Kong locker ins Kreuz fallen und lassen Sie Ihre Arme entspannt nach unten hängen. Beobachten Sie, wie die entspannte Brust- und Rückenmuskulatur sich erwärmt und heben Sie Ihre Arme mehrmals, um durch diese Gegenbewegung die Achselhöhle zu öffnen und Ihre Schultergelenke zu lockern.

Erfolgskontrolle: Sie spüren die Wärme über dem Oberkörper und am Rücken; sie strahlt bis in die Finger aus. Sollten Sie einen Druck im Kopf spüren, dann haben Sie beim Drücken die Luft angehalten und sollten sich verstärkt auf die Bauchatmung konzentrieren.

Übung SIEGFRIED

Bei dieser Übung konzentrieren wir uns auf die Rücken- und Schultermuskulatur. Sie kennen sicher die Sage vom germanischen Helden Siegfried, der nach einem Bad im Drachenblut unverletzlich wurde. Lediglich zwischen seinen Schulterblättern konnte sich kein schützender Panzer bilden, weil ein Blatt dies verhinderte. Auf diesen verletzlichen Bereich konzentrieren wir uns.

Vorbereitung: Wir setzen uns wieder gerade auf den Stuhl, legen den Kopf leicht nach vorne, winkeln die Arme an und nehmen die Schulterblätter so weit nach hinten, dass sie sich berühren.

Anspannungsphase: Versuchen Sie die Schulterblätter so fest wie  möglich zusammenzudrücken; lassen Sie die Bewegung nur aus Ihren Schultern kommen, atmen Sie dabei tief weiter und steigern Sie die Anspannung, bis Sie einen Schmerz zwischen den Schulterblättern spüren. Drücken Sie die Ellbogen zusätzlich nach hinten zusammen, lassen Sie dabei den Kopf locker nach vorne hängen und konzentrieren Sie sich voll auf die Anspannung im Rücken. Halten Sie die Spannung einige Atemzüge lang an.

Entspannungsphase: Lassen Sie nun einfach Arme, Kopf und Rumpf locker nach vorne fallen und beginnen Sie nach einigen Sekunden mit der Gegenbewegung, durch die eine zusätzliche Dehnung der Muskulatur erreicht wird: Falten Sie nun Ihre Hände etwa eine Handbreit unter dem linken Knie, lassen Sie die Arme locker und versuchen Sie das Knie auszustrecken, damit beide Arme lang gezogen werden und die Rückenmuskulatur gedehnt wird; wiederholen 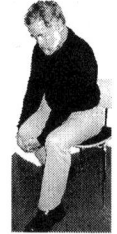 Sie die Dehnung mit dem rechten Knie. Atmen Sie ruhig durch und genießen Sie die entspannte Rückenmuskulatur.

Erfolgskontrolle: Wenn Sie jetzt eine angenehme Wärme und Entspannung zwischen und unterhalb der Schultern fühlen, dann haben Sie alles richtig gemacht. Spüren Sie jedoch Verspannungen, dann war Ihr Krafteinsatz möglicherweise zu gering oder Sie haben den Kopf nicht locker nach vorne hängen lassen. Am besten ist es dann, die Übung gleich zu wiederholen und auf die richtige Haltung zu achten. Spüren Sie einen leichten Schwindel oder Druck im Kopf, dann sollten Sie bei der Wiederholung bewusst auf eine tiefe Atmung achten.

Nach dem Siegfried ist Ihre Rückenmuskulatur locker und warm. Möglicherweise spüren Sie aber jetzt deutliche Verspannungen im Nackenbereich, denn diese Muskulatur ist ja noch im (verspannten) „Normalzustand". Deshalb sollten sie anschließend die folgende Übung durchführen, die sich auf die Nackenmuskulatur konzentriert.

Übung QUASIMODO

Quasimodo, der Glöckner von Notre Dame in Hugo's Roman, war leider keine Schönheit; auch wir werden bei dieser Übung nicht sehr attraktiv aussehen, so dass sie weniger für die Öffentlichkeit geeignet ist. Der Gesamtablauf der Übung ist etwas schwieriger, dafür aber sehr wirkungsvoll: Sie verbessert die Sauerstoffversorgung des Gehirns, wirkt belebend und erfrischend und beseitigt schnell Verspannungen im Nackenbereich (auch Spannungskopfschmerzen).

Vorbereitungsphase: Setzen Sie sich gerade auf den Stuhl, winkeln Sie Ihre Arme locker an und lassen Sie sich entspannt im Rückgrat zusammen fallen („Droschkenkutschersitz"), schließen Sie die Augen und atmen Sie tief ein und aus.

Anspannungsphase: Ziehen Sie nun Ihre Schultern nach oben (am  Hinterkopf vorbei) und versuchen Sie dabei möglichst nahe an die Ohrläppchen heran zu kommen. In Ihrem Nacken ist jetzt ein breites Muskelband entstanden, in das Sie Ihren Kopf drücken. Dabei dürfen Sie Ihren Kopf nicht nach oben wenden; Sie sollen ihn waagrecht in diese Nackenrolle zwischen Hinterkopf und Schultern drücken. Achten Sie auf Ihre (tiefe) Atmung und steigern Sie die Muskelanspannung, bis Ihr Kopf leicht zu vibrieren beginnt. Atmen Sie bewusst tief weiter und versuchen Sie die Anspannung bis zur Schmerzgrenze zu steigern. Halten Sie diese Spannung noch für einige Atemzüge an.

Entspannungsphase: Lassen Sie Ihre Schultern und Ihren Kopf locker nach vorne sinken, ohne das Gleichgewicht im Rückgrat zu verlieren. Ihr Kinn berührt nun die Brust und bleibt auch während der Entspannung in dieser Lage. Genießen Sie die Entspannung für einige ruhige Atemzüge.

Anschließend dehnen wir die vorher angespannte Muskulatur: Lassen Sie dazu Ihr Kinn auf der Brust liegen und versuchen Sie dann langsam und gleichmäßig mit Ihrem linken Ohr möglichst weit zur linken Schulter zu kommen, ohne diese anzuheben. Wenn Sie diese Gegenbewegung richtig ausführen, spüren Sie (leicht schmerzhaft) die Sehnen, die zwischen Ohr und Schulter verlaufen. Wiederholen Sie den Bewegungsablauf mit dem rechten Ohr zur rechten Schulter. Konzentrieren Sie sich anschließend auf die entspannte Muskulatur. Sie können die Entspannung noch vertiefen, indem Sie sich möglichst bildhaft vorstellen, wie die Wärme und Entspannung von Ihrer linken Hand über die Schultern bis zur rechten Hand strömt und wie sie sich mit jedem Ausatmen weiter auf die angrenzende Muskulatur verteilt.

Erfolgskontrolle: Wenn Ihr gesamter Nackenbereich jetzt wohlig warm und Ihr Kopf frisch und frei ist, dann haben Sie alles richtig gemacht. Sollten Sie einen Druck im Kopf spüren, dann haben Sie wahrscheinlich beim Pressen die Atmung angehalten. Spüren Sie nach der Übung weiter Verspannungen im Nackenbereich, dann haben Sie vermutlich den Kopf nicht weit genug nach vorne fallen lassen und dadurch die Nackenmuskulatur zu wenig gedehnt. Sollten Sie schon starke Verhärtungen im Nackenbereich haben, dann hat Quasimodo anfangs noch nicht den vollen Erfolg. Durch regelmäßiges Üben können Sie diese Verhärtungen schrittweise auflösen.

Mit den beschriebenen MTT-Übungen können Sie sehr gut die eigene Stressreaktion steuern; sie sind aber auch gut geeignet, in Seminaren die Lernsituationen zu entkrampfen, wenn sie nach entsprechenden Abschnitten als Möglichkeit der Entspannung und Energiegewinnung vorgestellt werden. Dies wird beispielsweise vom „team für psychologisches management" seit Jahrzehnten erfolgreich praktiziert (Brechtel 1995, S. 7).

Mit den vier MTT-Grundübungen gelingt es, in relativ kurzer Zeit, den Organismus tief zu entspannen. Mit dieser tiefen Entspannung können wir einerseits Stressreaktionen „abbremsen", andererseits uns auch auf schwierige Situationen einstellen, wie es im Anschluss an die Beschreibung des Autogenen Trainings weiter ausgeführt wird.

Das Muskuläre Tiefentraining eignet sich vor allem für aktive und eher unruhige Menschen, da sie bei den Übungen selbst handeln und relativ schnell etwas „bewegen" können. Beim Autogenen Training wird hingegen versucht, über das Vorstellungsvermögen den Körper zu entspannen; dies bereitet aktiven, „getriebenen" Menschen anfangs größere Schwierigkeiten, die aber durch konstantes Üben zu bewältigen sind.

2.1.2.2. Das Autogene Training

Das Autogene Training (AT) wurde von Schultz (1884-1970) entwickelt und hat sich als eine der erfolgreichsten Entspannungsmethoden weltweit verbreitet. Ausgangspunkt waren die Erfahrungen, die Schultz mit der Hypnose gemacht hatte, die nicht nur durch Fremd- sondern auch durch Selbstinstruktion erfolgreich durchgeführt werden kann. Seine Patienten berichteten im hypnotisierten Zustand übereinstimmend von Schwere- und Wärmeerlebnissen, ruhiger und gleichmäßiger Atmung, tiefer Entspannung und Angstfreiheit. 1926 berichtete Schultz vor der Medizinischen Gesellschaft in Berlin erstmals von den „Autogenen Organübungen" und verwendete seit 1928 den Begriff „Autogenes Training". 1932 veröffentlichte er „Das Autogene Training - Konzentrative Selbstentspannung".

Das Autogene Training ist für ihn die „legitime Tochter der Hypnose", bei dem durch regelmäßiges Üben eine Einengung des Bewusstseins erzielt wird, die mit tiefer Entspannung und vegetativer Gesamtumstellung des Körpers einhergeht. Im Unterschied zur Hypnose bleibt beim AT diese Bewusstseinsveränderung (der Entspannungszustand) in der Eigenverantwortlichkeit des Übenden. Es ist dabei aber zu betonen, dass jede Fremdsuggestion nur durch eine Selbstsuggestion möglich ist.

Die Körperreaktionen beim AT sind allerdings alles andere als eingebildete Phänomene. Durch den „Carpenter-Effekt" führt jede Wahrnehmung oder Vorstellung einer Bewegung zu unwillkürlichen Bewegungsimpulsen (beobachten Sie nur einmal engagierte Fußballfans bei der Fernsehübertragung eines Spiels), die auch durch Elektromyographie (Ableitung der elektrischen Muskelaktivitäten) gemessen und belegt werden können. Auch der bekannte Chevreul'sche Pendelversuch oder der Body-Sway-Test demonstrieren diesen Zusammenhang zwischen Vorstellung und Körperreaktion (Hoffmann 1987).

Wie am Ende des letzten Kapitels angedeutet, haben nicht alle Menschen einen leichten Zugang zum AT; auch Schultz weist schon darauf hin, dass Menschen mit starker Anspruchshaltung, übersteigertem Leistungsbedürfnis, geringer Erlebnis- und Vorstellungskraft sowie zwanghafter Grundeinstellung (sich nicht gehen lassen können) Schwierigkeiten beim Erlernen der autogenen Übungen haben können.

Schultz hat auf Freuds Vorwurf zum AT „Sie glauben doch nicht, dass sie damit heilen können!" geantwortet: „Keinesfalls, aber ich meine doch, dass man wie ein Gärtner Hindernisse wegräumen kann, die der echten Eigenentwicklung im Wege stehen" (zit. nach Kraft 1982, S. 28). Damit hat Schultz einen wesentlichen Aspekt der Humanistischen Psychologie angesprochen und vorweggenommen.

Schultz (1991) teilt das AT in eine Grund- und Oberstufe ein. Die Grundstufe hat zum Ziel, die „organismische" Umschaltung zu erlernen, d.h. willentlich von der Anspannungs- in die Entspannungssituation gleiten zu können. Das Ziel ist die erholsame Entspannung, eine Verbesserung der Konzentrationsfähigkeit, die Resonanzdämpfung bei überschiessenden Affekten und die Selbststeuerung des Verhaltens. Damit wird die trainierende Person angstfreier, leistungsfähiger und selbstsicherer.

Die Oberstufe ist eher als meditatives und persönlichkeitserweiterndes Konzept entwickelt und wird heute kaum mehr praktiziert. Hier haben sich Phantasiereisen und andere Techniken als effektiver erwiesen. Doch nun zu den autogenen Grundübungen.

Vorbereitung zu den Übungen: Das AT kann in verschiedenen Körperhaltungen durchgeführt werden, wobei das zentrale Ziel aller Körperhaltungen ist, möglichst wenige Muskeln anzuspannen. Die klassischen Körperhaltungen dabei sind:

- **Liegehaltung:** Entspannte Lage auf dem Rücken, leichtes Nackenpolster, wenn Bedarf: leichte Decke, Handflächen liegen auf der Unterlage, Füße fallen locker nach außen, Kinn locker, Augen geschlossen.

- **Droschkenkutscherhaltung:** Schultz hat die Wiener Droschkenkutscher beobachtet, wie sie nach einem anstrengenden, oft auch weinseligen Tag heimfuhren. Die Pferde wussten den Weg, die Kutscher saßen entspannt auf dem Kutschbock und haben die Fahrtbewegungen locker ausgeglichen. Wir setzen uns also mit gerader Haltung auf einen „Kutschbock" (Sitz möglichst ohne Armlehnen) und lassen uns im Rückgrat so zusammensinken, dass wir dennoch die Balance (ohne Muskelanspannung) behalten.

Alle weiteren Umstände (Kleidung, Situation, Raum) sollten nicht einengen, sondern entspannungsförderlich sein. Die Übenden sollen sich ganz bewusst „Zeit für sich selbst nehmen".

Trainiert werden sollte zwei- bis dreimal täglich, wobei es sich als hilfreich erwies, möglichst zur gleichen Zeit zu üben, damit ein Gewöhnungseffekt entsteht. Nach einigen Monaten beherrscht man dann die autogenen Übungen, wird vom Übenden zum Ausübenden und kann das Training auf einmal täglich reduzieren.

Die **Übungsdauer** sollte anfangs relativ knapp bemessen sein (ca. drei bis fünf Minuten), da die meisten Teilnehmer sich noch nicht länger auf die erste Übung konzentrieren können. Die Zeit kann anschließend ausgedehnt werden „so lange es angenehm ist". Erfahrungsgemäß liegt das Training dann etwa bei 15 bis 20 Minuten, kann aber auch als Kurzform durchgeführt werden.

Rücknahme: Jede Übung muss aktiv beendet werden, damit der Organismus lernt, sich bewusst wieder auf die Normalsituation umzustellen. Dazu geben wir uns innerlich energisch das Kommando „Arme fest!!!", ballen dabei die Fäuste, winkeln die Arme mehrmals fest an und strecken sie wieder („pumpen"), geben uns das Kommando „Atmung tief!!", atmen dazu mehrmals tief ein und aus, geben uns die letzte Anweisung „Augen auf!!!" und öffnen gleichzeitig die Augen. Damit haben wir uns in die Realität zurückgeholt. Sollten Sie bei den Übungen gestört werden, dann ist diese Rücknahme ebenfalls wichtig. Wollen Sie nach den Übungen allerdings einschlafen, dann wird die Rücknahme durch die „Walrosstechnik" (langsames Umdrehen in die gewohnte Schlaflage) ersetzt.

Protokollierung: Wenn Sie die autogenen Übungen erlernen wollen, ist es sehr sinnvoll, den Ablauf der einzelnen Übungen zu protokollieren. Bewährt hat sich dazu ein Protokollbogen für den Ablauf einer Woche, bei dem die geplanten Übungszeiten als Zeilen dargestellt sind (z.B. pro Tag zwei Zeilen). Eine Spalte dient dazu, die Beobachtungen und Empfindungen beim Üben zu beschreiben, in einer zweiten Spalte sollte der erzielte Entspannungsgrad (z.B. Skala 0 bis 10) eingestuft werden. Mit dem Protokollbogen kann einerseits der erfolgreiche Verlauf dokumentiert werden (wenn es einmal nicht weiterzugehen scheint), andererseits wird durch ihn das regelmäßige

Üben kontrolliert, bzw. er zwingt und motiviert.

Beschreibung der einzelnen Übungen:

Jede Übung sollte etwa acht bis zehn Tage trainiert werden, bevor sie durch die nächste Übung ergänzt und verlängert wird.

Ruhetönung und Schwere:

Das Autogene Training beginnt mit der „Ruhetönung": Wir haben eine möglichst bequeme und entspannte Körperhaltung eingenommen, atmen tief aus und erinnern uns an eine Situation, in der wir uns sehr entspannt gefühlt haben (z.B. Blick vom Berg ins blühende Tal; Strand-Sonne-Meer; Kaminfeuer u.ä.); die meisten Menschen schließen dabei ihre Augen. Wichtig ist es, die Vorstellung möglichst plastisch in Erinnerung zu rufen und möglichst alle Sinne dabei einzusetzen (was ist zu hören, zu sehen, zu riechen, zu fühlen, zu schmecken?). Parallel zu dieser Vorstellung sagen wir zu uns die Formel „Ich bin ganz ruhig". Dabei wollen wir nichts erzwingen, sondern beobachten einfach, wie die Ruhe sich einstellt. Diese kontemplative Haltung bereitet anfangs Schwierigkeiten; häufig fallen einem gerade jetzt alle möglichen Gedanken ein und stören: Lassen Sie diese Gedanken einfach „vorbeiziehen, wie die Wolken am Abendhimmel".

Wenn Sie zur Ruhe gefunden haben, dann können Sie mit der ersten Übung beginnen: Wir wenden uns der Schwere des eigenen Körpers zu und beginnen mit unserer „Arbeitshand", die sensibler als die andere Hand ist. Bei den meisten Menschen ist dies der rechte Arm, so dass die Formel lautet **„Rechter (bzw. linker) Arm ist ganz schwer"**. Diese Formel wiederholen wir fünf bis sechs Mal und versuchen dabei die Schwere des Armes zu spüren (z.B. wie er auf die Unterlage drückt). Die Formeln sind dabei als Konzentrationshilfen gedacht und sollten nicht vorstellungsleer heruntergeleiert werden. Nachdem wir uns auf die Schwere des Armes konzentriert haben, gehen wir zurück zur Ruhetönung („ich bin ganz ruhig"), konzentrieren uns anschließend nochmals auf die Schwereübung (fünf- bis sechsmal „Rechter Arm ganz schwer") und gehen dann nochmals zur Ruhetönung. Je nach Konzentrationsfähigkeit können wir noch eine weitere Runde anschließen oder wir holen uns zurück mit den Befehlen und entsprechenden Begleitaktionen: **„Arme fest!", „Atmung tief!", „Augen auf!"**

Haben wir mit dieser Formel zwei bis drei Tage geübt, dann erweitern wir unsere Konzentration auf beide Arme („beide Arme sind ganz schwer"), nach weiteren Übungen beziehen wir die Beine („Arme und Beine sind ganz schwer") und anschließend den gesamten Körper (ohne Kopf) mit ein („Mein Körper ist ganz schwer").

Nach ein bis zwei Wochen stellt sich bei regelmäßigem Training die Körperschwere zuverlässig ein. Sollten die Übungen bis dahin nicht erfolgreich verlaufen, dann sind einige Hilfestellungen möglich: So können Sie über den „King Kong" in die Armschwere einsteigen, durch das Einfühlen in die Körpermuskulatur die Eigenschwere spüren oder in der Badewanne (dort aber nicht üben!!) das Schweregefühl erleben, indem Sie langsam einen Arm aus dem Wasser heben und dabei spüren wie schwer er wird.

Die meisten Übenden berichten in den ersten Wochen von Nebenwirkungen. Dabei ist immer zu fragen, ob sie gestört haben. Häufig werden jetzt äußere Reize besonders deutlich wahrgenommen und stören die Konzentration. Manchmal treten Muskelzuckungen auf, weil sich Restspannungen entladen. Ab und zu berichten Teilnehmer, dass die Schwere in ein Leichtigkeitsgefühl übergeht (Levitation); dies kann durch eine sehr tiefe Entspannung erklärt werden, bei der die Muskelrezeptoren keine Informationen an das Gehirn weiterleiten, was zum Gefühl des „Abhebens" führen kann. Die meisten Störungen verschwinden im Verlauf des Trainings von selbst. Wenn das AT in Gruppen erlernt wird – dies steigert den Erfolg und die Durchhaltebereitschaft – dann ist der Erfahrungsaustausch über die beobachteten Begleitphänomene sehr wichtig. Wenn Sie versuchen, das AT alleine zu erlernen, dann sollten Sie bei andauernden und störenden Begleiterscheinungen einen erfahrenen AT-Trainer oder Facharzt (Psychotherapeut) zu Rate ziehen. Dies ist nach meinen Erfahrungen aber nur selten erforderlich.

Erweiterung durch die Wärmeübung:
Die physiologische Grundlage dieser Übung liegt darin, dass unsere Arterienwände von Muskelfasern durchsetzt sind. Diese „muskulären Schläuche" verengen sich unter Stressbedingungen und erweitern sich in der Entspannung, so dass eine bessere Durchblutung und damit Erwärmung der Peripherie (Hände, Beine) erzielt wird. Es kommt dabei zu einer Temperaturumverteilung in unserem Körper: Im entspannten Zustand gelangt mehr warmes Blut aus dem Körperinneren zur Peripherie, was zu einer messbaren Erwärmung der Hauttemperatur führt (Hoffmann 1987, S. 236).

Bei der Wärmeübung gehen wir ähnlich wie bei der Schwereübung vor: Wir beginnen mit dem Arbeitsarm und bauen schrittweise den anderen Arm, die Beine und den gesamten Körper in die Formel ein. Der Kopf wird bei der Übung wiederum ausgespart. Unser Training hat demnach folgenden Ablauf:

– Ruhebild und Ruhetönung: 1 x „Ich bin ganz ruhig"
– Schwereübung: 5-6 x „Arme und Beine sind ganz schwer"
– 1 x „Ich bin ganz ruhig"
– Wärmeübung: 5-6 x „Rechter (bzw. linker) Arm ist angenehm warm"
– 1 x „Ich bin ganz ruhig"
– Schwereübung: 5-6 x „Arme und Beine sind ganz schwer"
– 1 x „Ich bin ganz ruhig"
– Wärmeübung: 5-6 x „Rechter Arm ist angenehm warm"
– 1 x „Ich bin ganz ruhig"
  (weitere Wiederholungen sind möglich, soweit es die Konzentrationsfähigkeit erlaubt. Die Übungsdauer kann auf fünf bis acht Minuten ausgedehnt werden).
  Abschließend Rücknahme der Entspannung:
  ARME FEST!!! ATMUNG TIEF!!! AUGEN AUF!!!

Die Ausstrahlung der Wärme auf den ganzen Körper wird schrittweise durchgeführt, so dass mit der Schwereübung nach etwa zwei bis drei Wochen der gesamte Körper schwer und warm erlebt wird. Wir können die Formeln dann auch zusammenfassen „Mein Körper ist ganz schwer und angenehm warm" oder noch konzentrierter: „Schwere - Wärme". Der Wortlaut der Formeln ist übrigens nicht vorgeschrieben, sondern kann individuellen Vorlieben angepasst werden.

Erweiterung durch die Atemübung:
Die Atmung entspricht dem Urrhythmus unseres Organismus: Einatmen ist mit Anspannung und Ausatmen mit Entspannung verbunden. Beim AT hat die Atmung eine Sonderstellung, weil ihr Ablauf bereits autonom durch Regelkreise gesteuert wird, andererseits aber auch bewusst (vorbewusst) beeinflussbar ist. So beschleunigen wir unsere Atmung bei Erregung und Wut und kehren in Schlaf- und Ruhezuständen zu einer ruhigen, harmonischen Atmung zurück.

Schwere- und Wärmeübung führen in der Regel schon zu einer gleichmäßigen, ruhigen Bauchatmung, die aber meist noch nicht beachtet wird. Wir lassen unsere Konzentration zu einem schon biologisch ausgesteuerten Mechanismus, zur ruhigen, regelmäßigen Atmung wandern. Die Atemübung führt uns ins Zentrum des AT: Wir lernen in der Übung einen physiologischen Vorgang beobachtend ablaufen zu lassen und verzichten dabei auf jeglichen Leistungsanspruch. Das bewusste Sich-Einlassen auf den biologischen Rhythmus vertieft das Ruhe- und Entspannungsgefühl. Wollten wir bei der Schwere- und Wärmeübung einen Entspannungszustand erreichen, dann streben wir jetzt nichts an, sondern überlassen uns ganz der Bauchatmung.

Die Formel, die wir jetzt in den Ablauf des AT einbauen und uns fünf bis sechs Mal vergegenwärtigen, lautet:

> „Atmung ruhig und regelmäßig" oder
> „Atmung ganz ruhig"

und abschließend einmal „Es atmet mich", um sich den autonom gesteuerten Atmungsprozess ins Bewusstsein zu rufen.

Sie werden beobachten, dass es bei dieser Übung zu einer deutlichen Vertiefung der Entspannung kommt; dies können Sie noch verstärken, wenn Sie sich vorstellen, dass Sie bei jedem Ausatmen eine Stufe tiefer in die Entspannung gleiten.

Wenn es Ihre Konzentrationsfähigkeit erlaubt, dann können Sie die Übungsdauer weiter verlängern; wenn Ihre Konzentration nachlässt dann sollten Sie die Übung durch die Rücknahme abbrechen und verkürzen.

Erweiterung durch die Herzübung:
Emotionen und deren vegetative Veränderungen zeigen sich sehr deutlich am Herzrhythmus: Es wird uns „schwer, warm oder leicht ums Herz", manchmal schlägt es „bis zum Hals", dann fällt es „in die Hose" oder wir nehmen uns etwas „besonders zu Herzen"....

Die Standardformeln der Herzübung lauten:

> „Herz schlägt ganz ruhig"
> oder „Herz ruhig und kräftig", „Herz ruhig, kräftig, regelmäßig".

Die Schwierigkeiten bei dieser Übung liegen darin, dass viele Menschen ihren Herzschlag nicht spüren; sie können auf den Puls ausweichen oder die linke Hand entspannt auf die Herzseite legen. Manchmal kommt es bei der Vorstellung der Formel auch zu Herzbeklemmungen oder -unruhe. In diesem Fall sollten Sie die Übung verkürzen oder sie weglassen und später nach der Atmungsübung ihre Konzentration zum Herzschlag wandern lassen ohne diesen Übungsteil zu vertiefen. Eine Vollständigkeit der Übungen muss nicht erreicht werden; es sind Hilfestellungen, mit denen die „organismische" Gesamtumstellung erreicht werden soll; jede Übung ist individuell unterschiedlich an der Gesamtumstellung beteiligt.

Wie bei der Atemübung ist es bei der Herzübung wichtig, dass wir nichts erreichen, sondern „lediglich" einen ablaufenden Vorgang beobachten wollen.

Erweiterung durch die Bauchübung:
Die Bezeichnungen „Bauch" oder „Unterleib" waren früher unschickliche Bezeichnungen, so dass Schultz sich aus der Anatomie den bildhaften Begriff des „Sonnengeflechtes" (Plexus solaris) entlieh. Das Sonnengeflecht in unserem Bauch ist eine Anhäufung von Nervenknoten, von denen die Nervenfasern sternförmig nach außen verlaufen und sämtliche Organe der inneren Bauchhöhle versorgen und steuern. Es ist das größte vegetative Nervengeflecht und wird manchmal auch als „Bauchhirn" bezeichnet.

Die Standardformel nach Schultz lautet:

„Sonnengeflecht strömend warm"

und wird wiederum fünf bis sechs Mal nach der Herzübung durchgeführt. Alternative Formulierungen wären: „Bauch strömend warm" oder „Zentrum ist strömend warm".
Das Strömen können wir uns unterschiedlich vorstellen: Als Sonnenstrahlen die unseren Bauch erwärmen oder dass die Wärme sich kreisförmig im Uhrzeigersinn vom rechten Unterbauch über den Oberbauch zum linken Unterbauch ausbreitet (dies entspricht auch dem Verlauf des Dickdarms zwischen Dünndarm und Enddarm).
Wenn Sie bei dieser Übung durch Darmgeräusche oder ein klopfendes Gefühl im Bauch (Bauchschlagader) verunsichert werden, dann sollten Sie dies als Hinweis auf die eintretende Entspannung der Bauchregion interpretieren.

Erweiterung durch die Stirnübung:
Die klassische Grundstufe des AT wird durch die Stirnübung abgeschlossen. Da die Stirnkühle einem wachen, klaren Bewusstseinszustand entspricht, sollte sie nicht vor dem Einschlafen durchgeführt

werden. Wenn Sie nach dem AT einschlafen wollen, dann verzichten Sie auf diesen Übungsteil und gleiten einfach in den Schlafzustand.

Die klassische Formulierung der Stirnübung lautet:

„Stirn angenehm kühl"

Alternative Formulierungen sind: „Kopf leicht und klar, Gesicht glatt und entspannt" oder „Kopf frei und klar".

Auch diese Formel vergegenwärtigen wir uns fünf- bis sechsmal. Wir können uns dabei vorstellen, wie ein leichtes kühles Lüftchen über unsere Stirn streicht oder versuchen über die Stirnhaut den Kontakt zur Außenluft herzustellen (die ja meistens kühler ist).

Wir spüren jetzt unseren Körper als eine schwere, warme Masse, die rhythmisch beatmet und durchströmt und von einem kühlen Kopf beobachtet und gesteuert wird. Wir haben uns bei den Übungen den kühlen, konzentriert die Entspannung beobachtenden Kopf bewahrt. Dieser Kopf ist jetzt auch frei für neue Verhaltensprogramme, die von Schultz als „formelhafte Vorsatzbildungen" bezeichnet werden. Bevor wir auf diese verhaltenssteuernden Formelbildungen eingehen, sollten wir uns noch einmal den gesamten Verlauf des Autogenen Trainings in seiner Langform ansehen:

- Ruhebild und Ruhetönung: 1 x „Ich bin ganz ruhig"
- Schwereübung: 5-6 x „Arme und Beine sind ganz schwer"
- 1 x „Ich bin ganz ruhig"
- Wärmeübung: 5-6 x „Arme und Beine sind angenehm warm"
- 1 x „Ich bin ganz ruhig"
- Atmungsübung: 5-6 x „Atmung ruhig und regelmäßig"
- 1 x „Es atmet mich"
- 1 x „Ich bin ganz ruhig"
- Herzübung: 5-6 x „Herz schlägt ruhig, kräftig, zuverlässig"
- 1 x „Ich bin ganz ruhig"
- Bauchübung: 5-6 x „Sonnengeflecht ist strömend warm"
- 1 x „Ich bin ganz ruhig"
- Stirnübung: 5-6 x „Stirn angenehm kühl"
- 1 x „Ich bin ganz ruhig"
  (weitere Wiederholungen sind möglich, soweit es Ihre Konzentrationsfähigkeit erlaubt. Die Übungszeit kann so lange dauern, wie es Ihnen angenehm ist). Am Ende sollten Sie die Entspannung wieder energisch zurücknehmen:
  ARME FEST!!! ATMUNG TIEF!!! AUGEN AUF!!!

Nach längerer Trainingsdauer können Sie die Formeln – wenn Sie es nicht schon selbständig getan haben – verkürzen und das AT nach Ihren individuellen Vorstellungen ausrichten. Es ist beim AT wie beim Erlernen der Handschrift. In der Schule lernen wir alle nach einer einheitlichen Norm; wenn wir die Normschrift erlernt haben, dann geben wir ihr bald ein individuelles Profil. In der Praxis des Autogenen Trainings entwickelt jeder aus dem Standardprogramm seine individuell optimale Trainingsform.

Es stellt sich in dem Zusammenhang die Frage, was das AT oder das MTT mit der Selbstkompetenz zu tun hat. Es gehört zur Selbstkompetenz, dass wir Stress und Belastungen wirksam steuern und auch bewältigen können. Mit den Übungen können wir unsere Belastbarkeit und Konzentrationskraft stärken und haben eine Technik mit der wir entspannen und uns in kurzer Zeit erholen können. Die Übungen dienen nicht nur zur Entspannung, sondern auch zum Kräfte auftanken („Energetisierung"). Ein weiterer Vorteil besteht darin, dass wir Ängste abbauen und gewünschte Verhaltensweisen aufbauen könne, d.h. wir können Einfluss auf unser Verhalten nehmen.

Verhaltensregulation durch „formelhafte Vorsatzbildung":
Schultz sah den Vorläufer dieser Selbststeuerungstechnik in den „posthypnotischen Aufträgen", die nur durch entsprechende Selbstsuggestion möglich sind. Dies kann jeder, der im AT geübt ist, selbst durchführen. Dazu wird im Anschluss an das AT (vor der Rücknahme) die Alltagssituation, die wir anders bewältigen wollen, möglichst konkret erinnert und mit dem erwünschten Handlungsablauf vorgestellt. Unsere Vorstellung entspricht jetzt also im Detail dem Verhalten, wie es von uns angestrebt wird, nicht wie es früher abgelaufen ist. Wir versuchen dann, eine möglichst treffende Formel für das gewünschte Verhalten zu finden, z.B. „Beim morgigen Beurteilungsgespräch bleibe ich ruhig und gelassen".

Wichtig dabei ist, dass wir uns nicht überfordern. Nur die kleinen Schritte bei der „programmierten" Verhaltensänderung führen zum Erfolg. Daneben sollten auch einige Regeln bei der Formulierung der Vorsatzbildung beachtet werden:

Regeln der Vorsatzbildung: Die Verhaltensziele sollen **positiv formuliert** werden, d.h. wir müssen eine bildhafte Vorstellung entwickeln, durch die das Verhaltensziel gefördert wird! Werden die Ziele negativ formuliert, dann ergeben sich Probleme, die durch die spezifische Aufgabenteilung unserer Gehirnhemisphären bedingt sind. Kurz zusammengefasst: Unsere linke Hirnhälfte ist darauf spezialisiert, analytische, verbale, logische Aufgaben zu erfüllen, während unsere rechte Hemisphäre sich auf ganzheitliches, kreatives und bildhaftes Verarbeiten der vorliegenden Reize konzentriert. Beide Hälften kommunizieren (über den Balken) intensiv miteinander, haben aber unterschiedliche Techniken der Problemlösung. So kann unsere verbale, linke Hälfte problemlos mit formulierten Verneinungen (kein, nie, nicht mehr, ...) umgehen, die ganzheitlich-bildlich arbeitende rechte Hälfte allerdings nicht.

Als gedankliche Übung können Sie dazu folgende Aufgabe erledigen: Denken Sie nicht an eine rosarote Giraffe. Ihre rechte Gehirnhälfte hat bei dieser Aufgabe Probleme, weil sie sich erst bildhaft eine rosarote Giraffe vorstellen muss! Vermeiden Sie bei den Vorsatzbildungen alle Negationen (keine, nicht, ohne; aber auch: besser, schneller erfolgreicher als....), da diese Formulierungen in der rechten Hemisphäre erst den Ist-Zustand provozieren, der ja verändert werden sollte. Versuchen Sie, konkret zu formulieren, woran Sie erkennen, dass Sie Ihr Verhaltensziel erreicht haben; dann arbeiten beide Gehirnhälften parallel. Die Vorsatzbildung „Beim Vortrag stolpere ich nicht über die Mikrophonkabel" führt wahrscheinlich dazu, dass Sie stolpern werden!

Beispiele für die formelhafte Vorsatzbildung:
Indifferenzformel: „...... ganz gleichgültig" oder „was auch geschieht, ich bleibe ruhig und gelassen".
Leistungssteigerung: „ich schaffe es", „ich gebe mein Bestes" „Chef ist gleichgültig, nur die Arbeit zählt".
Hemmungen/Unsicherheit: „ich spreche ganz ruhig, fließend und frei"; „ich denke und handle sicher und klar", „Ich bin Ich!"; „ich vertrete mein Recht", „Ich setze mich durch".
Schlaflosigkeit: „Schlaf ganz gleichgültig, Ruhe ist wichtig", „der Schlaf wird kommen, früher oder später. Ich wache am Morgen frisch auf und freue mich auf den Tag".

Übung „Eigene Formulierungsversuche für positive Vorsätze":

....

....

Wichtig ist, dass die Formel auch mit der konkreten Vorstellung, wie das angestrebte Verhalten ablaufen soll, verbunden ist, damit eine Programmierung auf die zukünftige Situation entsteht. Wenn der Leser bei dieser Veränderungsstrategie Ähnlichkeiten mit dem Neurolinguistischen Programmieren (NLP; Bandler und Grinder 1981, 1989) entdeckt, dann ist das zutreffend. Allerdings hat Schultz dieses Verfahren schon etwa 50 Jahre vorher entwickelt und empfohlen.

2.2. Zeitmanagement

Die Zeit ist unser kostbarstes Gut, das vergeht, ob wir sie sinnvoll nutzen oder nicht. Im Unterschied zu allen anderen Gütern können wir sie weder sparen noch vermehren und wissen auch nicht wie viel uns wirklich zur Verfügung steht. Es gehört deshalb zur Selbstkompetenz, unsere Zeit soweit wie möglich selbstverantwortlich zu planen. Dies fällt allerdings nur den Menschen leicht, die sich eine entsprechende Arbeitsdisziplin erworben haben.

Was bringt mir ein erfolgreiches Zeitmanagement?
- bessere Arbeitsplanung / Organisation
- ich plane und werde nicht verplant
- mein Gedächtnis wird entlastet
- Hektik wird vermieden
- mehr Arbeitszufriedenheit / Motivation
- Mehr Freizeit / Zeit für das Wesentliche

Der Umgang mit der Zeit ist lehr- und lernbar. Auch beim Thema Zeitmanagement möchte ich so vorgehen, dass der Leser einerseits sein eigenes Arbeitsverhalten durch die vorgeschlagenen Aufgaben verbessern kann, andererseits Anregungen zur Gestaltung von Weiterbildungsveranstaltungen zu diesem Thema erhält.

Bevor wir einzelne Techniken des Zeitmanagements näher betrachten, möchte ich (in Anlehnung an Quast 1994, S. 18 und Seiwert 2002) die Faktoren beschreiben, die unseren Umgang mit der Zeit beeinflussen (Abbildung 4). Anschließend können Sie mit Hilfe eines Fragebogens analysieren, welche dieser Faktoren Ihr Zeitmanagement bestimmen.

Die „inneren" Zeitdiebe sind unsere Verhaltensmuster, mangelnde Disziplin und Planungsschwächen; sie sind erlernt und damit auch veränderbar. Die „äußeren Zeitdiebe" (Kunden, Kollegen, Telefon usw.) sind hingegen weniger beeinflussbar, werden allerdings auch häufig als Entschuldigung vorgeschoben und sind im gewissen Umfang steuerbar.

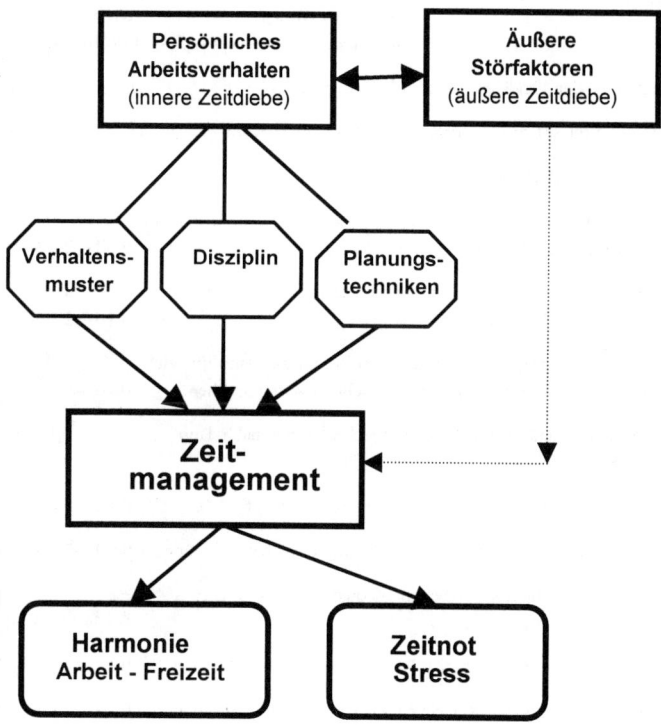

Abb. 4: Einflussfaktoren auf den Umgang mit der Zeit (in Anlehnung an Quast 1994)

2.2.1. Diagnose des eigenen Zeitmanagements

Im Folgenden finden Sie einen Fragebogen, mit dem Sie Aufschluss über Ihr Zeitmanagement erhalten können. Bitte beantworten Sie die Fragen zu Ihrem beruflichen und privaten Alltag: Kreuzen Sie dabei den jeweiligen Skalenpunkt an, der auf Ihr Verhalten am ehesten zutrifft.

Die einzelnen Skalenpunkte haben dabei folgende Bedeutung:	
trifft überhaupt **trifft**	
nicht zu 0----1----2----3----4 völlig zu	
1. Ich habe den Eindruck, die Zeit läuft mir davon	0---1---2---3---4
2. Ich komme oft schon morgens müde und abgespannt zur Arbeit	0---1---2---3---4
3. Ich schiebe „lästige" Arbeiten gerne vor mir her	0---1---2---3---4
4. Wenn mich jemand bittet, etwas für ihn zu erledigen, dann kann ich schlecht „nein" sagen	0---1---2---3---4
5. Wenn man mich gleichzeitig von mehreren Seiten fordert, dann werde ich schnell nervös	0---1---2---3---4
6. Wenn ich wichtige Entscheidungen treffen muss, dann fühle ich mich unsicher und überlege immer sehr lange hin und her	0---1---2---3---4
7. Ich beginne häufig eine Arbeit mit viel Schwung, habe dann aber Schwierigkeiten sie zu Ende zu führen	0---1---2---3---4
8. Manchmal vergesse ich einen vereinbarten Rückruf	0---1---2---3---4
9. Ich beginne meinen Arbeitstag offen und ohne feste Planung	0---1---2---3---4
10. Ich muss häufig noch Arbeiten erledigen, die ich für den Vortag eingeplant hatte	0---1---2---3---4
11. Die Tagesroutine lenkt mich häufig von wichtigen Dingen ab	0---1---2---3---4
12. Ich versuche möglichst viele Arbeiten selbst durchzuführen	0---1---2---3---4
13. Mein Privatleben leidet unter meiner beruflichen Belastung	0---1---2---3---4
14. Durch meine Arbeit fühle ich mich häufig gereizt und überfordert	0---1---2---3---4
15. Bei der Fülle meiner Aufgaben weiß ich oft nicht, wo ich zuerst anfangen soll und werde hektisch	0---1---2---3---4

16. Vor wichtigen Entscheidungen drücke ich mich gerne   0---1---2---3---4

17. Zu Terminen und Verabredungen komme ich meist etwas
später   0---1---2---3---4

18. Mein Büro/Arbeitsplatz hat eine „kreative" Unordnung, in der
nur ich mich zurechtfinde   0---1---2---3---4

19. Mein Arbeitsablauf ist nicht rationell gestaltet   0---1---2---3---4

20. Es fehlt mir die Zeit, alle anstehenden Arbeiten zu bewältigen   0---1---2---3---4

21. Für meine Hobbys habe ich keine Zeit mehr   0---1---2---3---4

22. Mit der eigenen Pünktlichkeit nehme ich es nicht so ernst   0---1---2---3---4

23. Es ist mir schon passiert, dass ich Termine einfach vergessen
habe   0---1---2---3---4

24. Schriftliche Tages- und Wochenpläne sind Zeitverschwendung   0---1---2---3---4

25. Oft beschäftigen mich mehrere Arbeiten gleichzeitig   0---1---2---3---4

26. Bevor ich etwas delegiere mache ich es lieber selbst   0---1---2---3---4

27. Unangenehme Telefonate verschiebe ich gerne auf später   0---1---2---3---4

28. Ich lasse mir oft gegen meinen Willen Arbeiten zuschieben   0---1---2---3---4

29. Wenn ich etwas angefangen habe, schließe ich es selten
gleich ab   0---1---2---3---4

30. Ich habe oft Mühe, Unterlagen zu finden   0---1---2---3---4

31. Für anfallende Arbeiten plane ich zuwenig Zeit ein   0---1---2---3---4

32. Ich erledige meine Arbeiten spontan   0---1---2---3---4

33. Durch Kunden, Lieferanten oder andere „Gäste" werde
ich oft bei meiner Arbeit gestört   0---1---2---3---4

34. Vorgesetzte, Mitarbeiter oder Kollegen halten mich oft
unnötig auf   0---1---2---3---4

35. Das Telefon stört mich häufig   0---1---2---3---4

36. Besprechungen / Sitzungen halten mich häufig von
wichtigen Aufgaben ab   0---1---2---3---4

37. Kontrolle und Gespräche mit unqualifizierten Mitarbeitern
rauben mir die Zeit   0---1---2---3---4

Aussagen zu den jeweiligen Gruppen/Faktoren zusammen und tragen Sie die Summe der (bis auf Gruppe 17) beiden Skalenwerte in Spalte „Summe" (Σ) der Tabelle 2 ein. Die Bedeutung des jeweiligen Summenwertes und die (groben) Empfehlungen entnehmen Sie den folgenden Spalten.

Hinweise zur Interpretation:
Die Ergebniszeilen (Zeitnot, Verhaltensmuster, Disziplin , Planungstechniken und 'äußere Zeitdiebe') werden durch die jeweiligen Statements definiert. Die Statementgruppen (1,2,3,....) geben Hinweise, wo das Zeitmanagement ansetzen sollte.

Alle Statements sind in gleicher Richtung gepolt, um die Interpretation der Summen zu erleichtern: **Je größer die Summe, desto problematischer der Wert in Richtung Zeit-/Selbstmanagement.**

Da wir keine Vergleichsstichprobe haben, ist die **Interpretation qualitativ** und kann nur einer groben Orientierung dienen. Auch erscheint es unsicher, ob es sich wirklich um statistische Faktoren handelt, wie es von Quast (1994) beschrieben wird.

Bei jedem Statement können maximal 4 Punkte erreicht werden. Die möglichen Werte liegen deshalb in den einzelnen **Gruppen (1 bis 16) zwischen 0 und 8**, wobei die Werte 7 und 8 als auffallend in Richtung Probleme beim Zeit- und Selbstmanagement angesehen werden können.

Bei den einzelnen **Gruppen/Faktoren** unterscheidet sich die maximal erreichbare Punktzahl:

Ergebnis Zeitnot (generelles Leiden unter Zeitnot): Werte können zwischen 0 und 24 schwanken (auffallend: 20 - 24)

Ergebnis Verhaltensmuster (persönliche Verhaltensmuster als innere Zeitdiebe**):** Werte können zwischen 0 und 40 schwanken (auffallend: 32 -40)

Ergebnis Disziplin (mangelnde Disziplin als innerer Zeitdieb**):** Werte können zwischen 0 und 24 schwanken (auffallend: 20 - 24)

Ergebnis Planungstechniken (fehlende Planungstechniken): Werte können zwischen 0 und 40 schwanken (auffallend 32 - 40)

Ergebnis 'Äußere Zeitdiebe' (Störungen von außen beruhen aber meist auf Störungen von innen und sind beliebte Rationalisierungen**):** Werte können zwischen 0 und 20 schwanken (auffallend: 17-20)

Tab. 2: Auswertungsschema Fragebogen „Umgang mit der Zeit"

Gruppen /Faktoren:	Frage	Σ
1: Allgemeine Zeitprobleme	1, 20	
2. Berufliche Belastung	13, 21	
3. Stressbelastung	2, 14	
Ergebnis **ZEITNOT**	1, 2, 13, 14, 20, 21	
4. Aufschieben	3, 27	
5. Nicht „Nein-Sagen-Können"	4, 28	
6. Hektik	5, 15	
7. Entscheidungsunsicherheit	6, 16	
8. Arbeiten nicht zu Ende führen	7, 29	
Ergebnis I: **VERHALTENSMUSTER**	3, 4, 5, 6, 7, 15, 16, 27, 28, 29	
9. Unpünktlichkeit	17, 22	
10. Chaos	18, 30	
11. Terminschwäche	8, 23	
Ergebnis II: Problemfeld **DISZIPLIN**	8, 17, 18, 22, 23, 30	
12. Keine Planung	9, 24	
13. Knappe Zeiteinteilung	10, 31	
14. Keine Prioritäten setzen	11, 25	
15. Spontane Organisation	19, 32	
16. Delegieren - Zentrieren	12, 26	
Ergebnis III: Problemfeld: **PLANUNGSTECHNIKEN**	9, 10 ,11, 12, 19, 24, 25, 26, 31, 32	
17. Äußere Zeitdiebe	33, 34, 35, 36, 37	

Nachdem Sie sich mit dem Fragebogen eine erste Diagnose Ihres Zeitmanagements eingeholt haben, ist es sinnvoll, diese Ergebnisse noch durch eine systematische Analyse Ihres konkreten Arbeitsverhaltens zu erweitern. Nehmen Sie dazu zwei oder drei typische Arbeitstage und protokollieren Sie alles, was Sie von Beginn bis Ende des Arbeitstages tun (getan haben), also auch Planungszeiten, Pausen, private Telefonate, Störungen, usw. Je genauer Sie diese Tätigkeiten protokollieren, desto leichter finden Sie Ansatzpunkte zur Verbesserung Ihres Zeitmanagements. Beschreiben Sie dabei Ihren Arbeitsalltag am besten mit Hilfe des Protokollblattes (Tabelle 3), das Sie entsprechend Ihrer persönlichen Arbeitssituation verändern können. Notieren Sie sich die Anfangs- und Endzeiten und unter Anmerkung, wie Sie mit der jeweiligen Aktivität zufrieden waren. Die Spalten Bewertung (1 bis 4) werden erst bei der Auswertung wichtig.

Tab. 3: Systematische Tätigkeitsbeschreibung eines Arbeitstages

Meine zentralen Tagesziele waren: .... Aktivitäten im Tagesablauf:				Wochentag:			
Uhr-zeit:	Dauer (min)	Tätigkeit:	Anmerkung:	Bewertung:			
				1	2	3	4

Auswertung: Haben Sie die Protokollierung abgeschlossen, dann tragen Sie als Erstes den Zeitaufwand der jeweiligen Tätigkeit in die Spalte „Dauer" ein. Bewerten Sie anschließend jede einzelne Aktivität nach den folgenden Kriterien und tragen Sie jeweils ein + bei „ja" und ein – bei „nein" in die jeweilige Spalte „Bewertung" ein:

War die Tätigkeit notwendig? (entspricht Prioritäten setzen, delegieren). Bei „nein" (-) bitte auch in Spalte 2 bis 4 ein „nein" eintragen.

War der Zeitaufwand gerechtfertigt? (entspricht Selbstdisziplin, Konzentration, Vorplanung)

War die Art der Durchführung sinnvoll? (Arbeitstechnik, Fähigkeiten, Organisation)

War der Zeitpunkt richtig gewählt? (Arbeitsvorbereitung, Tagesgestaltung, persönliche Leistungskurve)

Addieren Sie anschließend in jeder Spalte den Zeitaufwand der Tätigkeiten, die Sie mit „nein" beurteilt haben und setzen Sie ihn in Beziehung zur Gesamtdauer aller Aktivitäten dieses Tages. Das **Nein-%** erhalten Sie, indem Sie die Summe „nein" durch die Gesamtsumme teilen und dann mit 100 multiplizieren. Der „Nein"-Prozentwert der einzelnen Spalten weist auf Veränderungsbedarf in den jeweiligen Bereichen hin.

Anschließend sollten Sie sich noch die folgenden Fragen stellen:

Bei welchen Gelegenheiten werden Sie abgelenkt? Was sind Ihre persönlichen „Zeitdiebe"?

Zu welcher Tageszeit sind Sie am produktivsten, wann am wenigsten produktiv?

Welche ersten Möglichkeiten sehen Sie, Ihre Zeitdiebe in den Griff zu bekommen?

2.2.2. Methoden des Zeitmanagements

Störungen - Sägeblatt-Effekt und „stille Stunde":

Die meisten Zeitdiebe bestehen in den unvorhergesehenen Störungen, unangemeldeten Besuchern und Telefongesprächen. Durch jede neue Störung wird der Arbeitsfluss unterbrochen; wir müssen uns anschließend wieder neu auf die unterbrochene Tätigkeit einstimmen, wodurch Zeitverluste unvermeidbar werden. Wenn ich mich einer Aufgabe 50 Minuten konzentriert an einem Stück widmen kann, dann kann ich in dieser Zeit wesentlich mehr bearbeiten, als wenn ich mich 5 mal für 10 Minuten nach Störungen damit beschäftige. Diesen „Sägeblatt-Effekt" (Seiwert 1993, 2002) können Sie am besten dadurch einschränken, dass Sie sich zwingen, eine „stille Stunde" in den Tagesablauf - eine Art Konferenztermin mit sich Selbst - fest einzuplanen. In dieser Zeit sind Sie, wie bei einer wichtigen Besprechung, unerreichbar: Telefongespräche und Anfragen werden registriert und später als Block abgearbeitet.

Die „stille Stunde" entspricht nicht der gängigen Philosophie der „offenen Tür", ist aber die einzige Möglichkeit, dauernde Störungen in den Griff zu bekommen. Es gibt auch kein Gesetz, dass jeder für jeden immer erreichbar und ansprechbar sein muss.

Planen Sie doch gleich für den morgigen Tag die „stille Stunde" in Ihren Tagesplan ein. Berücksichtigen Sie dabei, zu welcher Zeit Sie sich am leistungsfähigsten fühlen und wann Sie normalerweise am wenigsten gestört werden. In diese Zeiten sollten Sie Ihre „stille Stunde" legen.

Weitere methodische Hilfsmittel: Prioritäten setzen

Ein Praxisbeispiel: „Zeigen Sie mir die Möglichkeit, meine Zeit besser zu nutzen. Wenn es funktioniert, zahle ich Ihnen jedes Honorar innerhalb vernünftiger Grenzen"; dies sagte der Präsident der Bethlehem Steel Company, C.M. Schwab, zu seinem Unternehmensberater. Dieser antwortete ihm: „Schreiben Sie die wichtigsten Dinge, die Sie morgen zu erledigen haben auf und nummerieren Sie diese in der Reihenfolge ihrer Bedeutung durch. Fangen Sie dann morgens früh als erstes mit der Aufgabe Nr. 1 an und bleiben Sie so lange daran sitzen, bis sie erledigt ist. Überprüfen Sie Ihre Prioritäten noch einmal und fangen Sie dann mit Nr. 2 an. Gehen Sie nicht weiter, bis Sie diese erledigt haben. Dann gehen Sie zu Nr. 3 über etc. Auch wenn Sie diesen Zeitplan nicht erfüllen können, ist dies nicht weiter tragisch. Am Ende des Tages werden Sie wenigstens die allerwichtigsten Dinge erledigt haben, bevor Sie von Aufgaben von geringerer Wichtigkeit in Anspruch genommen werden.

Der Schlüssel dazu ist, es täglich zu tun: Überprüfen Sie die relative Wichtigkeit von den Aufgaben, die Sie zu erledigen haben, entscheiden Sie über Prioritäten, listen Sie diese in einem Tagesplan auf und halten Sie sich daran. Machen Sie dies zu einer Gewohnheit für jeden Arbeitstag.

Wenn Sie sich von dem Wert dieses Systems überzeugt haben, geben Sie es an Ihre Mitarbeiter weiter. Versuchen Sie es so lange Sie wollen, und dann schicken Sie mir einen Scheck über den Betrag, den Ihnen dieser Tipp Wert ist."

Einige Wochen später erhielt Lee einen Scheck über 25.000 Dollar. Schwab sagte später, dass diese Lektion die gewinnreichste war, die er jemals in seiner Managementkarriere gelernt habe (nach: Mackenzie 1991, S. 59f.).

Im Zusammenhang mit „Prioritäten setzen" werden regelmäßig der italienische Volkswirtschaftler Pareto und der amerikanische General und spätere Präsident Eisenhower zitiert. Pareto hat die Hypothese aufgestellt und sie auch mit verschiedenen Daten untermauert, dass in der Regel in 20 Prozent der Arbeitszeit 80 Prozent der Ergebnisse erzielt werden, dass also 80 Prozent unserer Arbeitszeit für eher nebensächliche Aufgaben verschwendet werden (die nur 20 Prozent der erzielten Ergebnisse liefern). Beispiele dafür sind:

20 % der Kunden bringen 80 % des Umsatzes,
20 % der Produktionsfehler verursachen 80 % des Ausschusses,
20 % der Besprechungszeiten bewirken 80 % der Entscheidungen,
20 % der Bevölkerung besitzen 80 % des Volksvermögens,
20 % der kriminellen Jugendlichen begehen 80 % der Straftaten, usw.

Natürlich handelt es sich bei den Beispielen nicht um reale Prozentwerte, sondern um Trends, die das **„Pareto-Gesetz"** veranschaulichen sollen.

Es ist demnach von zentraler Bedeutung, die richtigen Dinge zu tun (Effektivität) **und nicht nur die Dinge richtig zu tun (Effizienz):** Effektivität geht vor Effizienz!

Wichtig ist demnach, sich auf das wenige Wichtige zu konzentrieren und die Beiwerke an andere zu delegieren.

Welche Aktivitäten sind die richtigen?

Eisenhower hat seine Aufgaben nach Wichtigkeit und Dringlichkeit eingeteilt. Diese beiden Dimensionen teilt er weiter in die Ausprägungsgrade hoch und niedrig ein und kommt auf diese Weise zu einer Vierfeldertabelle, deren einzelne Felder unterschiedliche Prioritätsstufen (A bis D) mit entsprechenden Handlungsanweisungen repräsentieren. Tabelle 4 zeigt das **„Eisenhower-Prinzip":**

Tab. 4: Das „Eisenhower-Prinzip" zur Prioritätenfindung

hoch ↑	**B-Aufgaben**	**A-Aufgaben**
	Terminieren; bzw. jetzt schon delegieren	Sofort erledigen
Wichtig-keit		
gering	**D-Aufgaben** Papierkorb	**C-Aufgaben** Delegieren

gering Dringlichkeit hoch →

Wie wichtig eine Aufgabe einzustufen ist, hängt einerseits von der Wertorientierung (wo steht das meiste Geld auf dem Spiel?) und andererseits von der Zielorientierung ab (welche Handlung bringt mich meinen mittel- und langfristigen Zielen näher?).

Nachdem Sie jetzt die anstehenden Aufgaben nach Prioritäten von A bis D geordnet haben, können Sie Ihren nächsten Arbeitstag, die kommende Woche, den kommenden Monat usw. planen. Sinnvollerweise sollten Sie diese Arbeitstechnik erst einmal auf den **nächsten Arbeitstag** anwenden, um Erfahrungen mit dieser Methode zu sammeln. Der Tagesplan ist der Anfang des erfolgreichen Zeitmanagements, denn der Tag ist die kleinste überschaubare Planungseinheit, die täglich kontrolliert werden kann; langfristige Ziele können nur erreicht werden, wenn wir die kurzfristigen im Griff haben.

Wichtig bei der gesamten Planung ist, dass Sie die Planung schriftlich fixieren; dies geschieht am besten am Ende des abgelaufenen Arbeitstages. Reservieren Sie die letzten 5 bis 10 Minuten des Arbeitstages zur Kontrolle des aktuellen Tagesplanes, übertragen Sie Arbeiten, die Sie nicht geschafft haben auf den kommenden Tag, schreiben Sie die geplanten Aktivitäten des nächsten Tages auf, setzen Sie Prioritäten, und planen Sie schriftlich die Zeiten, wann Sie die einzelnen Arbeiten durchführen wollen. Fassen Sie dabei gleiche Arbeiten zu

Blöcken zusammen, die Sie konzentriert abarbeiten (Telefonblock, email-Block, ...). Vergessen Sie bei der Planung nicht Ihre „stille Stunde" (Arbeiten der A-Priorität) und denken Sie vor allem daran, dass Sie sich nicht völlig „zu"-planen. In einem realistischen Tagesplan sollten **maximal 50 Prozent der Zeit fest verplant sein**, d.h. Sie sollten sich die Hälfte des Arbeitstages als Zeitpuffer für Störungen, soziale Kommunikation, kreative Prozesse, usw. reservieren.

Wenn Sie am Vorabend des nächsten Tages planen, dann stimmen Sie sich schon mental auf den nächsten Tag ein (was sie möglichst positiv formulieren sollten - siehe „Vorsatzbildung" beim Autogenen Training) und entlasten durch die schriftliche Fixierung ihr Gedächtnis.

Seiwert (1993, S.15) fasst dieses Vorgehen in seiner **„ALPEN-Methode"** zusammen:

1. **Al**le Aufgaben, Aktivitäten und Termine schriftlich fixieren.

2. **L**änge der Tätigkeiten schätzen.

3. **P**ufferzeit für überraschende Ereignisse/Störungen einplanen (etwa 50 Prozent).

4. **E**ntscheidungen über Prioritäten, Kürzungen und Delegationen treffen.

5. **N**achkontrolle des abgelaufenen Tages, Unerledigtes für den kommenden Tag einplanen.

Zur exakten Planung finden Sie im einschlägigen Handel eine sehr große Auswahl von mehr oder weniger teuren Zeitplanbüchern, die alle möglichen planerischen Formulare anbieten. Darunter befindet sich stets auch ein Formular für den Tagesplan, das ähnlich wie unser Formular in Tabelle 5 aufgebaut ist. Zusätzlich hält der Markt entsprechende Software für Ihren Computer oder „palm" bereit.

Tragen Sie als Erstes in das Schema die Arbeiten und Kontakte ein, die Sie erledigen wollen und schätzen Sie grob den erwarteten Zeitbedarf (t).

Tab. 5: Beispiel eines Tagesplanschemas

Tagesplan für:	Tagesmotto:					
Zeit	**Termine**	**O K**	**Tel.**	**Kontakte:**		**O K**
8.00						
8.30						
9.00						
9.30						
10.00						
10.30						
11.00						
11.30						
12.00						
12.30			**Pri ori- tät**	**Aufgaben / Aktivitäten**	**t**	**C K**
13.00						
13.30						
14.00						
14.30						
15.00						
15.30						
16.00						
16.30						
17.00						
17.30						
18.00						

Anmerkungen zum Tagesverlauf: ....

Bewerten Sie diese Tätigkeiten mit den entsprechenden Prioritäten und gehen Sie dann zur Terminierung über. Markieren Sie Ihre „stille

Bewerten Sie diese Tätigkeiten mit den entsprechenden Prioritäten und gehen Sie dann zur Terminierung über. Markieren Sie Ihre „stille Stunde", in der Sie die A-Prioritätsaufgaben bearbeiten und die Zeiten für die Bearbeitung von Aufgabenblöcken und Terminen mit anderen.

Kontrollieren Sie am Ende des Arbeitstages die erledigten Aufgaben (OK) und übertragen Sie die unerledigten auf den nächsten Tagesplan. Machen Sie es sich einfach zur Gewohnheit, am Ende eines Tages, den nächsten Arbeitstag zu planen und sich möglichst positiv auf ihn einzustimmen.

Häufig tauchen bei der Planung von B- und C-Aufgaben Schwierigkeiten auf, wenn es um das Delegieren geht. Sollte dies bei Ihnen auch der Fall sein, dann versuchen Sie einfach einmal Ihre Barrieren beim Delegieren zu analysieren. Gehen Ihnen auch die folgenden Gedanken dabei durch den Kopf? „Bis ich dem das erklärt habe, mache ich es lieber selber", „wenn ich alles delegiere, werde ich bald überflüssig", „ich weiß nicht, ob ich das meinem Mitarbeiter zutrauen kann", „wenn ich das delegiere, gebe ich zuviel aus der Hand und werde abhängig", „wenn ich an meine Mitarbeiter delegiere, werden sie immer fähiger und ich muss sie befördern – wertvolle Mitarbeiter gehen mir so verloren", usw. Bei diesen Hemmnissen werden Sie weiterhin die B- und C-Aufgaben selbst übernehmen, unter der Arbeitslast stöhnen und ihre Mitarbeiter nicht fördern, was eigentlich eine wesentliche Führungsaufgabe darstellt. Also: Mut zum Delegieren aus eigenem und firmeninternem Interesse!

Wenn Sie eine Woche mit den Tagesplänen gearbeitet haben, dann haben Sie sicher die Erfahrung gemacht, dass diese Planungstechnik sehr hilfreich ist, soweit sie nicht zwanghaft praktiziert wird. Die nächste Planungsstufe wäre die **Wochenplanung**, bei der Sie die Arbeiten mit den entsprechenden Prioritäten und der geschätzten zeitlichen Dauer eintragen. Ein entsprechendes Schema für die Wochenplanung zeigt Tabelle 6.

Tab. 6: Schema für die Wochenplanung

Wochenplanung		Woche:			
Tag	**Zeit ca.**	**Aufgaben / Aktivitäten / Kontakte:**	**Brief**	**Tel**	
Mo					
Di					
Mi					
Do					
Fr					
Sa-So					

Wenn Sie einige Zeit mit Tages- und Wochenplänen gearbeitet und positive Erfahrungen gesammelt haben - und davon gehe ich aus - dann ist zu überlegen, ob Sie dieses Zeitmanagement nicht weiter ausdifferenzieren zu einem Zeit- und Selbstmanagement. Sie haben in der Zwischenzeit Ihren Arbeitsalltag besser im Griff und können nun Ihr weiteres Vorgehen perfektionieren, indem Sie Ihre mittel- und langfristigen beruflichen und privaten Ziele in dieses System einbauen. Die bisherige Planung war relativ kurzfristig auf den kommenden Tag bzw. die kommende Woche ausgerichtet, wobei die vorgegebenen Ziele akzeptiert und wenig reflektiert wurden. Es ist sinnvoll, über das aktuelle Tagesgeschäft hinaus, auch an den längerfristigen Zielen zu arbeiten.

Das Zeitmanagement wird erst richtig wirksam, wenn Sie sich klare Langzeitziele setzen, die Sie motivieren, die persönlich gesetzten Ziele zu erreichen. Ohne diese Ziele machen Sie zwar Ihre Arbeit richtig, haben aber nur Ihre Effizienz und nicht Ihre Effektivität gesteigert. Durch das Setzen von Zielen konzentrieren Sie Ihre Kräfte auf die eigentlichen Schwerpunkte und stärken Ihre Motivation. **Das Zeitmanagement wird zum Selbstmanagement.**

Reservieren Sie sich für die Analyse Ihrer Ziele – siehe nächste Übung - eine längere „stille Stunde" und halten Sie die Ergebnisse Ihrer Reflexion schriftlich fest. **Denken Sie bei den Zielen nicht nur an Ihre Arbeit, sondern an alle Lebensbereiche (Familie, Freunde, Gesundheit, Kultur, ...), die Ihnen wichtig sind. Nur so können Sie eine zufriedenstellende Balance erreichen.**

Die erarbeiteten Ziele müssen klar formuliert werden, damit sie nicht unverbindliche Absichtserklärungen bleiben. Hilfreich sind dabei die Regeln zur Vorsatzbildung (S. 46 f.) und folgende Schritte:

(1) Das angestrebte Ziel/Ergebnis möglichst konkret beschreiben. Dies wird durch folgende Fragen gefördert: „Wie kann ich erreichen, dass ...? Wie kann ich verhindern, dass ...? Woran sehe ich konkret, dass ich mein Ziel erreicht habe, was hat sich dann verändert?"

(2) Die Wege zum Ziel klären, d.h. deutlich machen, wie Sie das Ziel erreichen werden; wenn die Wege noch unklar sind, dann helfen hier Problemlösungstechniken, wie „brainstorming" u.a. Wichtig ist dabei, das Ziel in mehrere Teilziele (kurz-, mittel-, langfristig) zu untergliedern. Verhindern Sie Zielkollisionen.

(3) Legen Sie den zeitlichen Rahmen fest, wann Sie die Teilziele erreichen wollen. Stellen Sie sich in Ihrer Phantasie vor, wie es ist, wenn Sie Ihr nächstes Ziel erreicht haben.

(4) Halten Sie die erreichten Teilziele fest und belohnen Sie sich dafür. Das motiviert Sie, das nächste Ziel in Angriff zu nehmen.

Übung „Ziele finden":
Ihre langfristigen Ziele finden Sie, wenn Sie sich die folgenden Fragen stellen und beantworten:

- Was will ich überhaupt beruflich und persönlich erreichen?

- Was möchte ich erreicht haben, wenn ich später auf mein Leben zurückblicke?

- Will ich eigentlich das machen, was ich tue? / Tue ich das, was ich eigentlich will? Was möchte ich ändern?

- Welches Ziel hat erste, zweite, ... Priorität?

- Was kann ich, wo habe ich Schwächen, die ich abbauen möchte?

- Wie unterstützt/hemmt mich mein persönliches Umfeld?

- Was will ich, kann ich und tue es trotzdem nicht?

- Welche Vorteile/Nachteile habe ich, wenn ich alles so lasse wie bisher?

- Welche kurz- und mittelfristigen Ziele möchte ich angehen?

- Was tue ich täglich dafür, dass ich diesen Zielen einen (kleinen) Schritt näher komme?

- Wie belohne ich mich, wenn ich ein Teilziel erreicht habe?

Wenn Sie die Methoden des Zeit- und Selbstmanagements ausprobiert haben - und nur die praktische Erfahrung / Umsetzung ist überzeugend - dann werden Sie feststellen, dass Sie sicher einige „Techniken" in Ihren Alltag integrieren können.

Ich möchte davor warnen, zwanghaft alles zu übernehmen, sondern nur das, was Ihr Verhalten inhaltlich besser strukturieren kann. Die meisten „Zeitdiebe" bedienen sich unvorhergesehener Unterbrechungen durch Besuche, Telefongespräche, die zu dem „Sägeblatt-Effekt" führen. Wenn dies bei Ihnen auch so ist, dann sind Sie nicht alleine. Die Ergebnisse der „activity sampling"-Forschung (Neuberger 2002, S. 456ff), bei der das Arbeitsverhalten von Vorgesetzten systematisch beobachtet wurde, zeigen deutlich, dass die Zeitfresser der Manager durch folgende Aspekte bedingt sind:

- Störungen werden akzeptiert,

- unwesentliche Arbeiten werden nicht delegiert,

- Ziele und Prioritäten werden falsch gesetzt,

- wichtige Aufgaben werden nur gestückelt bearbeitet und

- die erforderlichen Arbeiten gehen im Chaos unter.

Der Arbeitsalltag eines Managers ist durch viele kurze Arbeits-Episoden bestimmt, die weitgehend ungeplant ablaufen. Es besteht demnach ein großer Bedarf, die Zeitfresser auszumerzen, um Zeit für das Wesentliche (Seiwert 2002) zu gewinnen.

Das Ziel vieler Zeitmanagment-Trainingsprogramme ist - nach meiner Meinung - allerdings zu hoch gesteckt: Es erscheint mir unmöglich, die Tätigkeiten von Vorgesetzten voll durchzuplanen und zu organisieren. Zu den Führungsaufgaben gehört es einfach auch, die „Beziehungsebene" und damit die zwischenmenschliche Kommunikation zu pflegen, d.h. spontan auf unplanbare Ereignisse zu reagieren und natürlich auch die zielorientierten Aktivitäten auf der Inhaltsebene zu planen.

Die beschriebenen methodischen Hilfsmittel sind demnach nur zur Verbesserung der zielorientierten Aufgabenplanung gedacht und streben keineswegs an, den Tagesplan völlig zu strukturieren und durchzuplanen. Sie sind als Hilfestellung und Anregungen zum Ausprobieren gedacht. Auch Seiwert (1993, S. 5) - der „Papst" des Zeitmanagements - räumt ein, dass dauerhaft nicht einmal fünf Prozent die letzte Phase des Ziel- und Erfolgsplaners erreichen.

Wie schon erwähnt, gibt es für Vorgesetzte/Manager/Führer viele Aufgaben, deren Schwerpunkt auf der Beziehungsebene liegt (wir werden im Kapitel Sozialkompetenz ausführlich auf die Unterschiede zwischen Inhalts- und Beziehungsebene eingehen), so dass auch die Empfehlung der „Zeitmanagement-Gurus" maximal 50 Prozent der Arbeitszeit zu verplanen, diesem Aspekt entspricht.

Auf der Inhaltsebene gibt es sicher für viele Vorgesetzte ein Verbesserungspotenzial, das auf Zeitmanagementtechniken zurückgreifen kann. Die Verbesserungsmöglichkeiten auf der Beziehungsebene werden davon aber nicht betroffen!

2.3. Situationen realitätsgerecht bewerten

Das vorangegangene Kapitel war sehr vernunftbezogen und für den Leser vielleicht eher steril („linkshirnig"). Auch das folgende Kapitel konzentriert sich auf realitätsbezogene Verhaltens- und Bewertungsweisen, die wir im Alltag nicht immer benützen. Deshalb kommen wir mehr oder weniger häufig in Situationen, in denen wir uns gehemmt, verunsichert, verärgert, zornig und wütend fühlen. Dies wirkt sich meist ungünstig auf unser Verhalten und die gesamte Situation aus und führt oft zur Eskalation.

Die Intensität und Qualität der emotionalen Reaktionen in verschiedenen Situationen ist weitgehend erlernt, auch wenn die Existenz genetisch bedingter (Reflex-)Reaktionen nicht geleugnet werden soll. Diese stellen die Basis für klassische Konditionierungen dar, die sich mit erworbenen kognitiven Einstellungen verbinden. In der Verhaltenstherapie wurden verschiedene Methoden (z.B. Beck 1979, Ellis 1977, 1989,1997, Mahoney 1977, Lazarus & Fay 2001, Meichenbaum 1977) entwickelt, mit denen die störenden Emotionen abgebaut und verändert werden können. Ich möchte in unserem Zusammenhang den Ansatz der Rational-Emotiven Therapie (RET) von Ellis (1989, 1997) darstellen, der in den letzten Jahrzehnten weit bekannt wurde.

Die grundlegenden Methoden der RET können auch bei alltäglichen Störungen angewandt werden, ohne dass man diese Anwendung gleich als Therapie bezeichnen muss. In der RET wird versucht, das individuelle Selbstwertgefühl und die Fähigkeit zur Selbstverwirklichung zu steigern, indem die erlernten Überzeugungen, welche die persönliche Entwicklung blockieren, abgebaut werden. Er sieht sich hier im Kreis der „Selbstverwirklichungstheoretiker" (Rogers, Maslow, u.a.), fühlt sich aber zu einem aktiveren Vorgehen gezwungen, weil die Fähigkeit zur Selbstverwirklichung „oft unter einer dicken Schicht von kognitiv-emotionalem Schlick verschüttet liegt" (Ellis 1989, S. 141). Er greift bei seinem Ansatz auf die Philosophie der Stoiker zurück, nach der uns nicht die Dinge selbst beunruhigen, sondern unsere Vorstellungen von den Dingen. Diese Vorstellungen können realitätsbezogen oder verzerrt (irreal) sein.

Bevor wir uns den zentralen Aspekten der RET nähern, möchte ich Sie wieder bitten, einige Erfahrungen mit verschiedenen Übungen (in Anlehnung an Figge 1997) zu sammeln.

Übung „Erfolgsbilanz": Obwohl Sie im Folgenden versuchen werden, belastende Situationen besser zu bewältigen, konzentrieren wir uns bei dieser Aufgabe um die „andere Seite": Ihre Erfolge. Erstellen Sie Ihre persönliche Erfolgsbilanz, d.h. notieren Sie einfach Ihre (subjektiven) Erfolgserlebnisse; sie können diese Ereignisse, auf die Sie stolz waren, zeitlich nach Kindheit, Schulzeit, Ausbildung, Berufs- und Privatleben aufteilen.

....

....

....

Auswertung: Wenn Sie Ihre Aufstellung anschließend betrachten, dann sollten Sie überlegen, unter welcher Voraussetzung Sie etwas als Erfolg erleben. Dabei soll deutlich werden, dass die eigene Bewertung der Situation das Entscheidende ist. Die Anerkennung durch andere ist beim Erfolgserlebnis von untergeordneter Bedeutung.

> **Übung „Misserfolg":** Bei dieser Aufgabe sollen Sie sich an eine Situation erinnern, in der „es nicht so gut gelaufen ist", also an einen Misserfolg. Sehr wichtig ist es, dass Sie sich an möglichst viele Einzelheiten dieser Situation erinnern und sie möglichst exakt beschreiben; möglicherweise stecken Sie ja noch in dieser Situation drin. Was war der konkrete Auslöser, wie haben Sie sich gefühlt, wie hat Ihr Körper reagiert, welche Gedanken gingen Ihnen durch den Kopf, was haben Sie konkret gemacht?
>
> ....
>
> ....
>
> ....

Auswertung: Wenn Sie Ihre Beschreibungen betrachten, dann wird der zentrale Aspekt der RET deutlich: Es kommt nicht auf die Situation an, sondern darauf, wie wir sie bewerten, wie wir auf sie „eingestellt" sind: Unsere Gedanken (Bewertungen, Kognitionen, Einstellungen, „belief-systems") bestimmen unsere Gefühle.

Wenn Sie die Möglichkeit haben, diese Übung in einer Gruppe durchzuführen, bei der die Belastungssituation durch den Leiter provoziert wurde, dann werden Sie bei der Diskussion der Aufzeichnungen deutlich sehen, dass ein und dieselbe Situation von den Teilnehmern unterschiedlich erlebt wird. Die Bewertung der Situation ist so verschieden, wie die dabei gezeigten Gefühle und Reaktionen.

Damit ist das **A-B-C der Rational-Emotiven Therapie** umschrieben. Unter A versteht Ellis die auslösende Situation („activating event"), B steht für die Bewertungen („belief systems"), die von der betreffenden Person in der Situation vorgenommen werden und C symbolisiert die Konsequenzen/Folgen („consequency") unterschiedlicher Art (Gefühle, körperliche Reaktionen, Verhaltensweisen). Belastende Folgen, problematische Konsequenzen entstehen, wenn die Bewertungen nicht realitäts- bzw. situationsangemessen sind; wenn also die irrationalen Bewertungen B_i zu irrationalen Konsequenzen C_i und Problemen führen.

In der RET wird nun das A-B-C detailliert analysiert und die irrationalen Bewertungen werden sehr direktiv vom Therapeuten in Frage gestellt und im Disput (D) durch realitätsangepasstere ersetzt. Anschließend werden die Auswirkungen dieser neuen Bewertungen überprüft („effects" E), die situationsentsprechender sind.

In Abbildung 5 wird das Vorgehen schematisch dargestellt. Das A-B-C-D-E der RET sei mit Hilfe eines kleinen Beispiels nochmals demonstriert:

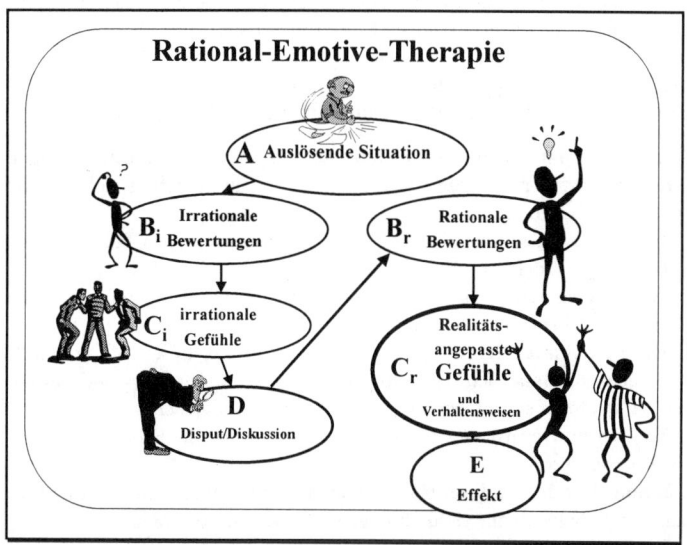

Abb. 5: Das A-B-C-D-E der Rational-Emotiven Therapie

Meine Freundin, in die ich sehr verliebt bin, hat mich plötzlich verlassen und sich mit meinem besten Freund verlobt (A).

Meine irrationalen Gedanken (B_i) könnten sein: „Ich bedeute der Freundin nichts; ich bin ein Nichts, bin wertlos; niemand liebt mich mehr; ich kann ohne sie nicht leben; mein Leben wird nie mehr schön werden".

Die folgenden Gefühle/Konsequenzen (C_i) wären dann: Verzweiflung, Minderwertigkeitsgefühle, Suizidgedanken, depressives Verhalten.

Im Disput (D) versucht der Therapeut die irrationalen Bewertungen auf ihren Realitätsgehalt hin zu überprüfen: „Hängt Ihr Wert wirklich nur von der Freundin ab? Gibt es nicht genügend potentielle Freundinnen auf der Welt, die vielleicht geeigneter wären? Waren Sie in der Zeit, als Sie die Freundin noch nicht kannten, nicht auch mal glücklich? Wo steht denn geschrieben, dass die Freundin nicht Schluss machen darf?"

Im Anschluss daran könnten sich folgende oder ähnliche rationale Bewertungen (B_r) einstellen: „Die Partnerin hat selber Schuld, wenn sie meine Qualitäten nicht erkennt"; „Ich wäre doch blöd, wenn ich mich jetzt schon binde, wo es doch noch sooo viele mögliche Freundinnen gibt, die ich noch gar nicht kenne!", usw.

Die folgende rationale Konsequenz (C_r) wäre wahrscheinlich angemessene Trauer/Ärger oder Enttäuschung, aber vielleicht auch schon eine gewisse Vorfreude auf die neuen Kontaktmöglichkeiten.

Ellis (1977) hat die häufig auftauchenden irrationalen Bewertungen seiner Patienten gesammelt und aufgelistet: Sie beziehen sich auf die folgenden Bereiche:

1. Liebe: Ich muss unbedingt von jeder für mich wichtigen Person geliebt und geachtet werden.

2. Kompetenz: Ich muss in allen Situationen fähig und tüchtig sein, damit ich vor mir selbst bestehen kann.

3. Ausgleichende Gerechtigkeit: Da es schlechte, böse und kriminelle Menschen gibt, muss ich dafür sorgen, dass sie hart angefasst und bestraft werden. Ich muss sie auf jeden Fall auf ihre Fehler hinweisen.

4. Katastrophisierung: Es ist katastrophal, wenn etwas nicht so läuft, wie ich es gerne hätte.

5. Schuld hat der Andere: Ein Unglück kommt immer von außen und ich kann nichts gegen meine Befürchtungen und Nöte unternehmen.

6. Panik: Wenn etwas bedrohlich/gefährlich sein könnte, dann muss ich es schrecklich ernst nehmen und daran denken, dass es gleich eintreten kann.

7. Vermeidung: Es ist leichter, sich gewissen Problemen zu entziehen, als sie direkt anzugehen.

8. Hilflosigkeit: Ich bin von anderen abhängig und brauche die Hilfe eines Menschen, auf den ich mich verlassen kann.

9. Schicksal: Meine Vergangenheit bestimmt entscheidend mein gegenwärtiges und zukünftiges Leben, weil sie unauslöschlich ist.

10. Bestürzung: Wenn ein anderer Mensch Probleme oder Krisen hat, dann muss ich mitleiden und stark betroffen sein.

11. Eindeutige Lösungen: Es gibt für alle menschlichen Probleme eine dauerhafte, exakte und perfekte Lösung und es ist eine Katastrophe, wenn ich diese Lösung nicht finde.

Diese irrationalen Bewertungen fasst Ellis (1989) zu vier **Kernkonzepten** zusammen, die in Abbildung 6 dargestellt werden: Im Folgenden werden diese Kernkonzepte nochmals veranschaulicht:

o **Muss-Denken** („Muss-turbationen" nach Ellis) drückt Wünschenswertes als absolute Notwendigkeit aus. Gemeint sind die Bewertungen, die absolute Forderungen an sich Selbst oder andere Personen und Situationen beinhalten (z.B. „Ich muss immer freundlich sein"; „ ich darf keine Fehler machen, muss perfekt sein")

o **Katastrophendenken:** thematisiert die Überbewertung der möglichen Folgen eigenen oder fremden Verhaltens bzw. äußerer Umstände. Aus „einer Mücke wird ein Elefant gemacht": Die Folgen eines Fehlverhaltens werden überschätzt; wenn ich bei einer Prüfung durchfalle, dann wird daraus ein Weltuntergang. Meist entsteht dann Panik.

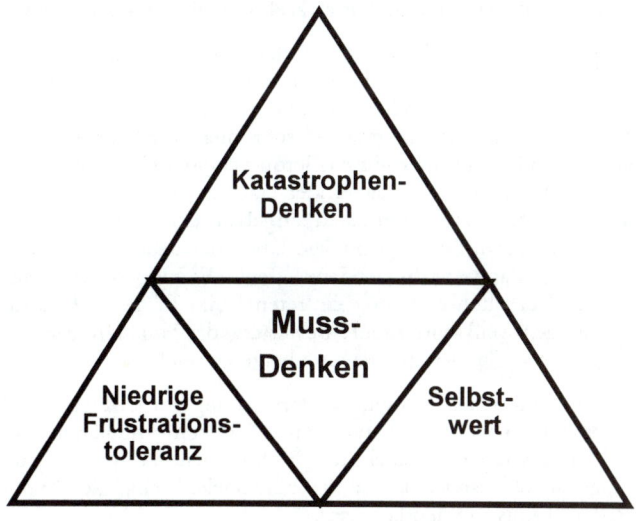

Abb. 6: Kernkonzepte irrationaler Bewertungen

o **Selbstwert**: d.h. irrationale Herabsetzungen der eigenen Person oder fremder Personen, Hang zum Perfektionismus durch selektive Erinnerungen (extremer Hof-Effekt). Wenn eine Person einmal eine Verabredung nicht einhält, dann ist sie ein unzuverlässiger, charakterloser Mensch, den man total verurteilt. Alle extremen Vorurteile fallen in diese Kategorie. Die Bewertung betrifft auch die eigene Person: Weil ich in der Prüfung versagt habe, bin ich nichts wert.

o **Niedrige Frustrationstoleranz** und Mangel an eigenen Kräften, Mut- und Lustlosigkeit. Wenn ich ein Verhalten ändern möchte, z.B. gesünder leben, nicht mehr rauchen, dann muss ich die Hürden „Rauchverzicht" und „Sport treiben" nehmen. Wenn ich mir zuschreibe, dass ich das nicht kann, dann habe ich ein geringes Frustrationsniveau und ich schätze meine Fähigkeit, unangenehme Situationen zu bewältigen, als sehr gering ein. Lustlosigkeit und „Null-Bock-Gefühl" sind die Folgen. B_i: Alles muss für mich leicht und einfach sein, steht hinter diesem Kernkonzept.

Alle vier Bewertungsdimensionen sind unrealistisch. Wenn wir sie im Alltag verwenden, dann behindern sie uns und begrenzen deutlich unseren Verhaltensspielraum. Unser Ziel ist es aber, ihn zu erweitern!

Deshalb ist es empfehlenswert, an den hinderlichen, irrationalen Bewertungen zu arbeiten und situationsgerechtere Kognitionen zu trainieren. Denn nur durch intensives Training können wir diese Bewertungen verändern, die meist in sehr intensiven Lernsituationen entstanden sind. Auch hier gilt das lernpsychologische Grundgesetz: Je früher, intensiver und andauernder eine Lernsituation war, desto fester wurde das gelernte Verhalten aufgebaut und desto schwieriger ist es zu verändern. Das regelmäßige Üben der neuen Bewertungen und der sich damit verbindenden Effekte/Erfolge ist wesentlich, damit eine Verhaltensänderung eintreten kann: Es ist nicht ausreichend, dass ich weiß, eine andere Bewertung der Situation wäre sinnvoll, ich muss es glauben und davon überzeugt sein!

Deshalb möchte ich Ihnen eine weitere Übung vorschlagen, bei der Sie irrationale Bewertungen aus dem Alltag umformulieren sollen. Diese Übung können Sie allein durchführen; eine Gruppenarbeit ist allerdings aufschlussreicher, weil die individuelle Vielfalt der Reaktionen in der Diskussion deutlich wird.

Übung „Umformulieren": Versuchen Sie die folgenden irrationalen Bewertungen so umzuformulieren, dass sie der Realität entsprechen und zu situationsangemessenen Gefühlen führen, die nicht mehr dem absoluten Muss-Denken entsprechen. Versuchen Sie dabei, sich die jeweilige Situation in der Phantasie mit der vorgegebenen und anschließend mit der situationsentsprechenden Bewertung möglichst exakt vorzustellen.

1. Meine Tochter darf nicht schon wieder in der Schule scheitern, das wäre für mich eine Katastrophe!

....

....

2. Meine Ehe ist zerbrochen, das ist eine Katastrophe und so was darf nicht sein!

....

....

3. Meine Kollegen müssen mich alle wegen meiner Leistungen schätzen und lieben!

....

....

Wenn Sie diese Übung durchgeführt haben, dann werden Sie gespürt haben, dass die Situation zwar unangenehm bleibt, die extreme emotionale Belastung aber deutlich verringert wurde.

Mögliche Umformulierungen wären:

(1) Es wäre schade, wenn sie schon wieder durchfallen würde und ich werde ihr helfen, dass sie es schafft. Wenn sie trotzdem sitzen bleibt, dann werde ich es ertragen können und wir werden schon einen Ausweg finden.

(2) Es wäre schön gewesen, wenn meine Ehe glücklich verlaufen wäre, aber wenn man auf Dauer nicht zusammenpasst ist es besser, die Konsequenzen zu ziehen und sich zu trennen, als sich zu quälen.

(3) Ich würde mich freuen, wenn alle Kollegen meine Leistungen und mein Verhalten anerkennen würden, aber dazu gibt es keine Verpflichtung, dass sie sich so verhalten müssen, wie ich es will.

Die bisherigen Übungssituationen dienten dazu, die Grundgedanken der RET deutlich zu machen. In der Realität laufen unsere Bewertungen in den Situationen, die wir intensiv negativ oder positiv erleben, allerdings wesentlich schneller, automatischer und unbewusster ab, als in der Übungs-„Zeitlupe".

In der RET versucht man mit Hilfe gezielter Fragen diese Situationen zu analysieren. Eine weitere Übung (nächste Seite) soll dieses Vorgehen mit Hilfe eines ABC-Analyseschemas demonstrieren:

Die gezielte Selbstbefragung in dieser Übung wird bei der RET vom Therapeuten durchgeführt, der dabei die irrationalen Bewertungen herausarbeitet, hinterfragt und mit dem Klienten neue, situationsangepasste erarbeitet (**Disput D**). Dabei wird laufend überprüft, ob die Bewertungen mit der Realität in Einklang stehen und ob sie in die gewünschte Richtung weisen.

Im Disput werden die zentralen Bewertungen erarbeitet, die auch in ähnlichen Situationen angewandt und trainiert werden können. Fühlt jemand sich z.B. äußerst unsicher, wenn er ein Referat halten muss, dann kann eine zentrale Bewertung sein, dass er immer alles perfekt machen will, eine andere, dass er einen möglichst guten Eindruck bei den Zuhörern hinterlassen will. Dabei müssen die Bewertungen, die der Klient nennt, auch mit den geäußerten Gefühlen zusammenhängen, die der Teilnehmer verändern will. So würde eine geäußerte Unsicherheit mit dem Willen alles perfekt machen zu wollen oder eine geäußerte Peinlichkeit mit dem Wunsch allen gefallen zu wollen harmonieren.

Mit der (angeleiteten) Selbstbefragung, dem Diskurs, werden die neuen, situationsbezogenen Bewertungen erarbeitet und in Rollenspielen und Hausaufgaben eintrainiert, damit sie gewohnheitsmäßig, automatisch ablaufen. Durch das Training der alternativen Bewertungen kommt es zu einer erfolgreicheren Situationsbewältigung (Effekt E).

Übung: „Persönliche ABC-Analyse": Stellen Sie sich bitte eine für Sie äußerst unangenehme Situation vor, die sie verändern wollen.

1. Versuchen Sie als Erstes, die auslösende Situation möglichst sachlich zu beschreiben; enthalten Sie sich dabei aller Bewertungen und beschreiben Sie nur das, was auch ein objektiver Beobachter dieser Situation wahrnehmen kann:

A: ....

    ....

2. Als Nächstes beschreiben Sie bitte, wie Sie sich in der Situation fühlen, wie Ihr Körper reagiert und wie Sie sich konkret verhalten:

C: ....

    ....

3. Der nächste Schritt ist, dass Sie sich vorstellen, wie Sie sich gerne in dieser oder ähnlichen Situationen fühlen und verhalten würden:

C-Ideal ....

....

(4) Was geht Ihnen dabei durch den Kopf? Welche individuellen Selbstgespräche führen Sie? Wie müssten Sich Ihre Bewertungen ändern, damit „C-Ideal" erreicht werden kann?

B: ....

....

Das Ziel der RET besteht jetzt nicht darin, einen gefühlskalten, total coolen, roboterähnlichen Menschen zu produzieren, sondern der einzelnen Person zu helfen, ihre Entscheidungen und Verhaltensweisen freier zu gestalten. Wenn Sie sich sehr darüber ärgern, dass Mitarbeiter einen chaotischen Arbeitsplatz hinterlassen oder Termine nicht einhalten, dann sollten Sie sich frei entscheiden können, ob Sie sich so darüber ärgern wollen. Wenn der Ärger Sie beeinträchtigt und Ihren Handlungsspielraum einengt, dann zeigt die RET Möglichkeiten auf, wie dieser Ärger besser an die Situation angepasst werden kann. Im Mittelpunkt der RET steht demnach die Auffassung, dass jeder sein Erleben und Verhalten selbstverantwortlich mitgestalten kann.

Der Grundansatz der RET ist anschaulich und leicht nachvollziehbar. Die praktische Umsetzung im Alltag erfordert allerdings viel Übung und Durchhaltevermögen. Kleinere Alltagsprobleme kann der Leser dabei mit entsprechender Motivation selbstständig angehen (Ellis 1989). Bei größeren Problemen sollte eine entsprechende, psychotherapeutische Beratung in Anspruch genommen werden.

Der RET wird vorgeworfen, sie sei zu oberflächlich, einfach, rational, suggestiv, autoritär und würde die frühkindlichen Störungen nicht ausreichend berücksichtigen. Diese Vorwürfe versucht Ellis (1989, S. 197ff.) – selbst ausgebildeter und erfahrener Psychoanalytiker – ausführlich zu widerlegen. Unzufrieden mit der klassischen psychoanalytischen Therapie hat er sich zu einem aktiveren und aus seiner Sicht erfolgreicheren Vorgehen durchgerungen. Kritiker werfen der RET weiter vor, dass sie – außer der trivialen Einsicht, dass Denkmuster Verhalten beeinflussen – kein theoretisches Modell besitzt, dessen einzelne Aussagen überprüft werden können. Der Bezug zur Philosophie der Stoa, die Bejahung des Lebens unabhängig von den Umständen, ist sicher richtig, wenn man sich für ein Leben unter allen Umständen entschieden hat.

2.4. Personenwahrnehmung und Menschenkenntnis

Wir haben wahrscheinlich alle schon mehr oder weniger häufig die Erfahrung machen müssen, dass wir von anderen Menschen enttäuscht wurden, dass wir sie falsch eingeschätzt haben („dass der so etwas tut, das hätte ich wirklich nie gedacht") und im günstigsten Fall überrascht wurden, dass „diese komische Person" sich so toll verhalten hat. Unsere diagnostischen Fähigkeiten, allgemein gesagt unsere Menschenkenntnis, ist nicht vollkommen, obwohl wir – je nach Alter des Lesers – mehr oder weniger viel Erfahrungen im Umgang mit anderen Menschen gewonnen haben.

Auf Grund unserer Lerngeschichte haben wir alle viele Erfahrungen mit menschlichen Verhaltensweisen gemacht und daraus unsere Vorstellungen über bestimmte Regeln des menschlichen Zusammenseins entwickelt. Dies ist auch dringend erforderlich, denn ohne bestimmte Vorstellungen hätten wir keine Kontrolle über aktuelle und kommende Situationen und würden verzweifelt oder deprimiert reagieren. Unsere „impliziten Persönlichkeitstheorien" – so werden die unausgesprochenen, erworbenen Vorstellungen über das menschliche Verhalten genannt – geben uns die alltägliche Entscheidungssicherheit. Die „expliziten Persönlichkeitstheorien" sind im Gegensatz dazu die ausformulierten, reflektierten und empirisch (mehr oder weniger) belegten Theorien der Psychologie.

Im folgenden Kapitel werden wir uns mit einigen Aspekten der Wahrnehmung näher befassen. Dabei betrachten wir zuerst verschiedene Eigenarten unserer optischen Wahrnehmung (beispielhaft für die anderen Wahrnehmungskanäle) und übertragen diese Aspekte dann auf die Wahrnehmung von Personen. Bei der Beschreibung der Fehlerquellen werden wir herausarbeiten, wie diese Fallgruben erkannt und vermieden werden können. Anschließend werden wir ein systematisches Vorgehen betrachten, mit dem wir aus gezielten Beobachtungen zu besseren Verhaltensdiagnosen und -prognosen kommen können.

Mit dem Thema Menschenkenntnis befinden wir uns im zentralen Überschneidungsbereich zwischen Selbst- und Sozialkompetenz. Die individuelle Fähigkeit, andere Menschen möglichst gut beurteilen und ihr Verhalten vorhersagen zu können, gehört sowohl zur Selbst- als auch zur Sozialkompetenz. Auch bei diesem Kapitel profitiert der Leser am meisten, wenn er die vorgeschlagenen Übungen durchführt, bevor er die weiterführenden Informationen liest.

2.4.1. Eigenarten unserer optischen Wahrnehmung

Die Funktionsweise unseres Auges wird häufig mit derjenigen einer Kamera verglichen. Die Lichtstrahlen (elektromagnetische Wellen) durchdringen Iris und Pupille, mit deren Hilfe die Menge des einfallenden Lichtes kontrolliert wird („Blende" bei der Kamera), anschließend werden sie durch die Linse gebündelt und nach den Gesetzen der Optik weiter auf die Netzhaut geleitet. Die Linse kann ihre Form verändern, so dass die betrachteten Umweltobjekte möglichst scharf auf der Netzhaut abgebildet werden. Bei der Brechung wird das Abbild umgedreht und steht auf dem Kopf. Je nach Entfernung wird das Abbild größer oder kleiner. Der Vergleich mit der Kamera stimmt demnach, allerdings nur für den Verlauf der Lichtstrahlen bis zur Netzhaut. Nur bis dahin können wir von einer eher passiven und objektiven Wahrnehmung sprechen.

In der Netzhaut befinden sich über 100 Millionen Rezeptoren, die durch das einfallende Licht gereizt werden und ihre Erregungen direkt, aber auch schon gebündelt, über den Sehnerv (in Form von elektrischen Impulsen) zum Sehzentrum, aber auch zu tiefer liegenden Gehirnzentren weiterleiten. Im Sehzentrum findet das eigentliche Sehen, die Konstruktion unserer optischen Welt statt. Dieses Sehen ist nun allerdings ein sehr aktiver Prozess, bei dem verschiedene Faktoren das objektive Bild beeinflussen und verzerren.

Die Abbilder auf der Netzhaupt stehen auf dem Kopf und sind seitenverkehrt. Dass wir sie trotzdem „normal" wahrnehmen ist schon eine aktive Verarbeitung. Kohler (1951) hat sich aus verschiedenen Prismen eine „Umkehrbrille" konstruiert, durch welche das Bild der Realität auf der Netzhaut aufrecht abgebildet wird. Im Selbstversuch hatte er in den ersten Tagen (ohne die Brille abzunehmen) sehr große Orientierungsschwierigkeiten, bis es ihm gelang, die Umwelt mit der

Brille wieder aufrecht zu sehen und sich in ihr problemlos zu bewegen. Ein weiteres Beispiel für die Verarbeitung der objektiven Netzhautreize ist die **Farb- und Größenkonstanz.** Wir nehmen ein weißes Blatt Papier auch noch bei schwacher Beleuchtung oder in der Dämmerung als weiß wahr, obwohl seine Lichtintensität dabei geringer ist als diejenige einer Kohle im Sonnenlicht (Farbkonstanz). Sehe ich einen erwachsenen Menschen in einer Entfernung von sechs Metern, dann erlebe ich ihn im Vergleich zu einem in zwei Meter Entfernung nicht als Zwerg. Eigentlich müsste ich es, denn sein Netzhautabbild beträgt ja nur ein Drittel im Vergleich zu der Person, die zwei Meter entfernt ist (Größenkonstanz)

Unsere Wahrnehmung ist kein passiver, sondern ein aktiver Prozess, bei dem wir die Vielzahl der ankommenden Reize möglichst sinnvoll und einfach organisieren und gestalten. Die Organisationsprinzipien wurden von den Vertretern der Gestaltpsychologie in den 20-er Jahren des letzten Jahrhunderts ausführlich untersucht. Einige dieser Gestaltgesetze und die damit verbundenen optischen Täuschungen werden in den Abbildungen 7 und 8 dargestellt.

Der Rubin'sche Becher (7a) ist das Paradebeispiel für das Gesetz von „Figur und Grund", d.h. wir ziehen den bedeutenden Aspekt spontan in den Vordergrund und stellen die anderen Reize in den Hintergrund. Dabei kann es auch vorkommen, dass zwei Figuren gleich stark sind und miteinander konkurrieren, wie es bei den „Kipp-Figuren" der Fall ist. Betrachten Sie in Abbildung 7 den Necker'schen Würfel (b) für eine gewisse Zeit, dann kippt er, d.h. eine andere Reizkonstellation wird automatisch zur Figur. Gleichzeitig können wir die beiden Figuren nicht wahrnehmen. Auch bei der Würfelvariante von Bradley & Petry (1977) kippt der Würfel, obwohl er objektiv gar nicht vorhanden ist.

Bei den Scheinkonturen (7a,b) sehen wir ein weißes Dreieck oder einen Würfel als Figur, die durch unsere Tendenz zur „guten Gestalt" konstruiert wird. Auch das Pferd (7c) besteht eigentlich nur aus unzusammenhängenden Strichen, die wir zu einer sinnvollen Gestalt zusammenfügen. Bei den beiden Quadraten, die sich überschneiden, sehen wir die Quadrate und nicht kompliziertere Figuren, wie zwei Sechsecke und ein Viereck. Es kann auch vorkommen, dass eine Gestalt (7e) so dominiert, dass wir große Schwierigkeiten haben, die beiden Pfeile, die noch in dem Muster in gleicher Größe versteckt sind, zu finden. Wenn Sie Abbildung 7f noch nicht kennen, dann werden Sie entweder eine alte Frau oder eine junge Frau erkennen, je nachdem, welche Gestalt zur Figur wird.

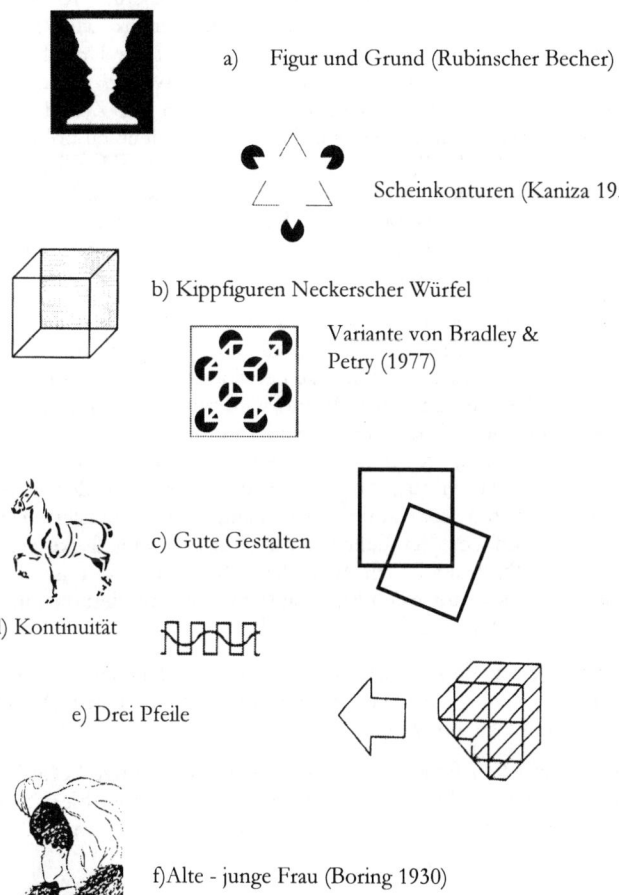

a)   Figur und Grund (Rubinscher Becher)

Scheinkonturen (Kaniza 1955)

b) Kippfiguren Neckerscher Würfel

Variante von Bradley & Petry (1977)

c) Gute Gestalten

d) Kontinuität

e) Drei Pfeile

f)Alte - junge Frau (Boring 1930)

Abb. 7: Beispiele für die aktive „Gestaltung" der Wahrnehmung

Mit diesen Abbildungen kann unsere aktive Beteiligung an den Wahrnehmungsprozessen gut demonstriert werden. Auch die optischen Täuschungen (Abbildung 8) zeigen, wie stark unsere Wahrnehmung durch Umfeldfaktoren beeinflusst und verzerrt wird. So ist der mittlere Kreis (8a) gleich groß, auch wenn er im Umfeld der großen Kreise deutlich kleiner wirkt. Auch das Wissen um diesen Sachverhalt verhindert nicht diese Täuschung! Bei der Zylindertäuschung sind Basislinie und Höhe gleich, obwohl er deutlich höher als breit wirkt (8b). Bei der Spiraltäuschung (8c) sehen wir deutlich eine Spirale, die fast dreidimensional wirkt und uns „hineinzieht"; es gibt hier allerdings gar keine Spirale: Wenn Sie mit dem Bleistift die Spirale nachziehen, dann merken Sie, dass es sich dabei um unvollständig gezeichnete konzentrische Kreise handelt.

Als letztes Beispiel soll das Experiment mit dem Ames'schen Raum dargestellt werden. Ames (1951) hat einen Raum konstruiert, der unseren Erwartungen an normale Räume widerspricht. Der Raum ist nicht rechtwinklig geschnitten (8d) und wird zur Rückwand hin höher. Durch ein Loch in der Vorderwand kann man mit einem Auge in den Raum blicken, wobei der Raum völlig gerade aussieht. Der Beobachter geht davon aus, dass es sich um einen normalen rechtwinkligen Raum mit konstanter Höhe handelt. Was passiert jetzt, wenn eine Person von der linken zur rechten hinteren Ecke geht? Das Netzhautabbild der Person wird deutlich größer und unser Gehirn - das von einem normalen Raum ausgeht - interpretiert die Situation so, dass der Mensch zum Riesen wird.

Die Gestaltgesetze führen dazu, dass wir die Vielfalt der optischen Reize so ordnen, als ob sie nach einem möglichst einfachen Organisationsprinzip aufgebaut wären.

Unsere individuellen Erwartungen, Interessen und Motive beeinflussen neben den Gestaltprinzipien unsere Wahrnehmung. Sie ist ein Kompromiss zwischen dem was wir erwarten und dem was in der Umwelt an Reizen vorliegt.

a) Ebbinghaus'sche Kreistäuschung

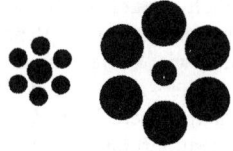

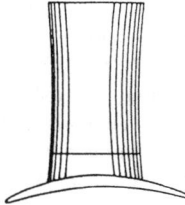

b) Zylindertäuschung

c) Spiraltäuschung (Fraser 1908)

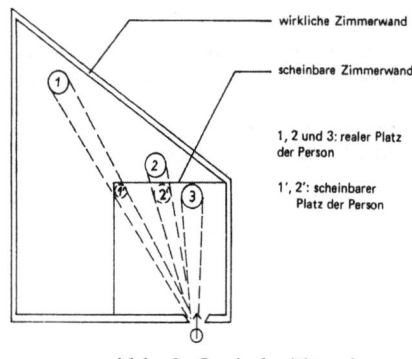

wirkliche Zimmerwand

scheinbare Zimmerwand

1, 2 und 3: realer Platz der Person

1', 2': scheinbarer Platz der Person

d) Ames'sche Raum-
täuschung

Abb. 8: Optische Täuschungen

So überschätzen Kinder aus armen Familien die Größe von Münzen wesentlich stärker als Kinder aus wohlhabenden Familien, während sie entsprechend große Pappkreise realitätsgerecht einschätzen. Auch erkennen wir Wörter, die unserer Motivationslage entsprechen, signifikant früher, als wenn sie bedrohliche oder tabuisierte Inhalte umschreiben. Unsere Motive und Einstellungen führen zu einer Selektion, Akzentuierung und Fixierung der Wahrnehmung. Diese Selektion ist erforderlich, weil wir nicht alle Reize, die auf uns einströmen, verarbeiten können. Wir müssen aktiv auswählen und diese Auswahl wird durch unsere individuellen Interessen, Motive und Einstellungen mit bedingt. Dieser Sachverhalt wird in der psychologischen Diagnostik ausgenutzt: Wenn unsere Wahrnehmung durch persönlichkeitsspezifische Aspekte beeinflusst wird, dann kann man auch aus dem, was wahrgenommen wird, auf die Persönlichkeit des Wahrnehmenden schließen. Der Diagnostiker konfrontiert seine Klienten mit mehrdeutigem Reizmaterial („projektive" Testverfahren) und versucht aus den Wahrnehmungsinhalten Informationen über dessen Persönlichkeit zu erhalten.

2.4.2. Spezielle Aspekte der Personenwahrnehmung:

Nachdem wir bisher eher die allgemein gültigen Einflussfaktoren auf unsere Wahrnehmung betrachtet haben, beschäftigen wir uns im Folgenden mit dem Thema „Personenwahrnehmung und Menschenkenntnis". Auf welche Faktoren müssen wir bei der Wahrnehmung von Personen achten?

Dazu möchte ich dem Leser wieder einige Übungen empfehlen, mit denen die Fallgruben der Personenwahrnehmung demonstriert werden können.

Übung „Verhaltensbeschreibung": Stellen Sie sich als Erstes einen Menschen vor, den Sie gut kennen und versuchen Sie einige seiner typischen Verhaltensweisen zu beschreiben:

....

....

....

....

....

Wir lassen diese Übung erst einmal so stehen und kommen zum späteren Zeitpunkt auf sie zurück. Als nächstes habe ich für Sie eine weitere Übung:

Übung „Bildeindruck": Bitte sehen Sie sich das Bild an und lassen Sie es kurz auf sich einwirken.

Stellen Sie sich dann in Ihrer Phantasie die Persönlichkeit des jungen Mannes vor und kreuzen Sie in der unten stehenden Eigenschaftsliste die (eher) zutreffenden Eigenschaften (pro Eigenschaftspaar) an.

Dieser junge Mann ist für mich eher ....

.... sympathisch	.... unsympathisch
.... selbstlos	.... egoistisch
.... zurückgezogen	.... kontaktfreudig
.... kreativ	.... einfallslos
.... unzuverlässig	.... zuverlässig
.... zufrieden	.... unzufrieden
.... aggressiv	.... friedlich
.... fleißig	.... träge
.... konservativ	.... fortschrittlich
.... belastbar	.... wenig belastbar
.... selbstständig	.... unselbstständig

Bitte lesen Sie erst weiter, wenn Sie die Übung bearbeitet haben.

Wenn Sie den jungen Mann mit den vorgegebenen Eigenschaften beschrieben haben, dann kann ich jetzt einmal den „großen Psychologen" spielen und eine Vorhersage wagen: Wenn Sie das erste Kreuz bei „sympathisch" gemacht haben, dann haben Sie mit großer Wahrscheinlichkeit auch selbstlos, kontaktfreudig, kreativ, zuverlässig, zufrieden, friedlich, fleißig, fortschrittlich, belastbar und selbstständig angekreuzt. Sollten Sie Ihr Kreuz bei „unsympathisch" gemacht haben, dann haben Sie die meisten der anderen Eigenschaften angekreuzt.

Vielleicht habe ich bei meiner Prognose nicht alle möglichen (10) Treffer erreicht, aber in der Regel liegt die Trefferzahl deutlich über dem zufällig erwarteten Wert von fünf. Dies liegt am **„Sympathie-Effekt"** bzw. am ersten Eindruck, der spontan entsteht, wenn wir einen Menschen wahrnehmen. Es kommt dabei innerhalb von Sekunden zu einer gefühlsmäßigen Haltung, die entweder in Richtung Sympathie oder Antipathie geht. Je stärker dabei die Reaktion, desto gefährlicher kann der Sympathie-Effekt ausstrahlen. Entweder sehen wir alles positiv oder negativ gefärbt.

Das Bildmotiv entstammt dem Titelbild des Nachrichtenmagazins DER SPIEGEL (2002, S. 1), wurde allerdings für den vorliegenden Zweck bearbeitet . Der dazu gehörende Bericht (Brinkbäumer u.a. 2002) schildert diesen Mann als sehr zurückgezogenen und psychisch gestörten Menschen, der sich selbst und vorher 16 Menschen tötete.

Sie waren sicher schon einmal verliebt. Dann kennen Sie den Sympathie-Effekt in seiner extremsten Ausprägung. Alle Verhaltensweisen der geliebten Person erscheinen im positiven Licht, auch wenn das von anderen nicht so gesehen und vielleicht sogar bestritten wird. Sie wissen es aber besser und deuten das Verhalten so um, dass es in Ihr idealisiertes Bild passt.

Es gibt viele Menschen, die den ersten Eindruck als besonders zuverlässig bezeichnen und sich auf ihn verlassen. Diese Haltung ist allerdings empirisch nicht belegt. Es ist lediglich erwiesen, dass erste Eindrücke subjektiv als richtiger erscheinen, „weil alle neueren Informationen, die den ersten Eindruck als falsch erweisen könnten, uminterpretiert, ignoriert oder unterbewertet werden" (Krech und Crutchfield 1985, S. 76).

Wie können wir den Sympathie-Effekt kontrollieren? Wir besitzen keinen Schalter, mit dem wir den ersten Eindruck ausschalten können, denn er gehört zum menschlichen Wesen. Das Einzige was wir tun können ist, uns konkret zu fragen, wie sympathisch die Person auf uns wirkt. Je extremer die Antwort ausfällt, desto vorsichtiger sollten wir bei der Beurteilung sein und desto intensiver sollten wir möglichst objektive Daten aus den betreffenden Verhaltensbereichen suchen.

Bei der nächsten Übung sollen Sie sich entscheiden, mit welchen Informationen Sie sich das Verhalten einer Person als Führungskraft besser vorstellen können.

Übung „Prognose": Von Herrn Weiß und Herrn Viel sind jeweils fünf Informationen bekannt, deren Wahrheitsgehalt gesichert ist. Beide Personen sind Führungskräfte in einem Unternehmen mittlerer Größe (vergleichbare Stufe in der Firmenhierarchie).

Herr Weiß:

1. Er hat sein Examen mit 1,1 abgeschlossen.
2. Er war danach noch zwei Jahre als Assistent an der Universität beschäftigt.
3. Sein Vorgesetzter beurteilt seine fachlichen Leistungen als sehr gut.
4. Er hat mehrere Artikel in Fachzeitschriften veröffentlicht.
5. Neben seiner Berufstätigkeit arbeitet er noch an seiner Doktorarbeit, die er in einem halben Jahr abschließen möchte.

Herr Viel:

1. Seine fachlichen Leistungen werden von seinem Vorgesetzten als sehr gut beurteilt.
2. Er kommt mit allen Kolleginnen und Kollegen sehr gut aus.
3. Er spielt erfolgreich Handball in der Regionalliga.
4. Er wettet gerne mit anderen Personen.
5. Er hat innerhalb der letzten 5 Jahre dreimal die Stelle gewechselt.

Bei welcher der beiden Personen können Sie deren Verhalten in der Führungsrolle leichter vorhersagen?

    o Herr Weiß   o Herr Viel

Das Ergebnis dieser Übung eignet sich besonders für die Diskussion in einer Gruppe, in der die unterschiedlichen Entscheidungen ausdiskutiert werden können.

Dabei sollte herausgearbeitet werden, dass wir über Herrn Weiß detaillierte Informationen über seine intellektuellen Fähigkeiten, allerdings nichts über andere Verhaltensbereiche wissen. Häufig strahlt die Information aus einem Verhaltensbereich, den wir für wichtig halten (wie z.B. intellektuelle Fähigkeiten) auf andere Bereiche aus. Über Herrn Viel haben wir mehr Informationen aus verschiedenen Verhaltensbereichen, wie intellektuelle Fähigkeiten, Kontaktfähigkeit, Fitness, Risikofreude und Mobilität, so dass wir uns sein Verhalten in der Führungsrolle besser vorstellen können.

Sollten Sie Herrn Weiß angekreuzt haben, dann sind Sie dem „Hof-Effekt" erlegen, der immer dann droht, wenn wir Informationen über einen Verhaltensbereich haben, der uns persönlich besonders wertvoll erscheint. Im Gegensatz zum „Sympathie-Effekt" der entsteht, ohne dass wir inhaltlich Informationen besitzen, haben wir hier Informationen, denen wir eine große Bedeutung zumessen. Diese zentrale Eigenschaft strahlt auf andere Eigenschaften aus, über die wir keine Informationen besitzen (bildet praktisch einen Hof um sich herum).

Der Sozialpsychologe Asch (1946) hat diesen Effekt an vielen Versuchspersonen untersucht. Dabei gab er ihnen die Eigenschaften:

„intelligent, geschickt, fleißig, ..., entschlossen, praktisch, vorsichtig"

vor, wobei eine Gruppe in der Mitte die Eigenschaft „warm" eine andere „kalt" erhielt. Zwei weitere Gruppen erhielten entweder „höflich" oder „grob". Die Versuchspersonen hatten dann die Aufgabe, sich zu den vorgegebenen Eigenschaften einen Menschen vorzustellen, zu dem diese Eigenschaften passen. Diesen Menschen hatten sie dann mit Hilfe einer anderen Eigenschaftsliste (auf der die vorgegebenen nicht enthalten waren) einzustufen. Dabei zeigte es sich, dass die Gruppe „warm" sich einen ganz anderen Menschen als die Gruppe „kalt" vorstellte, dass hier der „Hof-Effekt" die Vorstellung stark beeinflusste. Die Phantasiebilder der Gruppen „höflich-grob" unterschieden sich hingegen nur zufällig.

Krech und Crutchfield (1985) berichten von einem Experiment, bei dem ein Film vorgeführt wurde, in dem sich Herr X selbstsicher gegenüber einem Verkäufer verhält, sich anschließend beim Geschäftsführer beschwert und sich am Schluss von dessen Argumenten überzeugen lässt. Eine Gruppe sieht den Film mit einem Vorspann, der eine negative Information über Herrn X liefert, eine andere Gruppe wird positiv auf Herrn X eingestimmt. Am Ende sollen alle Versuchspersonen Herrn X mit vorgegebenen Eigenschaften beschreiben. Bei der „wertpositiven" Einstimmung wird das Verhalten als „kühn, entschlossen, durchsetzungsfähig und aufgeschlossen", bei der „wertnegativen" hingegen als „unüberlegt, stur, nörgelnd und schwankend" beschrieben. Es kommt demnach zu einer Bedeutungsveränderung des gesehenen Verhaltens, die durch den Hof-Effekt bedingt ist.

Wie können wir den Hof-Effekt kontrollieren? Der Hof-Effekt droht immer dann, wenn ich eine Person beurteilen muss, die ein

Verhalten zeigt, das ich sehr oder gar nicht schätze. Es besteht dann die Gefahr, dass diese Information auf andere Bereiche ausstrahlt und vorhandene Informationen überstrahlt. Um diesen Fehler kontrollieren zu können, muss ich als Erstes mir Klarheit über meine Wertehierarchie verschaffen. Dies kann anhand der folgenden Übung geschehen:

Übung: Persönliche Wertschätzung menschlicher Verhaltensweisen. Im Folgenden finden Sie einige menschliche Verhaltensdimensionen / Eigenschaften, die bestehenden Beurteilungsverfahren entnommen wurden.

Bitte wählen Sie aus diesen Eigenschaften die zwei aus, die Sie **persönlich am stärksten schätzen und auch selbst anstreben bzw. gerne besitzen würden.** Bitte verteilen Sie an diese Dimensionen die Rangplätze 1 und 2.

Bitte wählen Sie aus den genannten Dimensionen auch die beiden Eigenschaften, **auf die Sie persönlich im Vergleich am wenigsten Wert legen.** Verteilen Sie an diese Eigenschaften die (letzten beiden möglichen) Rangplätze 9 und 10.

Verhaltensdimensionen / Eigenschaften:	Rang-platz:
Strukturiertes Denken und Handeln	
Geistige Beweglichkeit, Kreativität	
Zusammenarbeit, Teamfähigkeit	
Kommunikations- und Kontaktverhalten	
Initiative und Selbständigkeit	
Ausdauer und Belastbarkeit	
Identifikation mit dem Unternehmen	
Fachliches Wissen und Können	
Körperliche Fitness, Gesundheitsorientierung	
Lernbereitschaft	

Ich muss analysieren, welche Verhaltensweisen ich sehr schätze bzw. ablehne. Wenn dann ein Klient ein Verhalten zeigt, das mit meiner Wertehierarchie übereinstimmt oder ihr entgegengesetzt ist, dann müssen „die Alarmglocken läuten", dann muss ich mich bemühen möglichst viele Informationen aus den verschiedenen Verhaltensbereichen zu erhalten, damit ich eine möglichst abgesicherte Beurteilung erstellen kann.

Wenn Personen ein Verhalten zeigen, das zu den Dimensionen gehört, denen Sie die Rangplätze 1 oder 2 verteilt haben, dann besteht bei Ihnen die Gefahr des Hof-Effektes. Sie sollten sich dann intensiv um möglichst viele Informationen aus den anderen Verhaltensdimensionen bemühen. Den Verhaltensdimensionen, die Sie mit den Rangplätzen 9 und 10 versehen haben, sollten Sie mehr Aufmerksamkeit schenken.

Übung „Personenwahrnehmung" (in Anlehnung an tpm o.J.): Bitte sehen Sie sich die beiden Fotos an und stellen Sie sich die beiden Damen in Ihrer Phantasie vor. Ordnen Sie dann jede der darunter stehenden Aussagen / Eigenschaften einer der beiden Personen zu. Bitte vermeiden Sie - wenn möglich - Doppelzuordnungen.

Bild 1		Bild 2
....	intelligent	....
....	fröhlich	....
....	selbstsicher	....
....	ehrgeizig	....
....	misstrauisch	....
....	kontaktfreudig	....
....	gefühlvoll	....
....	weltoffen	....
....	kinderlieb	....
....	konservativ	....

Auch bei dieser Übung möchte ich wieder den „großen Propheten" spielen und sage voraus, dass Sie für die Dame auf Bild 2 die Eigenschaften „fröhlich, kontaktfreudig, gefühlvoll, kinderlieb und konservativ" angekreuzt und für Dame Bild 1 die anderen Eigenschaften reserviert haben. Auch hier dürfte ich über der zufällig zu erwartenden Trefferzahl von fünf liegen. Wenn das so ist, konnte mit dieser Übung der „Stereotypie-Effekt" demonstriert werden. In Wirklichkeit handelt es sich bei den beiden Photos um die (etwas bearbeiteten) Bilder einer Frau, die Werbung für eine Diät in Zeitschriften machte, im Sinne von „Vorher - Nachher". Bei dieser Beurteilung gehen stereotype Rahmenbedingungen (=Vorurteile) mit ein, wie z.B. der Körperbau. Es gibt zwar statistisch gesicherte Zusammenhänge zwischen Körperbau und Persönlichkeitseigenschaften (Kretschmer 1977, Sheldon 1942), aber die gelten nur für die Mehrheit, nicht aber für den konkreten Einzelfall, in dem wir die erforderlichen Informationen detailliert erheben und bewerten müssen.

Der **„Stereotypie-Effekt"** bezieht sich natürlich nicht nur auf den Körperbau; Bart, Frisur, Kleidung, Dialekt, Tätowierungen usw. sind stereotype Rahmenbedingungen und rufen bei uns entsprechende Vorurteile ab. Auch hier können wir nur gegensteuern, wenn wir unsere Vorurteile und Meinungen kennen.

Die meisten unserer alltäglichen Entscheidungen beruhen auf stereotypen Meinungen. Wer informiert sich denn wirklich im Detail, ob das Brötchenrezept des Bäckers und die Produktion nach gesundheitlichen Prinzipien verläuft, ob der Arzt seine Untersuchungen den wissenschaftlichen Normen entsprechend durchführt oder ob ein gekaufter Markenartikel wirklich das beinhaltet, was er verspricht? Ohne unsere stereotypen Einstellungsmuster wären wir im Alltag unfähig, die erforderlichen Entscheidungen in der erforderlichen Zeit zu treffen. Bei Entscheidungen über Menschen sollten wir allerdings die mit dem Stereotypie-Effekt verbundenen Fehler möglichst gering halten. Wir müssen auch hier reflektieren, welche Vorurteile unser Beurteilungsverhalten verzerren können, um im konkreten Fall „die Alarmglocken läuten zu lassen".

Auch professionelle Vertreter der Diagnostik, wie beispielsweise Psychiater, sind vor diesem Effekt nicht verschont, wie Rosenhan (1985, S. 114 nach Güttler, 1996, S. 45) zeigen konnte. Er demonstrierte mit seinem Experiment, dass stereotype Erwartungen die Einstufung des Verhaltens „psychisch Kranker" stark beeinflussen und dass es dabei zu berufstypischen Wahrnehmungsverzerrungen mit problematischen Folgen kommen kann. Er schleuste acht psychisch gesunde Menschen in eine psychiatrische Klinik ein, indem sie sich telefonisch anmeldeten, einen Termin erhielten, bei dem sie sich darüber beklagten, dass sie Stimmen gehört hätten, die oft unklar gewesen seien, aber soweit es verstehbar gewesen wäre, hätten sie „hohl, leer, dumpf" gesagt. Alle „Pseudo-Patienten" wurden anschließend stationär aufgenommen und verhielten sich von diesem Zeitpunkt an wieder völlig normal und beantworteten auch alle Fragen in dieser Richtung. Nur ein „Patient" wurde nicht mit der Diagnose „Schizophrenie" eingewiesen. Die Entlassungsdiagnose lautete bei diesem Klientel „Schizophrenie in Remission" (im Abklingen). Durchschnittlich blieben die Pseudopatienten 19 Tage in der Klinik, bei einer Streubreite von 7 bis 52 Tagen. Konkret bedeutet dies, dass normale Menschen mit dem Stereotyp „schizophren" versehen und gebrandmarkt wurden. In keinem Fall erkannten die Fachleute die Simulation. Die Zuschreibung, das Etikett der „Schizophrenie" war so mächtig, dass auch das normale Verhalten der „Patienten" übersehen, bzw. umgedeutet wurde (siehe Bedeutungsveränderungshypothese von Asch 1952). Normale Verhaltensweisen wurden in den Krankenblättern als symptomatisch eingestuft; z.B. wurde das Niederschreiben von Notizen als „zwanghaftes Tun", das Spazierengehen aus Langeweile als „innere Unrast und Nervosität" und das längere Warten vor der Kantine als „Indiz für die oralfixierte Natur des Krankheitssyndroms" umgedeutet.

Attributionspsychologische Aspekte:

Das beschriebene Experiment Rosenhans und auch Untersuchungen über die richterliche Entscheidungsfindung (Wellhöfer 1990) zeigen, dass auch professionelle Be- und Verurteiler vor den Fallgruben der Personenwahrnehmung nicht geschützt sind. Sie schreiben beobachteten Verhaltensweisen spontan Ursachen zu, von deren Richtigkeit sie überzeugt sind. Die Regeln, nach denen die spontane Ursachenzuschreibung abläuft, werden in der Attributionstheorie (einer sozialpsychologischen Disziplin) beschrieben. Im Folgenden möchte ich auf einige zentrale Aspekte der Attributionstheorie Kelley's (1973, 1980) eingehen:

Die Attributionstheorie versucht, die Lücke zwischen der Wahrnehmung und der Bewertung von Verhaltensbeobachtungen zu schließen. Als Beispiel soll folgende Situation dienen: *Herr A schenkt Frau O einen Blumenstrauß und sagt ihr, dass sie hinreißend aussieht.* Dieses Verhalten könnte durch drei verschiedene Ursachen erklärt werden:

- Ursache liegt in **Situation** (Frau O)

- Ursache liegt bei der handelnden **Person** (Herr A)

- Ursache liegt in besonderen **Umständen**

Um dem beobachteten Verhalten eine Ursache sicher zuschreiben zu können - wozu wir Menschen neigen, weil wir erst zufrieden sind, wenn wir etwas erklären können - benötigen wir weitere Informationen. Wir benötigen Informationen über

a) **den Konsensus** des beobachteten Verhaltens: Schenken viele Menschen der Frau O Blumen und machen ihr Komplimente (hoher Konsensus H) oder nur Herr A (geringer Konsensus G).

b) **die Distinktheit**: Schenkt Herr A vielen Damen Blumen (geringe Distinktheit G) oder nur der Frau O (hohe Distinktheit H).

c) **die Konsistenz**: Hat sich Herr A zum ersten Mal (geringe Konsistenz G) oder schon häufiger (hohe Konsistenz H) in dieser Weise gegenüber Frau O verhalten.

Die folgende Tabelle zeigt die Situationen bei denen die Attributionsrichtungen festliegen:

Tab. 7: Zusammenhang zwischen Informationsart und Attributionsrichtung

Attributions-neigung	Informationsart			Symbol
	Konsensus	Distinktheit	Konsistenz	
Situation	hoch	hoch	hoch	HHH
Person	gering	gering	hoch	GGH
Umstände	gering	hoch	gering	GHG

Bei hohem Konsensus (viele Männer schenken der Frau O Blumen), hoher Distinktheit (nur die Frau O bekommt Blumen) und hoher Konsistenz (das ist schon längere Zeit so) kommt es zur Situationsattribution (Die Ursache wird nicht bei den handelnden Personen, sondern einem „Objekt" in der Situation gesehen).

Ein weiteres Beispiel für das Verständnis der Tabelle 6: Der Jugendliche X schwänzt die Schule. Wir wissen, dass die anderen Schüler nicht schwänzen (geringer Konsensus), X in allen Fächern schwänzt (geringe Distinktheit) und dies schon seit Wochen macht (hohe Konsistenz). In diesem Fall kommt es zur Personenattribution.

In der Tabelle werden allerdings nur die Situationen aufgeführt, bei denen die Attributionsrichtungen festliegen. In den anderen Fällen (z.b. GHH oder HGG) ist die Richtung unsicher und wir benötigen weitere Annahmen, um die Ursachenzuschreibung abzusichern. Wir greifen dann auf unsere Erfahrungen („kausale Schemata") zurück.

So können wir zum einen mit Hilfe der **„Ergänzungsschemata"** vorhandene Informationen ergänzen: Wenn ich nur die Information habe, dass viele Männer Frau O Blumen schenken (H ? ?) dann komme ich damit zur Situationsattribution (siehe Tabelle 6: es gibt nur eine Attributionsrichtung mit hohem Konsensus). Die Information, dass der Jugendliche X alle Schulfächer schwänzt (geringe Distinktheit ? G ?), führt zur Personenattribution und bei „? ? G" ergänzen wir und kommen zu einer Umständeattribution. Passen die Informationen nicht in das Ergänzungsschema, dann helfen uns die **„vorfabrizierten Kausalschemata"**, wie Kelley unseren gesunden Menschenverstand bzw. unsere Vorurteile benennt.

Liegen mehrere plausible Ursachen für ein beobachtetes Verhalten vor, dann führt das zur Verunsicherung und der Suche nach externen Ursachen. Ist eine einsichtige, externe Ursache gefunden, dann werden die anderen Erklärungsansätze abgeschwächt (**„Abschwächungsprinzip"**). Wir beobachten z.B. dass Herr X seinem Kollegen Y bei der Arbeit hilft, obwohl er dazu nicht verpflichtet ist. Wir schließen daraus, dass Herr X ein hilfsbereiter Mensch ist (Personenattribution). Wenig später erfahren wir allerdings, dass der Kollege Y ein einflussreicher Mann ist und dass Herr X dies auch weiß. Nun kommt zur ersten Ursachenzuschreibung (X=hilfreicher Mensch) eine externe zweite (X hilft Y, um sich daraus Vorteile zu verschaffen), durch welche die erste abgeschwächt wird. Die Ursache für das „hilfreiche" Verhalten des Herrn X wird nun auf die Situation (einflussreicher Herr Y) attribuiert.

Attributionen werden umso stärker durch Vorurteile beeinflusst, je intensiver wir selbst am beobachteten Verhalten beteiligt sind. Dies ist bei der Beurteilung des eigenen Verhaltens am stärksten ausgeprägt. Selbstattribution und Fremdattribution sind zwar sehr ähnlich, unterscheiden sich allerdings durch den **„fundamentalen Attributionsfehler"**. Dieser besteht darin, dass wir bei (unangenehmem) Verhalten anderer Menschen dazu neigen, eine Personenattribution vorzunehmen, während wir ein eigenes (unerwünschtes) Verhalten durch die Situation attribuieren. Wenn ein anderer Mensch einen festen Termin nicht einhält, dann ist er ein unpünktlicher, unzuverlässiger Mensch; wenn es mir passiert, war der Stau Schuld oder die Straßenbahn kam nicht, oder .... Der fundamentale Attributionsfehler hat den Vorteil, dass er uns ... vor Selbstwertverlusten schützt und unser Selbstwertgefühl erhöht. Es besteht auch die starke Tendenz, Erfolge personenbezogen und Misserfolge situations- oder umständebezogen zu attribuieren. Bei Personen mit geringem Selbstwertgefühl verläuft die Attribution dabei allerdings anders: Erfolge werden von ihnen auf die Situation oder besondere Umstände/Zufälligkeiten („wenn sogar ich das schaffe, dann kann es nicht schwierig gewesen sein") und Misserfolge auf die eigene Person („ich bin halt so blöd") attribuiert.

Wir haben gesehen, dass unsere Wahrnehmung kein passives, objektives Verarbeiten von Umweltreizen, sondern eine aktive und subjektiv gefärbte Konstruktion der Realität ist. Dies gilt vor allem auch bei der Wahrnehmung und Beurteilung von Personen. Wie können wir unter diesen Bedingungen zu **gesicherten Verhaltensprognosen** (= zuverlässige Menschenkenntnis) kommen? Die Grundvoraussetzung ist das Interesse am menschlichen Verhalten generell; wir müssen möglichst viele objektive Informationen aus den verschiedensten Verhaltensbereichen sammeln, diese Informationen dann zusammenfassen und verdichten, um daraus Prognosen über konkretes Verhalten in zukünftigen Situationen erstellen zu können. Diese Prognosen müssen wir anschließend überprüfen. Waren die Prognosen falsch, dann müssen wir die Fehler suchen und unser Prognoseverhalten verbessern und weiterentwickeln.

Im Folgenden werden wir uns auf das Sammeln und Verdichten von beobachteten Daten konzentrieren, um daraus Verhaltensprognosen zu entwickeln.

2.4.3. Systematische Verhaltensprognose

Gehen wir zuerst zu der Übung Verhaltensbeschreibung (S. 84) zurück, die Sie zu Beginn dieses Kapitels bearbeitet haben. Ihre Aufgabe bestand darin, typische Verhaltensweisen eines Menschen, den Sie gut kennen, zu beschreiben. Sehen Sie sich Ihre Beschreibungen einmal an und vergleichen Sie diese mit Beschreibungen, die ich in einem Seminar erhalten habe. So beschrieben die Seminarteilnehmer einen Menschen, „den Sie gut kennen" (Tabelle 8):

Tab. 8: Verhaltensbeschreibungen

„Verhaltensbeschreibungen"	
humorvoll	spielt seit zwei Jahren in einer Handballmannschaft (2. Bundesliga)
sportlich	
extravertiert	wohnt noch bei den Eltern
offen	ist nach seinen Aussagen sehr leistungsmotiviert
risikofreudig	
liebesbedürftig	hat eine ältere Schwester
tierlieb	hat blonde Haare
knüpft schnell oberflächliche Kontakte	
zickig	
innerlich ruhelos – äußerlich aufgeschlossen	
gute Allgemeinbildung	
harmoniesuchend	
ehrgeizig	
sicheres Auftreten	

Ich gehe davon aus, dass Ihre „Beschreibungen" auch vorwiegend Bewertungen waren, die in der linken Spalte aufgelistet sind. Die rechte Spalte der Tabelle ist für die reinen Verhaltensbeschreibungen reserviert, die bei meinen Seminarkursen in der Regel viel magerer als die linke Spalte ausfällt. Bei dieser Übung fällt regelmäßig auf:

– Die „Beschreibungen" sind überwiegend Bewertungen.
– Die positiven Aussagen überwiegen.
– Die Bewertungen sind vieldeutig (z.B. wie verhält sich jemand konkret, der zickig, offen, innerlich ruhelos - äußerlich aufgeschlossen ist?).
– Die Beschreibungen sind nicht vergleichbar, weil jeder andere Bereiche / Persönlichkeitsdimensionen betont.

Wenn wir zu einer systematischen Verhaltensprognose kommen wollen, dann müssen wir zuerst Verhaltensbeschreibungen sammeln, die wir anschließend zusammenfassen und zu Bewertungen verdichten. Der spontane erste Schritt zu Verhaltensbewertungen, dem wir leider gerne unterliegen, weil er der einfachere ist, führt aber zu Problemen bei der Diagnose und anschließenden Prognose. Wir müssen uns ferner auch auf die entsprechenden Verhaltensdimensionen einigen, mit denen wir die Bewertung durchführen wollen, denn nur so können wir uns auf ein gemeinsames Begriffsverständnis / Beurteilungsschema einigen. Der Weg zu diesen Verhaltensdimensionen soll durch die folgende Übung (in Anlehnung an tpm o.J.) demonstriert werden.

Übung „Konzentration von Verhaltensbeschreibungen" auf eine Verhaltensdimension: Über Herrn Konzaus liegen die folgenden, zuverlässigen Informationen vor:

V1: Gespräche verfolgt er immer sehr aufmerksam und hört genau zu.

V2: Bei seiner Arbeit ist er sehr exakt und erkennt sofort mögliche Fehlerquellen.

V3: Er hat ein schwieriges Projekt innerhalb von zwei Jahren abgeschlossen und dabei alle Details genau überprüft.

V4: Auch wenn er durch Telefonate oder unangemeldete Besuche gestört wird, unterlaufen ihm bei der Arbeit keine Fehler.

V5: Wenn Diskussionen ausufern und langweilig werden, bemerkt er sofort, wenn ein Teilnehmer widersprüchliche Argumente einbringt.

Zu welcher Verhaltensdimension würden Sie diese Beobachtungen zusammenfassen? (Versuchen Sie die Dimension zu benennen – bitte erst dann weiterlesen)

....

Die geeignete Bezeichnung dieser Dimension wäre „Konzentration (und Ausdauer)" oder „Belastbarkeit". Wenn Sie die einzelnen Verhaltensbeschreibungen durchgehen, dann werden Sie sehen, dass dies der „kleinste gemeinsame Nenner" ist.

Wenn Sie dann noch überlegen, wie der Ausprägungsgrad dieser „Persönlichkeitseigenschaft" bei Herrn Konzaus ist, dann werden Sie sicher auch auf „sehr stark ausgeprägt" kommen.

Damit haben wir die Verhaltensbeschreibungen auf eine Dimension konzentriert und eine Bewertung durchgeführt. Den nächsten Schritt

– die Prognose – werden wir ebenfalls mit einer Übung demonstrieren.

Übung „Sytematische Prognose": Schildern Sie bitte kurz, wie sich Herr Konzaus in den folgenden Situationen verhalten dürfte:

(1) Die Besprechung über die Projektarbeit dauert viel länger als geplant. Einige Kollegen sind schon ermüdet und melden sich nicht mehr zu Wort.

....

....

(2) Ein Stau im Urlaubsverkehr zwingt Herrn Konzaus zwei Stunden lang auf der Autobahn anzuhalten und dann wieder im Schritttempo weiterzufahren.

....

....

(3) Herr Konzaus bekommt die Aufgabe, ein möglichst umfassendes Literaturverzeichnis für ein neues Projekt zu erstellen.

....

....

(4) Herr Konzaus muss für sein aktuelles Projekt heute noch einen wichtigen Vorgang bearbeiten, den er sich mit nach Hause nimmt. Dort wird aber ausgiebig der Geburtstag seiner Tochter gefeiert, der bis 22.00 Uhr gehen wird.

....

....

In den geschilderten Situationen ist zu erwarten, dass Herr Konzaus die Besprechung bis zum Ende konzentriert verfolgt, er wird beim "Stop and Go -Verkehr" auf der Autobahn keinen Auffahrunfall verursachen, das Literaturverzeichnis fehlerfrei erstellen und den wichtigen Projektvorgang noch heute erledigen. Ob er den Vorgang während des Kindergeburtstages oder anschließend bearbeiten wird, können wir allerdings nicht vorhersagen; dazu würden wir Informationen über sein familienbezogenes Verhalten benötigen.

Abbildung 9 zeigt das schematische Vorgehen der systematischen Verhaltensprognose.

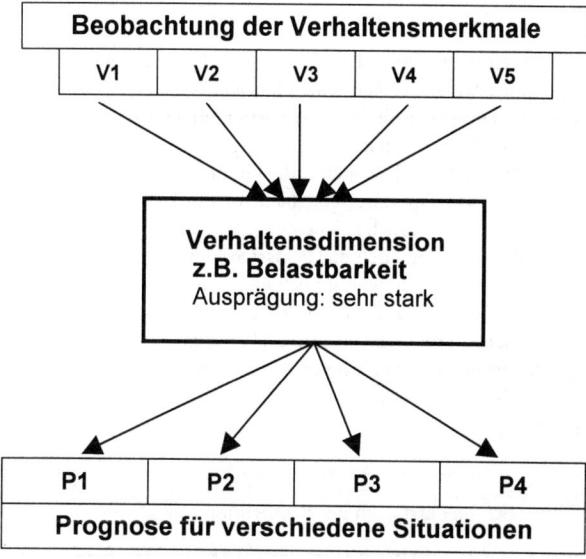

Abb. 9: Systematische Verhaltensprognose

Bei diesem systematischen Vorgehen gehen wir von Verhaltensbeobachtungen aus und kommen über deren Verdichtung zu Verhaltensprognosen für mehr oder weniger neue Situationen. Ohne die Konzentration auf Verhaltensdimensionen wäre eigentlich nur eine Vorhersage des Verhaltens in völlig gleich gearteten Situationen möglich. Je verschiedener dabei die Beobachtungssituationen sind, desto besser lässt sich das Verhalten generalisieren, wenn es in der gleichen Weise beobachtet wurde. Wollen wir systematisch beurteilen – und dies ist eine Führungsaufgabe in den meisten Organisationen – dann müssen wir uns aber auf die praxisrelevanten Verhaltensdefinitionen und ihre klare Definition („Operationalisierung") einigen. In den folgenden Übungen (in Anlehnung an tpm o.J.) wird die Konzentration von Verhaltensbeschreibungen zur Verhaltensdimension und umgekehrt demonstriert:

Übung „Verhaltensbeobachtungen → Verhaltensdimension": Im Folgenden finden Sie eine Liste von Verhaltensbeobachtungen, von denen 6 zu **einer** Verhaltensdimension gehören. Kreuzen Sie die zusammengehörenden Verhaltensbeschreibungen bitte an und versuchen Sie die Verhaltensdimension zu benennen.

   1) findet bei fast allen Problemen schnell eine Lösung
   (2) führt zweimal täglich seinen Dackel spazieren
   (3) hat schon verschiedene (erfolgreich umgesetzte) Verbesserungsvorschläge eingereicht
   (4) sein Schreibtisch ist stets aufgeräumt
   (5) wird häufig mit unterschiedlichen Aufgaben betraut
   (6) ist an allen möglichen Themen interessiert
   (7) hält starr an einer einmal gefassten Meinung fest
   (8) trifft Entscheidungen schnell und sicher
   (9) ist begeisterter Fußballfan (FC Bayern München)
   (10) berichtet gerne und ausgiebig über seine Familie
   (11) informiert anschaulich mit verschiedenen konkreten Beispielen

Die Verhaltensdimension, zu der die angekreuzten Beschreibungen gehören ist:

....

(Bitte auch hier erst nach der Bearbeitung weiterlesen)

Wenn Sie die Beobachtungen 1, 3, 5, 6, 7 und 11 angekreuzt haben, dann haben Sie damit eine Dimension, die wir als „Geistige Beweglichkeit" oder ähnlich benennen können. Beobachtung 7 gehört mit in dieses Kriterium, auch wenn hier der Ausprägungsgrad äußerst gering (eigentlich Null) ist.

Ziel der nächsten Übung (in Anlehnung an tpm o.J.) ist es, die Vorteile einer systematischen Bewertung deutlich zu machen. Dazu bekommen Sie eine Reihe unterschiedlicher Beobachtungen und Informationen über Herrn Senf. Versuchen Sie die Informationen den Dimensionen (1) Strukturiertes Denken/Handeln, (2) Geistige Beweglichkeit, (3) Belastbarkeit und (4) Kommunikations- und Kontaktverhalten zuzuordnen, je nach Richtung mit + oder – zu signieren und markieren Sie dann den jeweiligen Ausprägungsgrad auf der entsprechenden Skala.

Übung „Zuordnung Informationen → verschiedenen Kriterien":
Herr Senf hat die Durchschnittsnote 1,1 im Abitur bekommen und das anschließende Studium in kürzester Zeit mit ausgezeichnetem Diplom abgeschlossen. Er bekam viele Stellenangebote, entschied sich aber für eine durchschnittlich bezahlte Tätigkeit an seinem Heimatort, da er weiter bei seinen Eltern wohnen bleiben und seinen Freundeskreis beibehalten wollte. Er blieb in dieser Stelle fünf Jahre, weil er sich sehr gut mit seinem Chef verstand, der ihm auch viele, sehr abwechslungsreiche Aufgaben übertrug. Als der Chef die Firma wechselte, wurde durch den neuen Vorgesetzten das Betriebsklima sehr schlecht. Dies führte dazu, dass mehrere Mitarbeiter, unter ihnen auch Herr Senf, kündigten. Herr Senf bekam sofort von einem früheren Kunden das Angebot, in dessen Firma eine leitende Position zu übernehmen. Er arbeitete sich sehr schnell in die neuen Aufgaben ein. Anfangs hatte er allerdings Schwierigkeiten konzentriert zu arbeiten, da er sich tagsüber durch Baulärm sehr gestört fühlte. Er nahm sich dann meistens die Arbeit mit nach Hause, um sie möglichst fehlerfrei zu erledigen. Bei den neuen Kollegen kommt seine ruhige, freundliche Art gut an.
Neben seiner Arbeit hat Herr Senf verschiedene Artikel in einschlägigen Fachzeitschriften veröffentlicht, in denen er allerdings wenig neue Vorschläge entwickelte, sondern vorwiegend frühere Veröffentlichungen kritisch auf ihren Praxisbezug hin überprüfte.
Wie in seinem letzten Zeugnis betont wird, arbeitet Herr Senf sehr exakt und gewissenhaft, ist hilfsbereit und vielseitig einsetzbar.
Herr Senf möchte demnächst heiraten, zögert aber noch, da seine zukünftige Frau aus Norddeutschland kommt und dort auch weiterhin leben möchte. Er würde ihr gerne diesen Wunsch erfüllen, hängt andererseits aber auch an seiner (bayerischen) Heimat und der jetzigen Arbeitsstelle, so dass Heirat und Umzug mehrmals verschoben wurden.
Herr Senf wurde schon häufiger als Referent zu Kongressen eingeladen und habe dort über seine Tätigkeit berichtet; inhaltlich seien seine Vorträge stets perfekt gewesen, allerdings falle es ihm schwer, frei zu sprechen. Er hänge sehr am Redemanuskript und zeigt bei kritischen Fragen Nervosität (bekommt roten Kopf, formuliert unvollständige Sätze).

---

1. **Strukturiertes Denken/Handeln**
   wenig systematisch   sehr gute
   unüberlegt   0----1----2----3----4----5----6   Planung

2. **Geistige Beweglichkeit:**
   unbeweglich   vielseitig
   beharrlich   0----1----2----3----4----5----6   interessiert

3. **Belastbarkeit:**
   schwankende   stabile
   Qualität   0----1----2----3----4----5----6   Qualität

4. **Kommunikations- und Kontaktverhalten:**
   abweisend   freundlich,
   undeutlich   0----1----2----3----4----5----6   verständlich

---

Hinweise zur Lösung dieser Übung finden Sie im Anhang (S. 223f.).

Die letzte Übung hat Sie mit der Arbeitsweise professioneller Beurteiler vertraut gemacht: Einschläge, möglichst objektive Daten aus unterschiedlichsten aber relevanten Bereichen werden zu aussagekräftigen Verhaltensdimensionen komprimiert.

Die Daten aus dem Übungsbeispiel reichen dazu natürlich bei weitem nicht aus. Bei den Daten kann es sich um Gesprächsinhalte, Bewerbungsunterlagen, Antworten in Persönlichkeitsfragebogen oder Intelligenztests usw. handeln. Generell können wir sagen: Je mehr zuverlässige Daten wir aus unterschiedlichsten Verhaltensbereichen haben, desto sicherer wird unsere Diagnose. Die Informationen werden in den jeweiligen Dimensionen, z.B. Persönlichkeits- oder Intelligenzfaktoren, zusammengefasst. Vergleicht man sie anschließend mit einem entsprechenden Anforderungsprofil, dann können wir eine abgesicherte Verhaltensvorhersage für die entsprechende Situation wagen.

Über die Anzahl der praxisrelevanten Verhaltensdimensionen besteht noch keine klare Übereinstimmung. Sie und ihre Differenzierungen sind abhängig von der Komplexität der zu prognostizierenden Fähigkeiten und von den Unternehmenszielen. So unterscheiden sich in der Praxis Bewerberauswahlverfahren, Potenzialschätzungen oder Beurteilungsbogen deutlich in Umfang und Differenziertheit.

Auch in der Persönlichkeitspsychologie hat man sehr lange versucht, die zentralen Persönlichkeitsdimensionen zu analysieren. Der empirische Ansatz war dabei sehr interessant: Allport und Odbert (1936) gingen in den dreißiger Jahren des letzten Jahrhunderts davon aus, dass in der Sprache eigentlich alle menschlichen Verhaltensweisen aufgeschlüsselt sein müssten. Ihr erster Schritt bestand darin, aus einschlägigen Wörterbüchern alle Eigenschaftswörter zu entnehmen - insgesamt fanden sie 17 953 Adjektive - und diese schrittweise auf die zentralen Dimensionen zu reduzieren. Mit dieser „Rasterfahndung per Wörterbuch" entwickelten sie und andere Persönlichkeitsforscher entsprechende Fragebögen, mit denen sich die Versuchspersonen einstuften oder von anderen eingestuft wurden. Sie verarbeiteten dann die Daten mit komplexen statistischen Methoden (Faktorenanalyse) und erhielten eine mehr oder weniger große Anzahl von grundlegenden Persönlichkeitsdimensionen, die voneinander relativ unabhängig waren. Mit ihnen ist es möglich, die Vielfalt menschlicher Verhaltensweisen so ökonomisch und umfangreich wie möglich zu beschreiben. Die Ergebnisse dieser Forschungsprojekte sind allerdings nicht deckungsgleich: z.B. leitete Eysenck (1973) drei unabhängige Faktoren aus seinem Fragebogen ab, Cattell (1973) kam auf 16 und Fahrenberg, Hampel und Selg (2001) analysierten beim Freiburger-Persönlichkeits-Inventar (FPI) 10 verschiedene Dimensionen.

Übergreifende Forschungsansätze und statistische Analysen in Amerika (Costa und McCrae 1985, 1989, 1992), aber auch in Holland und Deutschland haben zu einem Persönlichkeitsfragebogen geführt, der fünf zentrale Dimensionen erfasst („Big Five"). Jeder dieser fünf Faktoren besteht aus sechs weiteren „Facetten" (Paulus 1999, Saum-Aldehoff 2003).

Die einzelnen Faktoren dieses „Big-Five"-Modells (und ihre Facetten) sind:

- **Extraversion – Introversion** (Herzlichkeit, Geselligkeit, Durchsetzungsfähigkeit, Aktivität, Erlebnissuche, Frohsinn).

- **Gewissenhaftigkeit** (Ordnungsliebe, Kompetenz, Pflichtbewusstsein, Leistungsstreben, Selbstdisziplin, Besonnenheit).

- **Verträglichkeit** (Vertrauen, Freimütigkeit, Altruismus, Entgegenkommen, Bescheidenheit, Gutherzigkeit).

- **Emotionale Stabilität - Neurotizismus** (Ängstlichkeit, Reizbarkeit, Depression, Befangenheit, Impulsivität, Verletzlichkeit).

- **Offenheit für Erfahrungen** (Phantasie, Ästhetik, Gefühle, Handlungen, Ideen, Werte und Normen).

Die „Großen Fünf" wurden in vielen internationalen Studien analysiert und bilden ein gutes Klassifikationssystem menschlicher Verhaltensweisen. Entwicklungspsychologische Forschungen zeigen, dass die „Big Five" sich schon im Kindes- und Jugendalter ausbilden, ab dem 30. Lebensjahr weitgehend konstant bleiben und sich in unterschiedlichen sprachlichen Kulturen nachweisen lassen (Saum-Aldehoff 2003).

Die „Großen Fünf" sind weitgehend anerkannte Beschreibungsdimensionen der menschlichen Persönlichkeit, haben aber keine erklärende Funktion. Sie sind sicher genetisch mitbedingt und haben sich in der andauernden Auseinandersetzung mit den Herausforderungen der Umwelt entwickelt.

Die Verhaltendimensionen, die wir in den einzelnen Übungen bearbeiten, lassen sich relativ gut in die „Big Five" integrieren. Es besteht aber nach wie vor der Unterschied zwischen psychologischen Forschungsergebnissen und betrieblicher Anwendungspraxis, in der selbstentwickelte Beurteilungskriterien in intensiver Kleinarbeit firmenintern entwickelt wurden und werden.

2.5. Förderung kreativer Fähigkeiten

Kreativität ist eine Fähigkeit, die sich jeder von uns wünscht; die meisten haben aber das Gefühl, dass leider nur begnadete Künstler und einige Wissenschaftler diese göttliche Gabe, ein Genie zu sein, besitzen. Kreativität ist aber eine Fähigkeit, die in jedem von uns vorhanden ist, auch wenn ihre Ausprägung individuell variiert. Wir vermissen sie meist dann, wenn Probleme oder schwierige Aufgaben anstehen. Aus diesem Grunde möchte ich das Thema im Zusammenhang mit der Selbstkompetenz behandeln. Wie beim vorangegangenen Kapitel gibt es deutliche Berührungspunkte mit den sozialen Kompetenzen, da die beschriebenen Methoden meistens in Gruppen durchgeführt werden, wo das Potenzial optimal ausgeschöpft werden kann.

Kreativität lässt sich schwer definieren; die kreativen Einfälle von Michelangelo, Picasso, Edison, Hundertwasser, Einstein, Freud oder Loriot können kaum auf einen gemeinsamen Nenner gebracht werden. Folgen wir Preiser (2000, 2003), dann müssen wir die Ideen nach Originalität und Neuheit situationsspezifisch bewerten, d. h. die Übertragung bestehender Ideen auf neue Situationen sind kreativ, wenn sie von den betroffenen Personen als sinnvoll erkannt werden. Werden diese Ideen nicht als sinnvoll akzeptiert, dann werden sie abgelehnt, möglicherweise, weil die Zeit für sie noch nicht reif ist. Neuartigkeit, Sinnhaftigkeit und Akzeptanz sind demnach die zentralen Definitionskriterien.

Die meisten Leser erinnern sich wahrscheinlich an den berühmten Chemiker Kekulé (1829-1896), der die Struktur des Benzolmoleküls entdeckte. Diese Geschichte ist ein Paradebeispiel für intuitives, kreatives Denken. Er hatte sich lange und intensiv mit dem Problem, wie die Kohle- und Wasserstoffatome beim Benzolmolekül zusammenhängen, befasst und keine Lösung gefunden. In der Nacht vor seiner Entdeckung saß er angeblich in einem bequemen Sessel und betrachtete im Halbschlaf das Funkenspiel im Kaminfeuer. Plötzlich - so berichtete er - sah er die Atome vor seinen Augen als Funken tanzen und dazu eine Schlange, die sich in den Schwanz biss, also einen Ring bildete, in dem sich die Atome einordneten. Die langgesuchte Lösung, der Benzolring, war gefunden und mit ihm die Geburtsstunde der organischen Chemie.

Die wissenschaftliche Diskussion um das Thema Kreativität erhielt einen wesentlichen Impuls durch den amerikanischen Intelligenzforscher Guilford, der 1950 vor der American Psychological Association über die Struktur der Intelligenz einen Vortrag hielt, bei dem er die Bedeutung des Faktors „divergentes Denken" für das kreative Verhalten betonte. Da Amerika damals unter dem „Sputnik-Schock" stand (Häcker & Stapf 1998, S. 467), d.h. der Tatsache, dass Russland in der Eroberung des Weltraums in Führung gegangen war, wurde die Erforschung und Förderung der Kreativität engagiert unterstützt. Osborn gründete 1954 die „Creative Education Foundation", die seit 1967 eine eigene Fachzeitschrift (The Journal of Creative Behavior) herausgibt und über aktuelle Forschungsergebnisse berichtet.

Die zentralen Ergebnisse zeigen, dass Kreativität eine individuelle, komplexe Persönlichkeitseigenschaft ist, die jeder Mensch im unterschiedlichen Ausmaß besitzt und die durch entsprechende Techniken gefördert und ausgebaut werden kann.

Kreatives Verhalten benötigen wir im Alltag, sobald es darum geht Probleme zu lösen, die mit unseren bisherigen gewohnten Verhaltensweisen nicht zufriedenstellend bewältigt werden können. Wir müssen dazu unsere alltäglichen Denkstrukturen verlassen, benötigen einen gewissen Freiraum und Distanz zum Problem, damit sich die Lösungen mehr oder weniger automatisch-unbewusst einstellen können. Die kreativen Leistungen kommen dabei durch Umstrukturierung vorhandenen Wissens zustande. Wir müssen deshalb als Erstes die vorhandenen Denkstrukturen (Wahrnehmungsstrukturen, Urteile, Gewohnheiten, Vorurteile) aufheben bzw. zerstören, damit neue Verknüpfungen möglich werden.

Beim Thema Wahrnehmung haben wir gesehen, wie schwer es ist, von einer vorgegebenen Gestalt zu einer anderen zu kommen. Sie erinnern sich sicher an Abbildung 7 (drei Pfeile, bzw. alte - junge Frau). Auch unser Denken verläuft in festen Gestalten, Strukturen oder gewohnten Bahnen. Dies hemmt kreative Umstrukturierungen der bestehenden Wahrnehmungs- und Denkstrukturen sehr, wie durch die Aufgaben zu Abbildung 10 demonstriert werden soll.

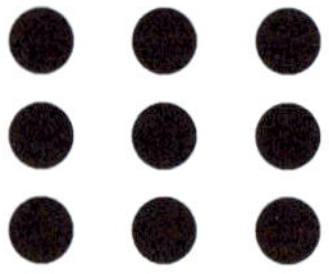

Abb. 10: Das „9-Punkte-Problem"

Das „9-Punkte-Problem" gibt es mit einer Standardaufgabe, deren Lösung relativ schwer ist; leider ist sie aber schon häufig veröffentlicht worden und deshalb in „kreativitätsinteressierten Kreisen" bekannt. Die Standardaufgabe lautet: Verbinden Sie die neun Punkte ohne abzusetzen mit vier geraden Linien. Wenn Sie die Lösung kennen - wenn nicht, dann beißen Sie sich erst einmal daran die Zähne aus - dann versuchen Sie die Aufgabe mit drei und wenn Ihnen dies gelungen ist mit einer Geraden. Bitte beobachten Sie bei den Lösungsversuchen, wie Sie bemüht sind, bestehende Wahrnehmungsmuster durch andere zu ersetzen. Erst wenn Sie die bestehenden Wahrnehmungen / Gedankengänge / Strukturen verlassen und mit neuen kombinieren, kommen Sie zur Lösung, die Sie im Anhang auf Seite 222 finden.

2.5.1. Der kreative Prozess

Wenn wir die Schilderungen von einfallsreichen Wissenschaftlern oder Künstlern vergleichen, dann fällt auf, dass ihre kreativen Ergebnisse und Produkte in einem zeitaufwändigen, zähen Prozess entstanden sind, der in folgende Phasen eingeteilt werden kann:

Vorbereitung: In dieser Phase wird das Problem erkannt, analysiert und möglichst exakt formuliert, damit alle Bearbeiter die Problemsituation klar erkennen. Es werden ausführliche Informationen eingeholt und auch Teillösungen erarbeitet. Es dominiert in dieser Phase das **„konvergente Denken"**. Man versucht, das Problem auf den Punkt zu bringen und mit herkömmlichen Denkschemata zu lösen, was aber nicht gelingt; Frustrationsgefühle entstehen.

Inkubation: In der Medizin versteht man darunter den Zeitraum zwischen Ansteckung und Ausbruch der Krankheit. Übertragen auf den kreativen Prozess versteht man hier die Zeit zwischen dem Auftreten des Problembewusstseins und der -lösung. Dabei entfernt man sich von dem Problem, verneint es und verschiebt es ins Unterbewusste. Man wendet sich vom Problem ab, beschäftigt sich mit etwas anderem, entspannt sich in der Natur und überlässt die Problembearbeitung dem Unterbewusstsein. Es erfolgt der Ausbruch aus den gewohnten Denkmustern, der neue Verbindungen ermöglicht. Alle möglichen Einfälle sind gefordert (**„divergentes Denken"**).

„Erleuchtung"/Synthese: Unerwartet steht eine Lösungsidee, eine intuitive Einsicht im Raum; dies können vage Vorstellungen oder

Bilder möglicher Lösungen sein, die sich meist außerhalb des Arbeitsplatzes bilden und festgehalten werden müssen, damit sie nicht wieder verschwinden.

Ausarbeitung und Bewertung: Die Lösungsmöglichkeiten sind meist noch unklar und müssen weiter ausgearbeitet und auf ihre Entwicklungsfähigkeit, Realisierbarkeit und Konsequenzen hin untersucht werden, wobei hier wieder das **konvergente Denken** zum Tragen kommt.

Die geschilderten Phasen des kreativen Prozesses werden bei den verschiedenen Kreativitätstechniken systematisch durchgeführt, allerdings in unterschiedlicher Intensität. Einige dieser Möglichkeiten möchte ich im Folgenden vorstellen und an Übungsbeispielen demonstrieren. Wenn Sie Lust auf weitere Techniken haben, dann finden Sie eine große Anzahl von Veröffentlichungen zu diesem Thema z.B. bei Schlicksupp (1993), Malorny (1997), Wack, Dettlinger & Grothoff (1993) und Preiser (2000).

Natürlich wird der geschilderte Kreativitätsprozess von individuellen Persönlichkeitseigenschaften und hemmenden, bzw. fördernden Umweltfaktoren beeinflusst.

Grundregeln für Kreativitätstechniken:

Um das Kreativitätspotential in der Einzel- oder Gruppenarbeit ausschöpfen zu können, ist es sinnvoll, sich an die folgenden Regeln zu halten:

- Alle Einfälle sind erlaubt; je phantasievoller eine Idee, desto anregender ist sie.

- Jeder soll sich von den Ideen der anderen anregen lassen.

- Das Ergebnis ist eine Gruppenleistung (Copyright hat die Gruppe!).

- Quantität geht vor Qualität.

- Diskussion und Kritik ist bei der Ideensuche grundsätzlich verboten!

Die Regeln sollten vom Moderator vorgestellt und während der Sitzung für alle visualisiert werden.

2.5.2. Methoden kreativer Problemlösungen

Im Folgenden werden wir uns mit den „Klassikern" Brainstorming und Osborn-Checkliste sowie einigen differenzierteren Verfahren (Mindmap, morphologischer Kasten, Synektik) beschäftigen.

2.5.2.1. Zwei Klassiker zum Einstieg: Osborn's Brainstorming und seine „Checkliste":

Osborn (1965) - ursprünglich Werbefachmann und dadurch der Kreativität verpflichtet - beobachtete, dass bei den meisten Sitzungen die bestehenden Ideen durch Kommunikationsstörungen (negatives, hierarchisches Denken, „Killerphrasen, Killerfaces") zerstört werden. Er entwickelte deshalb die erwähnten Grundregeln, mit denen die Ideen in einer möglichst entspannten, lockeren Atmosphäre stürmisch produziert werden können. Das Brainstorming ist sicher die am weitesten verbreitete Methode und eignet sich vor allem bei „Suchproblemen".

Durchführung einer Brainstorming-Sitzung:
Die Teilnehmer haben bei der Einladung das (vorläufige) Problem/Thema erfahren und sollen sich individuell darauf einstellen. Günstig ist es, wenn die Gruppe hierarchisch homogen, fachlich aber heterogen zusammengesetzt ist. Zu Beginn der Sitzung erläutert der Moderator die Grundregeln und stellt das Problem nochmals möglichst visualisiert vor; das Problem wird anschließend von den Teilnehmern hinterfragt und möglicherweise neu formuliert, so dass alle von der gleichen Problemstellung ausgehen.

In der folgenden Brainstorming-Phase werden die Teilnehmer gebeten, ihre Ideen spontan zu äußern und die vorhandenen Ideen phantasievoll weiter zu entwickeln („das bringt mich auf die Idee, dass ..."). Alle Ideen werden visualisiert (Overheadfolie, Metaplankarten oder Flipchart), so dass sie während der gesamten Sitzung vorliegen und zum „weiterspinnen" anregen. Wenn der Ideensturm abflaut, sollte der Moderator die Teilnehmer bitten, die Ideen nochmals durchzugehen, um mögliche Kombinationen oder neue Ideen zu finden („Nachgeburt").

Bewertung der Ideen: Nach dieser Ideenfindungsphase (divergentes Denken) müssen die Ideen bewertet werden (konvergentes Denken). Dabei werden sie meistens in drei Klassen eingeteilt: „heiße

Ideen" (sofort umsetzbar), „warme Ideen" (gut, aber nicht sofort umsetzbar) und „kalte Ideen" (noch nicht realisierbare Ideen, die aber später wichtig werden könnten). Die Bewertung kann aber auch nach festgelegten Kriterien (z.B. Effektivität, Kosten, Zeit, ...) durchgeführt werden.

Die Teilnehmeranzahl sollte zwischen fünf und 12 Personen liegen; bei mehreren Teilnehmern sollten Kleingruppen gebildet werden, die ihre Ergebnisse anschließend im Plenum präsentieren, wobei sich dann eine weitere gemeinsame Phase anschließen sollte.

Varianten des Brainstormings:

- **Brainwriting (Methode 6-3-5):** Die sechs Teilnehmer bearbeiten allein nach den vorgegebenen Regeln das Thema schriftlich. Zuerst erfolgt auch hier die Problemklärung; dann erhält jeder Teilnehmer ein Formular mit drei Spalten und der Anzahl an Zeilen, die der Gruppengröße entspricht. Jeder Teilnehmer schreibt in die oberste Zeile seine drei Lösungsideen und gibt sein Blatt dann weiter an den nächsten Teilnehmer. Dann bearbeitet er das Blatt, das er von einem anderen Teilnehmer erhalten hat, lässt sich von diesen Ideen anregen und ergänzt sie möglichst phantasievoll durch weitere drei Ideen, u.s.w. Bei einer Gruppe von sechs Teilnehmern erhält man auf diese Art 108 Ideen (18 Ideen pro Blatt).

- **Destruktiv-konstruktives Brainstorming:** Die Teilnehmer versuchen hier zuerst alle Vorbehalte, Kritikpunkte und Unzufriedenheiten mit dem Problem und den bisherigen Lösungsversuchen loszuwerden. Man distanziert sich zuerst von dem Problem und klärt, was eine Lösung verhindert. Neue Lösungswege werden dann gesucht, indem man für die bisherigen Fehler Verbesserungsmöglichkeiten vorschlägt, die dann auf ihre Realisierungsmöglichkeiten hin bewertet werden.

- **Imaginäres Brainstorming:** Hier werden nach der gemeinsamen Problemdefinition zuerst Spontanideen gesammelt. Anschließend überlegen die Teilnehmer, durch welche Einflussfaktoren das Problem wesentlich bestimmt wird. Ist das z.B. geringe Geldmittel / schwierige Finanzierung, dann wird dieser Faktor in das Gegenteil umformuliert und ein entsprechendes Brainstorming durchgeführt. Alle Ideen dazu werden wieder visualisiert. Die gesammelten Vorschläge werden auf die ursprüngliche Fragestellung übertragen und mögliche neue Lösungsmöglichkeiten werden diskutiert und anschließend bewertet.

Osborn-Checkliste:

Osborn versucht mit seiner „**Checkliste**" das anstehende Problem „rückwärts zu lösen". Er untersuchte Problemlösungen und stellte fest, dass bessere Lösungen möglich sind, wenn die Problemsituation detaillierter analysiert und umstrukturiert/umformuliert wird. Um dies zu erreichen, hat er eine Problem-Checkliste entwickelt, mit der ein laufender Perspektivenwechsel, eine Neuformulierung des Problems und durch deren systematische Beantwortung eine kreative Ideenfindung ermöglicht wird.

Diese Methode eignet sich gut, um Möglichkeiten der Weiterentwicklung bereits bestehender Ideen, Produkte oder Verfahren zu entdecken („kontinuierlicher Verbesserungsprozess" KVP).

Die Arbeit mit der Checkliste und die entsprechenden Fragen bei einer konkreten Problembearbeitung sollen im Folgenden am Beispiel „Gestaltung eines Bildungsprogrammes" (nach Wack, Dettlinger und Grothhoff, 1993) demonstriert werden.:

Zuerst findet auch hier eine **Problemklärung** statt: Diese führt zur Präzisierung der Fragestellung: Wie kann erreicht werden, dass die geplante Veröffentlichung gerne in die Hand genommen und mit ihr gearbeitet wird? Ausgangspunkt war ein Weiterbildungsprogrammheft im DIN A4-Format.

Arbeit mit der Checkliste: Zu den einzelnen Reizfragen wird frei nach den vorgegebenen Regeln assoziiert (machen Sie mit und ergänzen Sie die Assoziationen):

(1) Was ist ähnlich, welche Parallelen kann man ziehen? Bildungsprogramme anderer Träger, Volkshochschulprogramme, Ringmappen, Schulhefte, Fotoalbum, Illustrierte, Speisekarte, Vorlesungsverzeichnis, ...

(2) Wie kann man es anders verwenden, wie nach Modifikation gebrauchen? Konfettiproduktion, Papierschwalben, Altpapier, Abdeckmaterial, Zeitung für's Klo, Packpapier, Brennmaterial, Fernrohr, Mückenpatsche, ...

(3) Wie kann man es anpassen, modifizieren? Briefe, Rauchzeichen, Telefon, Vorlesen, schwarzes Brett, üblichem Buchformat anpassen, 99 Thesen an die Kirchentür, ...

(4) Wie kann man es verändern? Rundes Ringbuch, Bildschirmtext, email, Video, Herzform, mit Musik beim Öffnen, parfümieren, Neonfarben, Loch zum Durchblick in der Mitte, ...

(5) Wie oder was kann vergrößert werden? Format verdreifachen, Wandzeitung, Wellpappeneinband, auch mit Blindenschrift, ...

(6) Was und wie kann man es verkleinern, was weglassen? Klein drucken und Lupe mitgeben, Mikrofilm, Dünndruckpapier, Hörkassette, CD, in Fächerform, Diskette, ...

(7) Durch was kann man es ersetzen? In Zaubertinte schreiben, Tätowierung, auf Einkaufstüte drucken, Fortsetzungsbericht in Zeitschrift, ...

(8) Wie kann man es umformen, transformieren? Text als Fragen mit Lösungsteil hinten, programmierte Unterweisung, für Querleser schreiben, mit Rätseln versehen, von rechts nach links schreiben, ...

(9) Wie kann man es ins Gegenteil verkehren? Negativschrift verwenden, Versform, negative Empfehlungen, unvollständige Buchstaben, Seiten verkleben, ...

(10) Mit was kann man es kombinieren, verbinden? Kunstreproduktionen, andere Medien wie Zeitung, Regional-TV, mit Kerze - damit ein Licht aufgeht, ...

Die Assoziationen zu den Veränderungsmöglichkeiten werden in der zweiten Phase auf ihre mögliche Verwendbarkeit hin untersucht, bzw. als weitere Ideenanreger benutzt. Dabei sollen die einzelnen Assoziationen Anregung zu einem weiteren Kurz-Brainstorming geben, also nicht nur kurz überflogen werden.

2.5.2.2. Assoziative Landkarten / Mindmapping

Diese Technik wurde von Buzon (1996) entwickelt und kann sehr vielseitig angewandt werden (Planungen, kreatives Problemlösen, Wissenserwerb: Exzerpte behaltensgerecht erstellen, usw.). Buzon wollte bei dieser assoziativen Technik die analytisch arbeitende linke mit der bildhaft-intuitiv arbeitenden rechten Hirnhälfte gemeinsam aktivieren. In der kreativen Phase arbeitet unser Gehirn schnell, sprunghaft und oft bildhaft-sprachfrei, was der Struktur von Mind-Maps entgegenkommt. Diese Methode ist vielseitig anwendbar, da sie gleichzeitig die systematisch analytische, als auch die intuitive Ideen-findung unterstützt.

Erstellen einer Mind-Map:
Als Material benötigen wir DIN-A4/besserA3- oder Flipchart-Papier (unliniert), normale und farbige Bleistifte/Filzstifte.

Wir beginnen mit dem zentralen **Thema/Problem,** das in der Mitte des Papierbogens eingetragen wird. Wenn möglich stellen wir es symbolisch oder bildhaft dar (rechte Gehirnhemisphäre soll dadurch aktiviert werden) und umkreisen das Thema. Von diesem Kreis aus-gehend zeichnen wir die **zentralen Ordnungsgedanken** als Haupt-äste nach außen (verschiedene Farben) weiter. Traditionell betrachtet sind das unsere Kapitelüberschriften. Wir beschriften diese Haupt-äste mit einem treffenden Schlüsselwort/Symbol (Großbuchstaben).

Damit ist das Grundmuster der **„assoziativen Landkarte"** gelegt – es kann noch erweitert werden – und wir können weiter assoziieren, in das Thema eindringen und die Einfälle auf weitere Gedankenver-zweigungen eintragen (Schlüsselworte/Wortanker/Symbole). Wir notieren uns die Gedanken wie sie kommen, hängen sie an die beste-henden Hauptäste an oder zeichnen einen neuen. Wichtig ist dabei nicht die richtige Zuordnung, sondern dass kein Gedanke /Einfall verloren geht.

Empfehlungen für das Erstellen einer Mind-Map:

- Schreiben Sie die Schlüsselwörter auf möglichst waagrechte Linien (Lesbarkeit!).

- Lassen Sie die Äste nach außen wachsen.

- Gehen Sie vom Allgemeinen zum Speziellen.

- Verwenden Sie Farben und Symbole / Bilder.

Üben Sie einfach darauf los: Wählen Sie sich zur ersten Übung ein einfaches Thema, z. B. einen Kurzvortrag über Ihr Hobby. Sie werden merken, dass die Ideen zu fließen beginnen, es Spaß macht und viel bringt! Sie können eigentlich nichts falsch machen, sondern nur gewinnen!

Machen Sie nach 5 bis 7 Minuten eine Pause und kehren Sie später wieder zur Mind-Map zurück; es wird Ihnen sicher einiges Neues einfallen. Sie können jederzeit die Mind-Map neu strukturieren, Teilbereiche zu neuen Themen machen, usw.

Abbildung 11 zeigt meine Mind-Map zum Thema „Selbstkompetenz", bei der allerdings die farbige Gestaltung nicht sichtbar wird.

Nachdem eine Mind-Map erstellt wurde, können Prioritäten der weiteren Be- und Verarbeitung eingetragen werden.

Aber auch hier gilt: Probieren geht über studieren. Mind-Mapping ist eine leicht erlernbare Methode, auch wenn sie für viele Menschen ungewohnt wirkt. Fertigen Sie doch einfach mal eine Mind-Map zu einem aktuellen Thema, z.B. Meine Wochenendplanung.

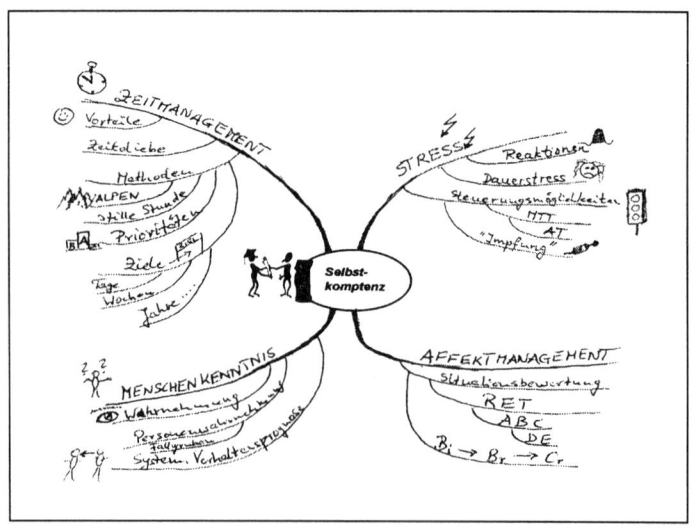

Abb. 11: Mind-Map zum Thema „Selbstkompetenz"

2.5.2.3. Morphologischer Kasten

Die Morphologie ist die Lehre von Gestalt, Form und Struktur: In unserem Zusammenhang wird bei dieser Methode ein Überblick aller möglicher Problemlösungen erstellt. Dazu wird die Problemlösung in ihre einzelnen strukturellen Einheiten (Parameter, Variablen) zerlegt. Die einzelnen Variablen müssen untereinander sachlich unabhängig sein, für alle denkbaren Lösungen zutreffen, relevant und vollständig sein, sowie in den unterschiedlichen Ausprägungsgraden im Kasten aufgenommen werden. Das Problem wird also mehrdimensional klassifiziert, damit wir es dadurch strukturell durchdringen können. Die Methode eignet sich für komplexe, abgegrenzte, technische und nichttechnische Probleme, wobei das systematische Vorgehen dem technischen Denken gut entspricht. Der morphologische Kasten sieht aus wie eine Tabelle: Die Variablen bilden die Zeilen, die Ausprägungsgrade werden in den einzelnen Spalten eingetragen.

Vorgehen:
Nachdem die Problemsituation klar definiert ist, werden die Parameter bestimmt, die bei allen Lösungen, wenn auch unterschiedlich ausgeprägt, vorkommen. Sie bilden die erste Spalte der Tabelle oder die erste Reihe an der Metaplanwand (wenn mit Kärtchen gearbeitet wird). Als nächstes müssen die möglichen Ausprägungsgrade der Variablen (Parameter) bestimmt und in die danebenstehenden Felder eingetragen werden. Dann werden die Kombinationsmöglichkeiten durchgespielt (durch Striche verbunden) und auf ihre Realisierbarkeit hin überprüft, wobei die technisch und wirtschaftlich uninteressanten Möglichkeiten ausgeschlossen werden. Abbildung 12 zeigt einen morphologischen Kasten mit drei möglichen Lösungen.

Die verbundenen Linien stellen drei der in die nähere Auswahl gezogenen Lösungsmöglichkeiten aus allen möglichen Lösungsmöglichkeiten dieser Matrix dar.

Zu beachten ist, dass auch Ausprägungen, die für sich allein nicht besonders günstig erscheinen, in der Kombination zu sehr guten Gesamtlösungen führen können.

Variable:	Ausprägungsgrad:			
Öffnungs-zeiten	7.00 bis 16.00 Uhr	7.00 – 11.00	11.00 – 14.00	14.00 – 17.00
Bedienung	Automat	Selbstbe-dienung	Bestellservi-ce	Am Tisch
Haupt-gerichte	Vegetarisch	Vollwertkost	Exotisch	Normale Mischkost
Art der Gerichte	Tellergerichte	Zusammenstel-lung		Abgepackte Fertiggerichte
Preisniveau	3 Euro	4 Euro	5 Euro	6 bis 8 Euro
Zusatz-angebote	Salate und Obst	Snacks	Nachtisch	Gebäck

Abb. 12: Morphologischer Kasten zur Organisation der Betriebs-kantine (nach Malorny 1997, S. 86)

2.5.2.4. Synektik-Sitzung

Als letztes Kreativitätswerkzeug möchte ich die von Gordon (1961) entwickelte **Synektik-Sitzung** schildern, ein Verfahren bei dem wir intensiv mit der Verfremdung bekannter Inhalte arbeiten, um eine intuitive Problemlösung zu finden. Gordon versucht dabei den meist unbewussten Phasenverlauf kreativer Prozesse zu provozieren. Der Begriff „synektik" stammt aus dem Griechischen und bedeutet „ver-knüpfen, in Verbindung bringen". Mit Hilfe von Analogien werden ungewöhnliche Elemente und Strukturen auf das Problem übertragen und weit auseinanderliegende Inhalte werden zu einer neuen Einheit verschmolzen.

Der Ablauf gliedert sich in die bekannten vier Phasen der Kreativ-werkzeuge: Problemklärung, Inkubation, Lösungsideen finden und bewerten.

Das Verfahren ist relativ zeitaufwendig (ca. 4 Stunden) und stellt gewisse Anforderungen an den Moderator. Dafür ist es häufig sehr effektiv.

Vorgehen:

Vorbereitungsphase: Zuerst wird den Teilnehmern die Problemstellung durch den Moderator/den Auftraggeber erläutert und der Ablauf der Synektik-Sitzung beschrieben (visualisiert). Die Teilnehmer stellen Verständnisfragen und informieren sich detailliert über die Problemsituation, so dass ein einheitliches Problemverständnis erzielt wird. Möglicherweise muss das Problem neu formuliert werden.

Dann äußern die Teilnehmer alle spontan einfallenden Lösungsideen (i.S. des Brainstormings), um unbelastet davon in den weiteren Verlauf einsteigen zu können.

Inkubationsphase: Zuerst werden die Teilnehmer gebeten, phantasievolle Analogien aus Lebensbereichen zu nennen, die mit dem Ausgangsproblem möglichst wenig zu tun haben. Aus den genannten und visualisierten Analogien wird von der Kreativgruppe für die weitere Bearbeitung eine ausgewählt und im Folgenden detailliert analysiert (Aussehen, Funktion, Umgebung). Die Analyseergebnisse werden visualisiert. Wichtig ist, dass hier eine völlige Distanz zum ursprünglichen Problem erzielt wird, wobei angenommen wird, dass sich das Unbewusste weiter mit dem ursprünglichen Problem beschäftigt.

Im nächsten Schritt wird von den Teilnehmern verlangt, sich möglichst intensiv mit der ausgewählten und analysierten Analogie zu identifizieren („Wie fühlen Sie sich als ...?"). Damit soll eine zeitweise Regression eingeleitet werden, die kreative Assoziationen ermöglicht. Auch diese Beschreibungen werden visualisiert und die Gruppe wählt eine Beschreibung für die weitere Arbeit aus.

Im nächsten Schritt sollen die Teilnehmer einen symbolischen Begriff für die Analogie finden, d.h. die Regression wird wieder zurückgenommen und das Hauptgefühl wird abstrakt beschrieben. Zusätzlich muss ein Adjektiv gefunden werden, das im Widerspruch zu diesem Begriff steht oder eine Überraschung enthält. Für Neulinge dieser Technik ist dies in der Regel der Punkt, an dem sie nicht mehr wissen, wie man jemals zum ursprünglichen Problem zurückkommen kann.

Als Nächstes wird aus den symbolischen Analogien eine weitere ausgewählt, mit der die Teilnehmer eine direkte Analogie bilden sollen. Auch diese werden visualisiert und eine von ihnen wird ausgewählt, um von den Teilnehmern wieder analysiert zu werden. Mit diesem Schritt ist die „synektische Reise" beendet und die Rückkoppelung zum Problem wird erforderlich.

Übertragung auf das Problem („force fit"): Die visualisierten Analogien und Beschreibungen werden jetzt darauf hin untersucht, ob Ideen oder Elemente auf das ursprüngliche Problem übertragen werden können und Lösungsansätze bieten.

Bewertung der Problemlösungen: Die Bewertung erfolgt wie bei den anderen Methoden: Entweder wählt die Gruppe einige Ideen zur weiteren Bearbeitung aus, stuft die bevorzugten Lösungsideen nach einem Bewertungsraster ein oder überlässt Experten die Entscheidung.

Die Synektik-Sitzung ist relativ komplex und stellt gewisse Ansprüche bei der individuellen oder gruppenzentrierten Durchführung (hier ist der Moderator gefordert). Durch einen mehrfachen Verfremdungsprozess können gezielt völlig neue Lösungsmöglichkeiten entdeckt werden.

Ich möchte die „Synektik-Reise" an einem Beispiel (in Anlehnung an Batelle 1993) verdeutlichen, bei dem Sie natürlich aufgefordert sind mitzumachen (anregen lassen, eigene Analogien bilden, ...):

Vorbereitungsphase:
Problemanalyse: Es soll eine kindersichere Verpackung für alle Arzneimittelarten (Pillen, Pulver, Flüssigkeiten) gefunden werden, die nicht oder nur unwesentlich teurer als bisherige Verpackungen ist. Die Gruppe engt die Problemstellung anschließend ein, indem sie sich auf mechanische Sicherungen konzentriert. Ansonsten wird die ursprüngliche Problemstellung beibehalten. Die ersten Spontanideen: „Intelligenzen" als Sicherheitsfaktoren einbauen, Verpackungen, die nur mit bestimmten Werkzeugen (Münze) zu öffnen sind, unauffällige, für Kinder „reizlose" Verpackung .

Inkubationsphase:
Direkte Analogie zum Problem: „Wie schützt sich die Natur (der Analogiebereich wird vom Moderator vorgeschlagen) vor unerwünschten Zugriffen?" Dazu kamen folgende Analogien: Muscheln schließen ihre Schalen / Maulwurf gräbt sich ein / Kastanien haben eine Stachelschale / Stinktier wehrt sich durch unangenehmen Geruch / Küken schlüpfen unter die Glucke / Rosen wehren sich mit Stacheln / ....
Die Gruppe wählt die Analogie mit der Kastanie aus. Bei der Analyse werden Eigenschaften gesammelt, wie: stachelig / grün / tut weh / Inhalt braun / hilft gegen Rheuma / anfangs weich – später hart / platzt auf wenn reif / fällt im Herbst ab / ...

Bei der Identifikation mit der Kastanie fühlen sich die Teilnehmer: bin stolz auf meine Stacheln / habe Angst beim Fall aufzuplatzen / möchte einem Mann auf die Glatze fallen / fürchte zu ersticken / .... Die Teilnehmer wählen „möchte einem Mann auf die Glatze fallen" für die symbolische Analogie aus. Die assoziierten Begriffskombinationen: halsbrecherische Freude / spannende Gelassenheit / harmonische Gefährdung / morbide Lebenslust / masochistische Erwartung / ....

Die Gruppe wählt „morbide Lebenslust" für die folgende direkte Analogie aus (auf welche technischen Geräte, Verfahren usw. könnte dieser Ausdruck passen?) ; dabei werden genannt: alte Dampflok / Rennwagen / Nitroglyzerinbehälter / Achterbahn / Fallschirm / Wetterhahn / ...

Bei der Analyse der Analogiebegriffe werden z.B. bei der alten Dampflok folgende Merkmale und Funktionsprinzipien genannt: fährt langsam / auf schwere Lasten abgestimmt / hat viele Bedienungshebel / Pleuelstangen bewegen sich hin und her / verwirrendes System von Leitungen / bremst durch Blockierungen / Kohlefeuerung / stinkt nach Ruß / fährt nach Fahrplan / ...

Übertragung auf das Problem:
„Fährt langsam" ergibt: Drehverschluss, der sich erst bei bestimmter Geschwindigkeit öffnen lässt.

„Auf schwere Lasten abgestimmt" ergibt: Verschluss, der gegen einen Widerstand niedergedrückt werden muss, bevor das Gewinde greift.

„Hat viele Bedienungshebel" ergibt: Packung mit mehreren Tastknöpfen , von denen eine bestimmte Anzahl gedrückt werden muss, damit sie geöffnet werden kann. ...

In dieser Weise werden alle Merkmale auf das Anfangsproblem übertragen.

Wir werden auf die beschriebenen Methoden zur Ideensammlung und kreativen Problemlösung im Zusammenhang mit dem Thema „Moderation von Gruppen" zurückgreifen. Da sie sowohl für die individuelle Ideenfindung (Selbstkompetenz) als auch für die Problemlösung in Gruppen geeignet sind, können wir nun nahtlos zum Thema Sozialkompetenz übergehen.

3. Sozialkompetenz

Im ersten Kapitel haben wir Sozialkompetenz als erfolgreiches Verhalten in sozialen Situationen definiert und dabei betont, dass der „Erfolg" durch die Wertesysteme der Beteiligten bestimmt wird. Wir haben in diesem Zusammenhang die Grundaussagen der Humanistischen Psychologie als ein mögliches Wertebezugssystem vorgestellt und werden uns auch in den folgenden Kapiteln daran orientieren.

Um in sozialen Situationen erfolgreich handeln zu können, müssen wir zuerst die ablaufenden sozialen Interaktionsprozesse – sie sind die Grundlage des sozialen Verhaltens – analysieren und überlegen, wie sie optimal gestaltet werden können. Wir werden in den folgenden Abschnitten die Interaktions- und Kommunikationsprozesse in ihre elementaren Funktionsbereiche „zerlegen", dabei die wesentlichen Fallgruben, die zu Kommunikationsstörungen führen, herausarbeiten und Regeln entwickeln, wie wir die verschiedenen Gesprächssituationen möglichst erfolgreich planen und durchführen können.

Wenn Sie die vorgeschlagenen Übungen allein, besser noch mit anderen durchführen, dann werden Sie auch hier am meisten profitieren und die Inhalte am ehesten in ihr privates (hervorragendes Übungsfeld) oder berufliches Verhalten übertragen können.

3.1. Kommunikation und Interaktion – Theoretische Aspekte

Bevor wir uns mit konkreten Interaktionsprozessen beschäftigen, möchte ich als grobes Raster einige theoretische Aspekte der Kommunikationspsychologie darstellen.

Als erster Psychologe hat sich Bühler (1934) intensiv mit dem menschlichen Sprachverhalten auseinandergesetzt. Für ihn besteht Sprache aus den verschiedensten wahrnehmbaren Informationen, die unter drei Aspekten zu verstehen sind: Ihre Ausdrucks- oder Symptomfunktion besteht darin, dass sie über eine Befindlichkeit des Senders informieren; sie beeinflussen daneben den Empfänger (Appell- oder Signalfunktion) und informieren über Sachverhalte und Gegenstände (Darstellung- oder Symbolfunktion). Bühler hat damit schon wesentliche Akzente herausgearbeitet, die von der „Palo-Alto-Schule" und Schulz von Thun ausgearbeitet und vertieft wurden.

3.1.1. Befunde der „Palo-Alto-Schule

Mit der Kommunikationstheorie eng verbunden ist eine Arbeitsgruppe, die sich unter Leitung von Bateson in Palo Alto/Californien ausführlich mit sozialen Interaktionen beschäftigte und deren Grundregeln analysierte. Watzlawick (1969) hat die Ergebnisse der „Palo-Alto-Schule" in vielen Veröffentlichungen bekannt gemacht und auch die theoretischen Grundlagen für die „Systemische Therapie" geschaffen.

Ein zentrales und dem normalen Denken widerstrebendes Ergebnis dieser Forschungsgruppe war, dass Kommunikationsabläufe kreisförmig und nicht linear verlaufen; es handelt sich um Rückkoppelungssysteme. Bei den linearen Kausalketten, die unserem logischen Denken entsprechen, können wir immer sinnvoll von einem Anfang und Ende der Reiz-Reaktionskette (Ursache → Wirkung) ausgehen. Bei Rückkoppelungssystemen, wie der menschlichen Kommunikation, ist dies bedeutungslos, d.h. die Frage nach Ursache – Wirkung, Vergangenheit – Gegenwart, unbewusst – bewusst ist von nachrangiger Bedeutung. Jede Kommunikation / Verhaltensweise kann nur in ihren zwischenmenschlichen Beziehungen gesehen und verstanden werden. So erscheinen Symptome bei ihrer isolierten, kausalen Betrachtung als unverständlich und verrückt, im zwischenmenschlichen Beziehungssystem erweisen sie sich hingegen als angemessene, manchmal sogar optimal angepasste Verhaltensweisen. Die zentrale Grundannahme der menschlichen Kommunikation lautet demnach: Kommunikationsprozesse verlaufen als Kreisprozesse und nach bestimmten Regeln („Axiome"). Systemstörungen sind Verletzungen der allgemeinen Systemregeln („pragmatische Axiome") und führen bei chronischem Verlauf zu krankhaften Kommunikationsformen.

Bei einem sportlichen Wettkampf, einem Schachspiel oder einer anderen Veranstaltung kann man durch systematische, unvoreingenommene Analyse die grundlegenden Regeln erschließen. In gleicher Weise versuchte die „Palo-Alto-Schule" das Regelwerk der menschlichen Kommunikation zu analysieren und ermittelte fünf Grundregeln („Axiome"), die zwar nichts erklären, aber den Rahmen umschreiben, innerhalb dessen die normalen, angepassten Interaktionen ablaufen. Verstöße gegen diese Regeln werden als Störungen, d.h. abweichendes Verhalten definiert und bei häufigem Auftreten geahndet („rote Karte", Spielausschluss, psychische Störung/Symptom).

Die fünf Grundregeln der menschlichen Kommunikation werden von Watzlawick, Beavin und Jackson (1969) ausführlich beschrieben und lauten:

(1) Man kann nicht nicht kommunizieren: Die doppelte Verneinung ist kein Schreibfehler sondern besagt, dass es für das Verhalten kein Gegenteil gibt. Alles was wir tun ist Kommunikation, d.h. Verhalten. Auch wenn wir die Augen schließen, uns von einem Menschen abwenden, schweigen oder den Raum verlassen, drücken wir mit diesem Verhalten etwas aus, d.h. wir kommunizieren.
Chronische Verstöße gegen diese Regel führen zu einem Verhalten, das als autistisch oder schizophren bezeichnet werden kann.

(2) Jede Kommunikation hat einen Inhalts- und einen Beziehungsaspekt: In jeder Mitteilung wird etwas über einen Sachverhalt/Inhalt ausgesagt (das „Was" einer Nachricht); gleichzeitig wird aber immer auch ein mehr oder weniger deutlicher Hinweis geliefert, wie die Aussage zu verstehen ist und wie der Sender seine Beziehung zum Gesprächspartner definiert (das „Wie" der Nachricht). Auf der Beziehungsebene definieren die Kommunikationspartner ihre eigene Rolle und wie sie die Beziehung zum Anderen sehen („so sehe ich Dich und unsere Beziehung"). Die Beziehungsdefinition kann dabei vom Partner akzeptiert („stimmt so"), toleriert („stimmt nicht ganz, aber passt schon"), zurückgewiesen („stimmt nicht", „so geht's nicht mit mir") oder ignoriert („kein Kommentar", „Du bist für mich Luft") werden.
Im Idealfall besteht zwischen den beiden Ebenen Harmonie, d.h. die Aussagen auf der Inhaltsebene stimmen mit denen der Beziehungsebene überein. Chronische Regelverstöße führen zu Kommunikationsstörungen und Beziehungsproblemen, z.B. wenn Probleme der Beziehungsebene auf der Inhaltsebene ausgetragen werden. Dann „geht es um's Prinzip" und man streitet sich engagiert um Nebensächlichkeiten. Besonders schwierig wird es, wenn Wahrnehmungen auf der Inhaltsebene geleugnet werden müssen, damit eine existenziell wichtige Beziehung bestehen bleiben kann. Diese „Doppelbindungen" werden wir im Zusammenhang mit der paradoxen Kommunikation nochmals betrachten.

(3) Die Interpunktion von Ereignisfolgen: Alle Verhaltensweisen werden nach Ursache und Wirkung geordnet. Unser Streben nach Ordnung und Realitätskontrolle führt dazu, dass wir alle Vorgänge in Ursache-Wirkungszusammenhängen sehen. „Die Natur einer Beziehung ist durch die Interpunktion der Kommunikationsabläufe seitens der Partner bedingt" (Watzlawick, Beavin und Jackson 1969, S. 61); wenn die Kommunikationspartner die gleiche Sicht- bzw. Erklärungsweise für das Verhalten haben, dann besteht Harmonie und Übereinstimmung. Bei einem Streit über die Ursachen werden die unterschiedlichen Sichtweisen und subjektive Realitätsauffassungen deutlich. Wir erstellen dann durch entsprechende Fremd- und Selbstattributionen ein für uns passendes Bild der Realität. Kann man sich über die Ursache nicht einigen, dann entsteht eine Eskalation des Streites, die (fast) bis in die nebulose Vergangenheit zurückführt. Die widersprüchlichen Interpunktionen führen zu gegenseitigen Vorwürfen und „Verrücktheitserklärungen".

Aktuelle Beispiele wären: Ein Ehepaar streitet sich: Sie nörgelt an ihm herum, weil er immer abends ausgeht; er geht abends aus, weil sie immer nörgelt - Der Lehrer in der Schulklasse beschimpft die Schüler, dass sie faul und unaufmerksam sind; die Schüler antworten, dass sie bei der dauernden Meckerei keine Lust haben, beim Unterricht mitzumachen - Politische Konflikte, wie die zwischen Israel und Palästina zeigen diese Störung in dramatischer Weise.

Die einzige Chance, diese verworrene Situation zu bewältigen, besteht darin, dass man versucht, nicht mehr über die Ursachen zu streiten, sondern dass man sich über die Art und Weise, wie man sich zueinander verhält, reflektiert („Metakommunikation"), d.h. eine Beziehungsklärung durchführt.

Die „Sich-selbst-erfüllende-Prophezeiung" kann als besonderes Phänomen der Interpunktion aufgefasst werden: Wenn jemand überzeugt ist, dass niemand ihn schätzt und sympathisch findet, dann wird er sich abweisend und misstrauisch gegenüber anderen Menschen verhalten, worauf seine Umwelt höchstwahrscheinlich unfreundlich, ablehnend und distanziert reagieren wird und ihm damit beweist, dass seine Überzeugung richtig war. Wer hingegen von den positiven Eigenschaften seiner Mitmenschen überzeugt ist, wird optimistisch, freundlich und lächelnd auf sie zugehen und vorwiegend aufgeschlossene, freundliche Mitmenschen vorfinden (siehe auch McGregors Theorie X/Y).

(4) Digitale und analoge Kommunikation oder die Zweisprachigkeit des Menschen. Wir können Gedanken, Gegenstände oder Sachverhalte entweder durch eindeutige, „digitale" Formulierungen („entweder – oder", „wenn – dann" usw.) oder durch „analoge", bildhafte und mehrdeutige Kommunikationsinhalte beschreiben. Unsere verbale, sprachliche Kommunikation ist relativ eindeutig und präzise, so dass wir mit ihr gut die Sachverhalte auf der Inhaltsebene

schildern können. Unsere nonverbale Kommunikation (Körpersprache: Mimik, Gesten, Gebärden, Lautstärke, Stimmlage oder Bilder,
Zeichnungen und Symbole) ist mehrdeutig und dient vorwiegend der
Vermittlung von Beziehungsqualitäten und emotionalen Gestimmt-
heiten. So können wir uns in einem Land, dessen Sprache wir nicht
kennen, nur analog mit Hilfe von Gesten, Zeichnungen u.ä. verständlich machen. Die analoge Kommunikation scheint auch stammesge-
schichtlich älter zu sein als unsere „digitale" Sprache. Der Mensch
unterscheidet sich durch seine „Zweisprachigkeit" deutlich von den
anderen Lebewesen. Allerdings gewinnt die analoge Kommunikation
an Bedeutung, sobald die Vorgänge auf der Beziehungsebene dominieren: Die digitalen Inhalte werden dann verzerrt und verlieren an
Aussagekraft.
Diese Zweisprachigkeit bereitet aber Schwierigkeiten, weil wir laufend von der einen in die andere Sprache übersetzen und die Aussagen vergleichen müssen. Stimmen sie überein, dann besteht wieder
Klarheit und Harmonie. Stimmen sie nicht überein, und dies ist bei
der mehrdeutigen analogen Kommunikation leicht möglich, dann
entstehen Regelverstöße, die zu Verhaltensauffälligkeiten führen. So
kann ein Geschenk beispielsweise als Hinweis auf Zuneigung, Wie-
dergutmachung oder unterstellte Bestechlichkeit interpretiert werden.
Unsere Körpersprache ist mehrdeutig; besitzt der Kommunikationspartner ein starres, vorurteilsbehaftetes Übersetzungsschema für
analoge Informationen, dann kommt es leicht zu Missverständnissen,
Fehldeutungen und Verdächtigungen.

**(5) Zwischenmenschliche Kommunikationsprozesse sind ent-
weder symmetrisch oder komplementär,** d.h. die Beziehungen
zwischen den Kommunikationspartnern beruhen entweder auf
Gleichheit/Partnerschaftlichkeit oder Ungleichheit. In komplementären Beziehungen gibt es unterschiedliche Rollen, die sich ergänzen,
d.h. der eine übernimmt die übergeordnete, dominierende, der andere die untergeordnete Rolle. Dies darf jetzt nicht mit der Bewertung
gut - schlecht oder stark - schwach verwechselt werden, sondern beide
Personen verhalten sich so, weil das Verhalten des einen (z.B. Mutter, Arzt, Lehrer) das des anderen (Kind, Patient, Schüler) voraus-
setzt. In einer harmonischen Kommunikationsstruktur wechseln sich
symmetrische und komplementäre Beziehungen zwischen den Beteiligten ab.
Beide Interaktionsformen sind aber störanfällig. Die Tendenz zu
mehr Gleichheit führt zur symmetrischen Eskalation, die häufig so
lange andauert, bis die Beteiligten einen Zustand der körperlichen

oder psychischen Erschöpfung erreichen, dem dann eine Pause („unsicherer Waffenstillstand") folgt. Danach beginnt die nächste Eskalationsrunde, bei der wieder jeder siegen und Recht haben will, wobei die Selbstdefinition des Partners verworfen wird.

Bei den Regelverstößen gegen die Komplementarität kommt es häufig zur Entwertung des Partners („Du existierst für mich nicht mehr"). Eine starre Mutter-Kindbeziehung, die sich im Laufe der Entwicklung nicht in Richtung Symmetrie verändert, wäre hier ein Beispiel das zu Verhaltens- bzw. Kommunikationsstörungen und Symptomen führt.

Ein sehr subtiles Arrangement in den komplementären Beziehungen sind die **„Kollusionen"**, bei denen man sich durch die andere Bezugsperson in seinem Idealbild bestätigen lässt. Die Rolle, die der Andere dabei einnehmen muss, ist die Rolle, die er selbst spielen möchte, um seine eigene Realität herzustellen. Diese starre Komplementarität darf sich nicht verändern, sonst würde eine Katastrophe entstehen. Dies können wir manchmal bei langandauernden, starren Partnerbeziehungen beobachten, bei denen der eine die idealisierte und der andere die bewundernde Rolle eingenommen hat. Ein etwas überzeichnetes Beispiel wäre ein Sadist, der zu einem Masochisten „lieb" ist.

Übung zu den Axiomen:

Lesen Sie den folgenden Szenenausschnitt von Loriot (1993, S. 132) und beschreiben Sie dabei die fünf Axiome (sinnvoll auch als Gruppenarbeit). (Ein Ehepaar sitzt am Frühstückstisch; der Ehemann hat sein gekochtes Ei geöffnet und beginnt nach einer längeren Denkpause das Gespräch):

Ehemann:	Ehefrau:
Berta!!	Ja ...
Das Ei ist hart!	... (schweigt)
Das Ei ist hart!!	Ich habe es gehört ...
Wie lange hat das Ei denn gekocht?	Zu viele Eier sind gar nicht gesund
Ich meine, wie lange dieses Ei gekocht hat ...	Du willst es doch immer 4 1/2 Minuten haben ...
Das weiß ich ...	Was fragst Du denn dann?
Weil dieses Ei nicht 4 1/2 Minuten gekocht haben *kann*!!	Ich koche es aber jeden Morgen 4 1/2 Minuten ....

(Fortsetzung nächste Seite)

(Ehemann):	(Ehefrau):
Wieso ist es dann mal zu hart und mal zu weich?	Ich weiß es nicht ... ich bin kein Huhn!
Ach! ... Und woher weißt Du, wann das Ei gut ist?	Ich nehme es nach 4 1/2 Minuten heraus, mein Gott".
Nach der Uhr oder wie?	Nach Gefühl ... eine Hausfrau hat das im Gefühl ...
Im Gefühl ... Was hast Du im Gefühl?	Ich habe es im Gefühl, wann das Ei weich ist ...
Aber es ist hart ... vielleicht stimmt da mit Deinem Gefühl was nicht ...	Mit meinem Gefühl stimmt was nicht? Ich stehe den ganzen Tag in der Küche, mache die Wäsche, bringe deine Sachen in Ordnung, mache die Wohnung gemütlich, ärgere mich mit den Kindern rum, und Du sagst, mit meinem Gefühl stimmt was nicht!?
Jaja ... Jaja ... wenn ein Ei nach Gefühl kocht, dann kocht es eben nur *zufällig* genau 4 1/2 Minuten.	Es kann Dir doch ganz egal sein, ob das Ei *zufällig* 4 1/2 Minuten kocht ... Hauptsache es *kocht* 4 1/2 Minuten!
Ich hätte aber gern ein weiches Ei und nicht ein *zufällig* weiches Ei! Es ist mir egal, wie lange es kocht! Nein – Nein	Aha! Das ist Dir egal ... es ist dir also egal, ob ich 4 1/2 Minuten in der Küche schufte! Aber es ist *nicht* egal ... das Ei *muß* nämlich 4 1/2 Minuten kochen!
Das habe ich doch gesagt ...	Aber eben hast Du doch gesagt, es ist Dir egal!
Ich hätte nur gern ein weiches Ei ... (Düster vor sich hin): Ich bringe sie um ... morgen bringe ich sie um ...	Gott, was sind Männer primitiv!

Als letzen Aspekt der Kommunikationstheorie der „Palo-Alto-Schule" möchte ich die **paradoxen Kommunikationen** betrachten, die in zwischenmenschlichen Kommunikationen häufiger vorkommen, aber kaum bemerkt werden. Normalerweise sind sie auch relativ problemlos, können aber unter bestimmten Bedingungen sehr konfliktträchtig werden. Alltagsbeispiele für paradoxe, widersprüchliche Handlungsaufforderungen sind: „Du musst einfach spontaner sein",

„sei nicht immer so gehorsam", „wenn Du mich wirklich lieben würdest, dann würdest Du mir hier nicht widersprechen", „ein erwachsenes Mädchen weiß, wann es heimkommen muss", „Du musst Deine Mutter lieben" usw. Bei den meisten Paradoxien im Alltag reagieren wir relativ locker, wir vernachlässigen einfach einen Aufforderungsaspekt und reagieren auf den anderen. Dies gelingt uns allerdings nicht, wenn wir uns in einer **„Doppelbindungssituation"** befinden, die durch das folgende Arrangement definiert ist:
– Zwischen den beteiligten Personen besteht eine sehr intensive komplementäre Beziehung, die für mindestens einen der Betroffenen eine sehr starke psychische oder physische existenzielle Bedeutung hat (z.B. Liebe und/oder materielle Abhängigkeit, Eltern und Kind).
– In diesem Beziehungssystem wird der Betroffene durch paradoxe (widersprüchliche) Informationen verunsichert.
– Der Betroffene kann in diesem System nicht über die Widersprüchlichkeit reden oder sich aus der Beziehung zurückziehen. „Obwohl die Mitteilung logisch sinnlos ist, ist sie eine pragmatische Realität: Man kann nicht nicht auf sie reagieren, andererseits kann man sich ihr gegenüber auch nicht in einer angebrachten (nicht paradoxen) Weise verhalten, denn die Mitteilung selbst ist paradox" (Watzlawick, Beavin und Jackson 1969, S. 196).

Ist jemand in einer Doppelbindung gefangen, dann besteht die Gefahr, dass er für richtige Wahrnehmungen bestraft und zusätzlich als bösartig oder verrückt bezeichnet wird, wenn er auf den Unterschied zwischen dem was er wahrnehmen sollte und dem was er tatsächlich wahrnimmt hinweist. Egal was der Betroffene tut, er kann immer nur Verhalten zeigen, das ihm später vorgeworfen wird. Dauert die Doppelbindungssituation an, dann führt sie – vor allem wenn sie in der frühen Kindheit besteht – bei dem Betroffenen zu Verhaltensweisen, die als psychische Symptome bezeichnet werden können.

Beim nächsten Übungsbeispiel reagiert das Mädchen auf die andauernde Doppelbindung mit apathischem Verhalten, das dem klinischen Bild des schizophrenen Stupors entspricht. Watzlawick betont in diesem Zusammenhang aber, dass Doppelbindungen nicht zur Schizophrenie führen, sondern lediglich zu einem Verhalten, das dem Bild der Schizophrenie entspricht. Er akzeptiert andere Erklärungsmodelle und vergleicht die Doppelbindung mit Pawlows „experimenteller Neurose".

Übung „Analyse von Doppelbindungen":

Beim folgenden Beispiel von Watzlawick (aus Grimm 1980) warten Vater (V) und Mutter (M) am Frühstückstisch auf ihre Tochter (S), die sehr spät von einer Party nach Hause gekommen ist. Dabei kommt es zu folgenden Dialogen:

M: Herbert, ich nehme an, Du wirst in dieser Sache auch wieder nichts tun! -

V: Um was geht es denn - meine Liebe!

M: Das weißt Du sehr gut!

V: War Sandra auf der Party?

M: Ich hab doch nichts gegen die Party; aber Sandra ist wirklich sehr spät nach Hause gekommen! (längeres Schweigen)

V: (suchender Blick) Es ist kein Zucker auf dem Tisch!

M: (strenger Blick/Tonfall)) Der Zucker steht genau vor Dir, Schatz!

V: Warum muss ich denn mit ihr reden - sie ist doch ein Mädchen, oder?

M: Du musst mit ihr sprechen; also immer versuchst Du genau das nicht zu tun, was ich gerne möchte!

-(Türe geht auf, Sandra kommt herein, blickt die Eltern nicht an und setzt sich schweigend hin) -

M: Guten Morgen Sandra!

V: Guten Morgen -

S: Guten Morgen -

V: Sandra - ich habe über Dein Heimkommen letzte Nacht nachgedacht, ich glaube es -

M: (unterbricht V): Du siehst müde aus Liebling!

S: Nein, bin ich nicht.

M: Ich bin sicher, es war nicht Deine Idee, so lange wegzubleiben, Du musst ja müde sein, Liebling!

S: Naja - die Party lief noch, sie war nicht sehr schön, aber Du weißt ja, man kann nicht einfach aufstehen und gehen.

M: Kein anständiges Mädchen bleibt bis zwei Uhr morgens weg! (lange Pause)

S: Ach, Mutter, es tut mir leid!

M: Ich will doch keine Entschuldigung, wie Du weißt, Dein Vater bestraft Dich nie! Aber Du müsstest jetzt endlich alt genug sein, es besser zu wissen! Du willst doch nur Deinen Freunden beweisen, wie erwachsen Du bist! (längeres Schweigen)

S: Ich hab nur einen Freund!

V: Komm' nicht vom Thema ab Sandra, Du bist nun ein großes Mädchen -

M: (unterbricht) Sandra ist nur ein Kind. Aber eines Tages wird sie Mutter sein. Aber Du musst ihr klar machen, dass wir für sie eine Fürsorgepflicht haben!

V: Ihr gegenüber!!! (M blickt verunsichert. – längeres Schweigen)

S: (unsicher) Brauchen wir Fürsorge? -

V: Sandra, würdest Du bitte die Sahne aus dem Kühlschrank holen?

M: Herbert, sie hat Dir doch versprochen, dass sie früher nach Hause kommt, oder?

S: Das hab ich nicht gesagt!

M: Der Kaffee schmeckt aber scheußlich heute!

V: Ja, der Kaffee schmeckt scheußlich heute!

V: Gestern war er besser; gestern da hast auch Du Kaffee gemacht, Sandra!

S: Er schmeckt wirklich komisch.

V: Der Kaffee war gestern wirklich besser, Sandra - Du solltest ihn jeden Tag kochen.

M: Ich weiß ja, Du musstest einfach aufstehen, um Kaffee zu machen. Ich kenne überhaupt keinen Menschen, der so ruhelos ist, wie Du!

V: Ein Mädchen von 15 ist ein verantwortliches Mädchen....

M: ... verantwortlich nach Hause zu kommen, wenn sie es soll, Herbert!

S: O.K., es tut mir leid.

M: Wir machen Dir keinen Vorwurf!

V: Es ist keine Frage des Vorwurfs -

M: Wenn Du willst, dass wir Dich ausgehen lassen, dann sieh zu, dass Du das nächste Mal zu der Zeit nach Hause kommst, wie Du es gesagt hast:

S: Aber ich habe nicht gesagt, dass – was mir morgens um zwei passieren kann, kann mir doch genauso gut um elf passieren.

V: Sei nicht beleidigt und hör auf Deine Mutter!

M: Herbert, bitte! Immerhin hat sie doch gesagt, dass die Party nett war, oder?

S: Meine Freundin Helga darf immer länger ausbleiben!

M: Helga ist ein nettes Mädchen, aber ihre Mutter sollte ein Auge auf sie haben.

S: Also, wann soll ich nach Hause kommen?

M: Du bist alt genug, es selbst zu entscheiden! Wann meinst Du sollte es sein? -

S: (lange Pause - starrer, verzweifelt-hilfloser Blick)

V: Sandra, hast Du wieder einen von Deinen stillen Anfällen? -

M: Sandra – Dein Vater spricht mit Dir! (Sandra reagiert nicht mehr)

Bei der Analyse zeigen sich viele Doppelbindungen zwischen den Kommunikationspartnern: In den Augenblicken, in denen die Beziehung definiert und die Definition angenommen wird, findet eine radikale Veränderung der Beziehungsdefinition statt. Als z.b. Sandra die abhängige Beziehungsdefinition angenommen hat und fragt: „Wann soll ich denn dann heimkommen?" entgegnet ihre Mutter „Du bist alt genug, um das selbst zu entscheiden!" Sie wechselt abrupt von der verurteilenden-moralisierenden Haltung, welche die Tochter akzeptiert und eine klare Verhaltenszuschreibung erwartet (komplementäre Beziehungsdefinition), in eine selbstverantwortliche, „symmetrische" Beziehungsdefinition und schließt damit die Falle.

3.1.2. Das „Kommunikationsquadrat"

Die Aussagen Bühlers, der Palo-Alto-Schule und das Konzept der Humanistischen Psychologie versuchte Schulz von Thun (1981, 1989, 1998, 2003) „unter einen Hut" zu bringen und auf die alltägliche und berufliche Situation zu übertragen. Die Arbeit des Hamburger Arbeitskreises „Kommunikation und Klärungshilfe" hat diese Ergebnisse bekannt gemacht und die Inhalte der aktuellen Kommunikationstheorie und -praxis stark beeinflusst und gefördert. Da wir im vorliegenden Zusammenhang nicht alle Aspekte behandeln können, möchte ich die Veröffentlichungen der Arbeitsgruppe (Reihe Miteinander reden: Praxis bei rororo-Sachbuch) dem interessierten Leser zur weiteren Vertiefung sehr empfehlen.

Beginnen wir unsere Betrachtungen mit einem Fallbeispiel (nach Schulz von Thun, Ruppel und Stratmann 2003, S.32):
Oberarzt Dr. N. leitet die ambulante Klinik eines größeren psychiatrischen Krankenhauses. Durch das eingeführte Qualitätsmanagementsystem sind die Anforderungen an alle bei geringerem finanziellen Spielraum gestiegen, so dass Dr. N. unter Druck der Verwaltung steht. Es wurde ihm auch deutlich gesagt, dass jetzt „wirkliche Führung" angesagt und jetzt „Weicheier fehl am Platz sind". In der wöchentlichen Teamsitzung beantragt die Sozialpädagogin Frau S., dass sie am Wochenende an einer wichtigen Weiterbildungsveranstaltung teilnehmen und als Ausgleich den kommenden Montag frei haben möchte. Dr. N. schüttelt energisch den Kopf und antwortet: "Ein Freizeitausgleich für Wochenendweiterbildungen ist nach meinem Wissen nicht möglich, so schön und wünschenswert dies vielleicht wäre. Wenn jeder das so machen würde, dann könnten wir unsere

Aufgaben in der Ambulanz nicht mehr erfüllen." Im Team breitet sich eisiges Schweigen aus. Frau S. reagiert aufgebracht: „Also, das finde ich doch etwas..., das ist doch die Höhe; ich meine, wer arbeitet denn von früh bis spät mit den Patienten? Und ich mache die Weiterbildung doch nicht zu meinem Privatvergnügen!". Dr. N.: „Frau S., wir können hier nicht mit irgendwelchen Emotionen an die Sache gehen! Es gibt klare, übergeordnete Interessen und ich erwarte von Ihnen und meinen Mitarbeitern, dass Sie diese auch beachten! Wenn ich am Wochenende auf einen Kongress fahre, dann mache ich am Montag auch nicht blau!". Frau S.: „ Das ist doch der Gipfel! Unter diesen Umständen mache ich hier keine Weiterbildung mehr! Ich werde mich an den Personalrat wenden – ich muss mir das hier nicht bieten lassen!"

Was ist hier schlecht gelaufen? Hat Dr. N. Entscheidungsfähigkeit bewiesen oder war er eher der Elefant im Porzellanladen; zeigte Frau S. Selbstbewusstsein oder ist sie zu schnell beleidigt? Die Diskussion, wer hier der oder die Böse ist, führt nicht weiter. Sinnvoller ist es, zu analysieren, was eigentlich passiert ist, welche Prozesse in der Kommunikation abgelaufen sind. Das Modell des Kommunikationsquadrats ist bei der Analyse sehr hilfreich. Nach Schulz von Thun enthält jede Kommunikation, d.h. jede Äußerung gleichzeitig vier Botschaften. In Abbildung 13 werden die vier Seiten einer Nachricht dargestellt.

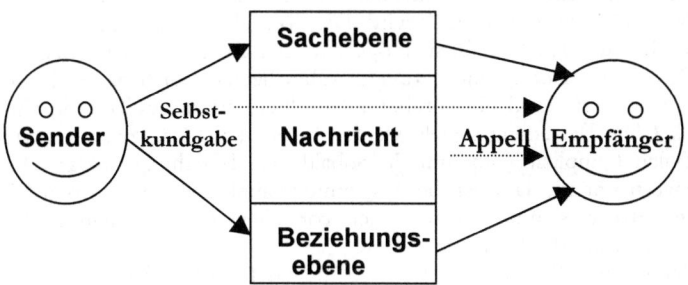

Abb. 13: Das Kommunikationsquadrat (nach Schulz von Thun 1981)

Bei jeder Kommunikation versucht der Sender seinem Gesprächspartner (Empfänger) Informationen über ein Thema zu vermitteln. Dieser Prozess läuft auf der **sachlichen (Inhalts-) Ebene** ab. Die

Informationen werden dabei meist direkt („explizit") ausgesprochen. Im beruflichen Alltag sollte der Sachinhalt die Hauptrolle spielen, egal wie man persönlich zueinander steht. Bei unserem Beispiel informiert Dr. N. relativ klar, dass ein Freizeitausgleich am Montag abgelehnt wird. Auf der Inhaltsebene ist entscheidend, ob eine Information wahr oder unwahr, wichtig oder unwichtig in Bezug zum Thema ist und ob die Aussagen ausreichend oder einseitig sind. Der Gesprächspartner hat hier viele Möglichkeiten nachzufassen und dagegen zu argumentieren: Er, d.h. bei unserem Beispiel sie, kann die Wahrheit bezweifeln („so eine Regelung gibt es gar nicht") oder die Bedeutung des Arguments relativieren (z.B. „wenn man mal einen Tag fehlt, bricht doch nicht alles zusammen; wenn ich krank wäre, dann müsste es auch gehen). Bei unserem Beispiel kam es aber gar nicht zu einer sachlichen Auseinandersetzung, weil das Gespräch auf einer anderen Ebene „klemmt", der Beziehungsebene.

Die Prozesse auf der **Beziehungsebene** verlaufen vorwiegend "sprachfrei": Wir zeigen durch unsere Mimik, Gestik, Körperhaltung, Lautstärke, Betonung usw., wie wir zum Gegenüber stehen, was wir von ihm halten (bezüglich der Gesprächsthematik) und wie er unsere Aussage zu verstehen hat. Jede unserer Äußerungen besitzt einen Beziehungshinweis, der vom Empfänger meistens sehr sensibel, manchmal auch verzerrt („Beziehungsohr") gehört wird. Bei unserem Beispiel reagiert Frau S. auf die erste Reaktion ihres Chefs sehr erregt. Sie lehnt nicht nur die inhaltliche Seite, sondern auch die Art und Weise ab, wie sie behandelt wird. Die Formulierung „wenn das jeder machen würde ..." erlebt sie möglicherweise als moralischen Vorwurf. Dr. N. hat dies so nicht gesagt, wahrscheinlich auch gar nicht so gemeint, aber es „kam so rüber", denn hier „macht der Ton die Musik"! Die Beziehungssignale werden meist sprachfrei, zwischen den Zeilen („implizit") übermittelt. Sobald eine Beziehung unklar oder angespannt ist, dann ist diese Kommunikationsebene sehr störanfällig. Soziale Kompetenz zeigt sich vor allem in der Steuerung der Prozesse auf der Beziehungsebene.
Bei unserem Beispiel müsste Dr. N. bewusst werden, dass bei seinem Gespräch nicht nur ein sachlich-inhaltliches Problem vorhanden ist, sondern dass auch die Beziehungsebene sehr gestört ist. Die aktuelle Gefahr ist jetzt, dass beide Ebenen miteinander vermischt werden. Wenn Beziehungsstörungen auf der Inhaltsebene ausgetragen werden – und dies ist eine der zentralen Fallgruben der menschlichen Kommunikation – dann besteht die Gefahr, dass man sich hier festbeißt und die Störung eskaliert. Wenn es nicht gelingt, die Störung auf der

Beziehungsebene zu neutralisieren, dann wird die inhaltliche Diskussion unweigerlich verzerrt. Bei unserem Beispiel kommt es zu keiner Klärung, sonder zur Eskalation.

Der Sender liefert mit jeder Äußerung auch eine kleine "Kostprobe" seiner Persönlichkeit: Sein Ausdrucksverhalten, seine **Selbstkundgabe** wird durch seine momentane Befindlichkeit, seine innere Einstellung zum Thema und andere individuelle Aspekte mitbestimmt, auch wenn er dies in der konkreten Situation vermeiden möchte. Die Selbstkundgabe kann dabei klar formuliert (explizit als „Ich-Aussage") oder nur (implizit) angedeutet sein. Bei unserem Beispiel berichtet Dr. N., „..., wenn das jeder so machen würde, könnten wir unsere Aufgaben ... nicht mehr erfüllen". Wenn wir unser Selbstkundgabe-Ohr auf Empfang stellen, dann könnte es folgende (implizite) Aussagen hören: Ich habe Angst, dass der Laden zusammenbricht. / Ich bin unsicher, ob es da eine verpflichtende Regelung gibt. / Ich selbst würde ihnen ja gerne helfen, aber.... Natürlich wissen wir nicht genau, was in Herrn N. vorgeht. So lange wir unsere Annahmen für uns behalten und nur darauf reagieren, verbleiben wir in einem Käfig und finden keine Brücke zu unserem Gesprächspartner.

„Wenn es schwierig wird in der Kommunikation, dann sag einfach, was mit dir ist - das ist das beste Rezept, das ich kenne", antwortete Ruth Cohn auf die Frage nach guten Kommunikationsrezepten (zitiert nach Schulz von Thun, Ruppel und Stratmann 2003, S. 38). Diese Empfehlung, explizite Ich-Botschaften zu senden, wurde bei unserem Beispiel nicht befolgt.

Da kaum eine Nachricht „um ihrer selbst willen" gesendet wird, verbindet sich mit ihr meist auch eine mehr oder weniger klare Aufforderung (**Appell**), dies oder jenes zu tun oder zu lassen. Auch die Appellseite einer Nachricht kann explizit oder implizit ausgedrückt werden. Auch hier ist die explizite Formulierung empfehlenswert, damit Eindeutigkeit erzielt wird. Günstig ist dabei, wenn der Appell mit einer positiven Grundhaltung auf der Beziehungsebene verbunden werden kann. Leider sind im Alltag Appelle mit subtilen „Stecknadeln" aus der Beziehungsebene nicht selten anzutreffen (z.B. „Könntest Du wenigsten heute mal den Abfalleimer ausleeren!?"), die zu Widerstand führen.

Unser theoretischer Einstieg in die Kommunikationspsychologie sollte die Komplexität des Geländes umschreiben, in dem sich Sozialkompetenz bewähren muss. Erfolgreiches Verhalten in sozialen Situationen bedeutet die ablaufenden Prozesse - siehe Abbildung 14 -

zu analysieren und zu steuern, damit Kommunikationsstörungen erkannt, angesprochen und bewältigt werden können.

Sender (Empfänger)	**Explizite, sprachliche Inhaltsebene** Selbst- – Sache/Thema – Appell kundgabe	Empfän-ger (Sender)
	Nonverbale Ebene Selbst- Beziehungsdefinition – Appell kundgabe	

Abb. 14: Zusammenfassung der Gesprächsebenen und -prozesse

Wenn wir im Folgenden die einzelnen Seiten für die praktische Gesprächsführung betrachten, mit Übungen erlebbar machen und generelle Regeln für eine effektive Gesprächsführung ableiten, dann können wir uns auf die verbal-inhaltliche (sachliche, digitale) und die nonverbale (beziehungsorientierte, analoge) Kommunikationsebene beschränken. Die Selbstkundgabe- und die Appell-Seite beinhalten sowohl verbale (explizite) als auch nonverbale (implizite) Anteile und werden in diesem Zusammenhang gesondert betrachtet.

3.2. Kommunikation und Interaktion – Praktische Aspekte

In diesem Zusammenhang werden wir die wesentlichen Prozesse, die sich auf der verbal-inhaltlichen und nonverbal-beziehungsorientierten Ebene abspielen, erkennen und effektiv steuern lernen. Ziel ist es, dem Leser die Fähigkeiten zu vermitteln, Gespräche professioneller planen, durchführen und reflektieren zu können.

3.2.1. Gesprächssteuerung auf der verbal-inhaltlichen Ebene

Um die sachbezogenen Kommunikationsprozesse möglichst effektiv zu gestalten, müssen wir einerseits unser Verhalten bei der Weitergabe von Informationen, andererseits aber auch beim Einholen von Informationen reflektieren und möglicherweise verändern.

3.2.1.1. Informationsweitergabe: „Die Verständlichmacher"

Bei der Weitergabe von Informationen versuchen wir (normalerweise) unser Wissen möglichst unverzerrt an den Empfänger weiterzugeben. Schematisch können wir diesen Prozess mit Hilfe von Abbildung 15 beschreiben: Der Sender hat eine Botschaft (Information) in seinem Kopf, die er an den Empfänger übermitteln will. Diese Information kann er aber nur weitergeben, wenn er sie auf ein Medium (Sprache) überträgt (verschlüsselt, kodiert), das vom Empfänger wahrgenommen und entschlüsselt werden kann. Sender und Empfänger werden in diesem Prozess durch situative und persönlichkeitsspezifische Faktoren beeinflusst, die dazu führen können, dass die Inhalte mehr oder weniger verzerrt wahrgenommen werden. Durch die „Zweiwegkommunikation – hier kann der Empfänger Rückfragen stellen, d.h. er wird zum Sender – kann diese Störquelle reduziert, günstigstenfalls beseitigt werden. Mit der Übung „Einweg-Zweiweg-Kommunikation" möchte ich die Störungsmöglichkeiten demonstrieren und aus den Erfahrungen Verbesserungsregeln ableiten.

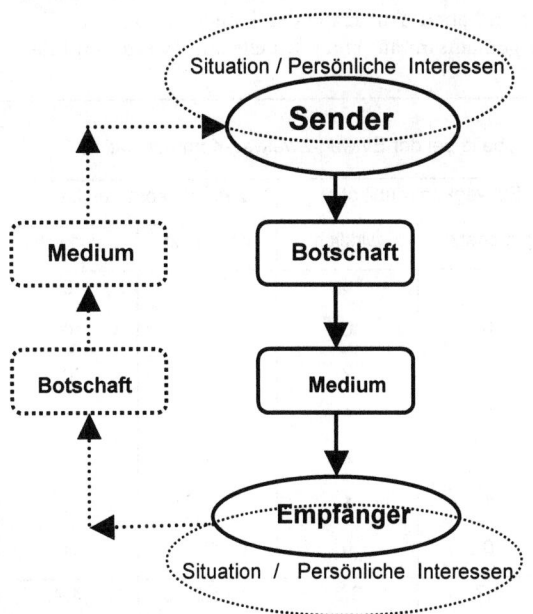

Abb. 15: Kommunikationsschema der Einweg-(⟶) und der Zweiweg- (⋯⋯▶) Kommunikation.

Übung „Einweg-Zweiweg-Kommunikation" (nach Brocher 1967, S. 142-153): Material: 2 Bildvorlagen (siehe Anhang, Seite 225), pro Teilnehmer Bleistift und Papier. Ideal ist eine Videoaufzeichnung der Übung.

Die Übung besteht aus zwei Phasen. In der ersten Phase wird eine Bildvorlage (Vorlage 1) von einem Sender, der sich unsichtbar hinter einer Pinnwand befindet, in der Einwegkommunikation übermittelt, wobei die Empfänger die Informationen nur aufnehmen, nicht aber Fragen stellen oder irgendwelche Zeichen geben dürfen. In der zweiten Phase übermittelt der nun sichtbare Sender eine weitere Bildvorlage (Vorlage 2), wobei hier die Teilnehmer ermuntert werden, Rückfragen zu stellen, damit die Übertragung möglichst gut gelingt. Die Informationsübertragung darf aber nur verbal ablaufen.

Der Übungsleiter erfasst die zeitliche Dauer, beobachtet das Verhalten der Übungsteilnehmer, bittet die Teilnehmer am Ende jeder Phase aufzuschreiben, wie sie die Aufgabe erlebt haben und wie viele Objekte sie glauben in der Lage zueinander richtig aufgezeichnet zu haben. Am Ende der Übung werden die Einzelergebnisse gemeinsam auf einer Tabelle ausgewertet und diskutiert.

Tab. 9: Ergebnistabelle bei der Einweg-Zweiweg-Kommunikation

Treffer	Einwegkommunikation		Zweiwegkommunikation	
	geschätzt	wirklich	geschätzt	wirklich
0	1	0	0	0
1	0	0	0	0
2	4	2	0	0
3	5	5	2	1
4	1	4	1	3
5	1	1	4	4
6	0	0	5	4
Mittelwert	2,7	3,3	5,0	4,9
Zeit	3 min		5 min	
Beobachtungen	....		....	
	....		....	

Die Teilnehmer arbeiten bei dieser Übung sehr konzentriert mit und sind auch bei der Auswertung sehr engagiert. In der anschließenden Diskussion sollten folgende Aspekte angesprochen werden:

- Allgemeine Beobachtungen:
Auch wenn bei der Einweg-Kommunikation nur verbale Informationen erlaubt sind, werden viele nonverbale Informationen gesendet. Auch der Sender hinter der Pinnwand unterstreicht seine Aussagen spontan mit Gesten, die zwar niemand sieht, aber zur Kommunikation dazu gehören. Schwierigkeiten bei den Empfängern werden - auch wenn sie nicht erlaubt sind - nonverbal (Stöhnen, Murren, ablehnende Körperhaltung usw.) geäußert.

- Ergebnisse (siehe Beispiel Tabelle 8):
Die Einweg-Kommunikation benötigt normalerweise deutlich weniger Zeit, ist aber nicht so effektiv. Die Empfänger fühlen sich bei ihr unsicher und stufen ihre Leistung meist etwas schlechter ein, als sie in Wirklichkeit ausfällt. Die Unsicherheit strahlt auf die (nicht thematisierte) Beziehungsebene aus (ablehnende emotionale Reaktionen, Stöhnen, Bleistift kurzfristig demonstrativ weglegen, ...).
Es sind aber auch individuell unterschiedliche Reaktionen beobachtbar, die mit der Lerngeschichte und Erwartungshaltung der Empfänger, bzw. auch des Senders zusammenhängen.
Werden bei der Zweiweg-Kommunikation die Empfänger aktiv und versuchen ihre Unklarheiten durch Fragen und Informationsaustausch zu beseitigen, dann steigt sowohl das subjektive Sicherheitsgefühl als auch das objektive Trefferergebnis deutlich an. Die Zweiweg-Kommunikation erweist sich in der Regel als deutlich überlegen - allerdings ist sie zeitaufwendiger - als die Einweg-Kommunikation. In allen meinen Übungen konnte ich dabei aber auf ein Problem hinweisen: Auch wenn die Möglichkeit zum Feedback vorhanden ist, sie wird nicht von allen Teilnehmern - aus welchen Gründen auch immer - ausreichend genutzt: Es gibt immer einige Teilnehmer, die glauben nicht alles richtig zu haben, aber nicht mehr fragen!!
Beim Sender können wir manchmal die Neigung zur „Pseudo-Zweiweg-Kommunikation" feststellen, wenn rhetorische (z.B. „habt ihr das jetzt verstanden?") oder suggestive („das ist doch jetzt klar geworden!") Fragen gestellt werden, die meist mit „Ja" beantwortet werden.
Im Anschluss an die Ergebnisdiskussion sollten die Empfehlungen für die Verbesserung der (inhaltsbezogenen) Kommunikation diskutiert und (auf Flipchart oder Tafel) festgehalten werden. Diese Tipps

sollten durch die Erfahrungen bei den nächsten Übungen ergänzt werden.

Übung „Worte und Vorstellungen": Bei dieser Übung haben zwei Partner eine Aufgabe gemeinsam zu lösen. Als Erstes sollten sie sich auf einen Gegenstand einigen, den sie zeichnen wollen. Sie müssen sich genau absprechen, so dass jeder die Hälfte des Objekts auf ein Blatt Papier (Metaplankärtchen) zeichnen kann; die individuellen Vorstellungen müssen klar abgesprochen werden. Wenn die Absprache beendet ist, beginnen beide Partner unabhängig voneinander - es darf nicht mehr gesprochen oder „gespickt" werden - zu zeichnen. Anschließend werden die beiden Hälften zusammengefügt. In der folgenden Diskussion sollten die Ursachen für Missverständnisse und weitere „Verständlichmacher" herausgearbeitet werden.

Bei der nächsten Übung konzentrieren wir uns zuerst nochmals auf die Verbesserung der Informationsweitergabe, obwohl diese Übung auch gut geeignet ist, Schwierigkeiten bei der Informationsaufnahme zu demonstrieren. Wir werden bei diesem Thema auf sie zurückgreifen.

Übung „Stille Post": Zur Durchführung dieser Übung benötigen wir eine Experimentiergruppe (5 bis 8 Personen) und eine etwa gleich große Beobachtergruppe. Ideal wäre es auch hier, wenn der Übungsverlauf mit Video aufgezeichnet werden könnte. Die Experimentiergruppe verlässt den Raum, damit die Beobachtergruppe informiert und instruiert werden kann. Jeder Beobachter erhält ein Blatt mit dem „Bericht" und der Beobachtungstabelle (siehe Anhang S. 225f.). In der Beobachtungstabelle soll bei jedem Teilnehmer angekreuzt werden, welche Inhalte er noch erinnert. Dann wird der erste Teilnehmer der Experimentiergruppe in den Raum geholt; der Übungsleiter liest ihm die Meldung **zweimal** vor und bittet ihn, sich die geschilderte Situation möglichst plastisch vorzustellen. Notizen dürfen nicht gemacht werden, Ergänzungsfragen sind untersagt. Dann wird der zweite Teilnehmer der Experimentiergruppe in den Raum geholt und bekommt einmal die Meldung vom ersten Teilnehmer erzählt; er berichtet sie anschließend dem dritten usw. Der letzte Teilnehmer versucht am Schluss nochmals der Beobachtergruppe zu erzählen, welches Bild bei ihm angekommen ist.
Bei der Diskussion sollte der Schwerpunkt auf der Informationsweitergabe liegen (z.B. wenn man die Geschichte zweimal hört, dann bleibt viel mehr hängen; man kann nur eine begrenzte Informationsmenge behalten, mehrdeutige Begriffe führen zu Verzerrungen ...).

Im Erfahrungsaustausch bei diesen drei Übungen konnten Sie sicher eine Anzahl von „Verständlichmachern" erarbeiten, die wir mit den Ergebnissen verbinden können, die Schulz von Thun (1981 S. 142 f.) durch empirische Analysen von Textinformationen erzielte. Die entstandene Liste dürfte dabei folgendes Aussehen haben:

Verständlichmacher für den Sender:

- **Kurz, prägnant:** Die Informationen sollen nicht ausufern; meist sind 20 Minuten Informationen ideal. Das Wesentliche sollte präsentiert werden; Details können in der Diskussion angesprochen werden.

- **Einfach, klar:** Einfache, kurze, verständliche Formulierungen in Sprach- und nicht in Schreibform. Keine Schachtelsätze, kein Fachchinesisch, einfache und eindeutige Beispiele verwenden.

- **Gegliedert, strukturiert:** Geben Sie Ihre Gliederung vor, bauen Sie den Vortrag schrittweise und logisch auf; stellen Sie Querverbindungen und Sinnzusammenhänge her, betonen und wiederholen Sie das Wesentliche.

- **Anregend, motivierend:** Sprechen Sie möglichst viele Sinnesgebiete / Wahrnehmungskanäle an; zeigen Sie Ihr persönliches Engagement beim Thema, bringen Sie praxisbezogene, hautnahe Beispiele, die den Zuhörer "berühren".

- **Empfängerorientiert:** Präsentieren Sie so, dass die Empfänger den optimalen Nutzen haben; nicht Ihre Selbstdarstellung und Fachkompetenz sind von zentraler Bedeutung, sondern die praktisch verwertbare Information ist für den Zuhörer wichtig.

- **Behaltensorientiert:** Formulieren Sie einprägsam, finden Sie anschauliche, praxisbezogene Beispiele aus möglichst unterschiedlichen Bereichen; versuchen Sie die Erfahrungswelt der Zuhörer in Ihre Ausführungen zu integrieren. Visualisieren Sie Ihre zentralen Aussagen.

Unsere nächste Frage ist nun, was kann der **Empfänger** tun, damit die Informationen möglichst exakt und unverzerrt bei ihm ankommen?

3.2.1.2. Informationen einholen: Zuhören und Fragen

Bei der Übung „Stille Post", aber auch in vorangegangen Übungen, ist sicher aufgefallen, wie stark die individuelle Phantasie und Interessenlage die Informationsverarbeitung mit beeinflusst und verzerrt. Dieser Aspekt soll mit den folgenden Übungen vertieft erfahren und analysiert werden.

Übung „Sekretärin" (in Anlehnung an Neuberger 1998, S. 59):
Diese Übung können Sie allein oder mit einer Gruppe durchführen. Zuerst lesen Sie den Bericht 2 mal (vor). Anschließend bearbeiten Sie den Erinnerungstest, der sich im Anhang befindet, ohne die Aussagen mit dem Bericht zu vergleichen. Bitte lesen Sie erst anschließend die Auswertungshinweise.
Bericht: „Frau Meyer, die Sekretärin von Herrn Ragler, erschien heute morgen nicht im Büro. Herr Ragler wollte von Frau Meyers Freundin und Mitarbeiterin wissen, was los sei. Die Freundin erzählte, dass Frau Meyer sich schon gestern krank gefühlt hätte. Auf dem Schreibtisch von Frau Meyer lag außerdem eine Zigarettenpackung auf der „Claus" geschrieben stand."
Bitte gehen Sie gleich nach der zweimaligen Lektüre zum Erinnerungstest im Anhang (S. 227) und lesen Sie erst dann die folgenden Auswertungshinweise.

Bei der Auswertung der Übung sollte deutlich werden, dass wir bei der Verarbeitung von Informationen unsere subjektiven Bewertungen und Meinungen nur schwer vermeiden können. Wir versetzen uns in die geschilderte Situation und verarbeiten die Aussagen so, als ob wir beteiligt sind. Wenn es Ihnen gelungen ist, die Aussagen zum Bericht objektiv zu bewerten, dann hätten Sie bei der Aussage 3 richtig, bei 2 falsch und bei allen anderen fraglich ankreuzen müssen! Alle davon abweichenden Markierungen entsprechen subjektiven Interpretationen und Annahmen.

Mit der nächsten Übung, dem „kontrollierten Dialog", soll die Schwierigkeit demonstriert werden, anderen Menschen wirklich zuzuhören. Es geht dabei um ein Gespräch mit eingebauten Hindernissen, durch die wir gezwungen werden, uns auf die Aussagen des Gesprächspartners zu konzentrieren.

Übung „Kontrollierter Dialog":

Bei dieser Übung benötigen wir je drei Teilnehmer pro Gruppe. Zwei der Teilnehmer einigen sich auf ein Thema, bei dem sie möglichst unterschiedlicher Meinung sind (z.B. Wehrpflicht, politische Parteien, homosexuelle Ehe, Asylanten, Todesstrafe, Sozialhilfe und Sozialschmarotzer) und führen anschließend darüber ein Gespräch, bei dem allerdings die folgenden Regeln einzuhalten sind:

Teilnehmer A beginnt mit einer Aussage, dann muss Teilnehmer B die Aussage von A sinngemäß (nicht wörtlich) wiederholen. Wurde der Sinn richtig wiedergegeben, dann bestätigt dies A mit „richtig" und B darf dann auf die Aussage antworten. Wurde der Sinn nicht richtig wiedergegeben, dann bewertet dies A mit „falsch" und B muss es nochmals versuchen. Gelingt dies B immer noch nicht, dann formuliert A seine Aussage nochmals und B versucht sie sinngemäß zu wiederholen. Erst wenn er dies geschafft hat, darf er antworten, worauf A die Aussage von B sinngemäß wiederholen muss. Wenn er es schafft, dann bestätigt B ihn mit „richtig", wenn nicht, bekommt er die Rückmeldung „falsch" und muss es nochmals versuchen. So läuft der Dialog etwa 10 Minuten.

Teilnehmer C beobachtet, überwacht die vereinbarte Zeit und greift ein, wenn die Spielregeln verletzt werden. Er notiert auch, wie die Gesprächspartner verbal und nonverbal in dieser ungewohnten Gesprächssituation reagieren.

Nach jeweils 10 Minuten werden die Rollen gewechselt, so dass jeder Teilnehmer auch einmal Beobachter war.

Ein Beispiel für einen „kontrollierten Dialog" befindet sich im Anhang auf Seite 227f..

Die Beobachter berichten anschließend im Plenum über aufgetretene Schwierigkeiten und sonstige Phänomene. Meistens werden dabei die folgenden Aspekte angesprochen:

Der Sprecher A drückt sich häufig ungenau aus; organisiert seine Gedanken kaum; versucht zu viele Informationen in einem Satz unterzubringen; redet zu viel und überfordert damit B, ...

Der Zuhörer B hört nicht konzentriert zu; denkt schon an seine Antwortformulierung, obwohl A noch spricht; reagiert nur auf Details (Selektion); wendet sein Denk- und Interpretationsschema an, d.h. er geht davon aus, dass seine eigene Psychologie auch die des Anderen ist; ...

Anschließend sollte auch diskutiert werden, welche Formulierungen auf ein „aktives Zuhören" und „sich um echtes Verständnis bemühen" hinweisen und welche nonverbalen Verhaltensweisen dabei unterstützend wirken.

Vier Arten des Zuhörens:

Wenn wir Botschaften anderer unverzerrt aufnehmen wollen, dann müssen wir richtig zuhören. Für Neuberger (1998, S. 120) hängt eine erfolgreiche Gesprächsführung „von drei Dingen ab: 1. Zuhören, 2. Zuhören, 3. Zuhören.". Weisbach (1994, S. 15-33) beschreibt die vier Arten des Zuhörens:

- **Pseudo-Zuhören:** Dabei handelt es sich eigentlich um gar kein Zuhören, sondern mit der „ich verstehe"-Floskel wird Verständnis angedeutet, um den Anderen zu unterbrechen, damit man seine eigenen Gedanken loswerden kann. Man hört dem Anderen gar nicht richtig zu und ist auf eigene Gedanken fixiert.

- **Aufnehmendes Zuhören:** Hierbei zeigt der Empfänger dem Sender hör- und sichtbar (Blickkontakt, Kopfnicken, Körperhaltung, Zuhörfloskeln wie Hmm, Ja, Ach, ...), dass er auf ihn konzentriert ist.

- **Umschreibendes Zuhören:** Der Empfänger gibt hier das Gehörte mit eigenen Worten sinngemäß wieder, wie wir es beim „kontrollierten Dialog" geübt haben. Bei dieser Art des Zuhörens können wir Missverständnisse einfach und sicher vermeiden. Der Gesprächspartner fühlt sich verstanden, ergänzt und setzt das Gespräch fort. Typische Formulierungen des umschreibenden Zuhörens sind: „Du meinst also, ...", „wenn ich Sie richtig verstanden habe, dann meinen Sie ...", „ich habe das jetzt so verstanden, dass Sie ....". Die Schwierigkeit beim umschreibenden Zuhören besteht darin, dass wir unsere eigenen Meinungen, Bewertungen und Ratschläge zurückstellen und uns ganz darauf konzentrieren müssen, was der Empfänger sagt.

- **Aktives Zuhören:** Dabei konzentrieren wir uns nicht nur auf den Inhalt der Äußerungen (**was** sagt der Andere), sondern auch auf seine damit verbundenen Gefühle und Wünsche, die meist nicht direkt formuliert, aber bei jeder Äußerung mitschwingen (**wie** es gesagt wird). Wir müssen uns in den Anderen hineinversetzen, um ihn wirklich zu verstehen. Ein wichtiges Teilziel einer erfolgreichen Gesprächsführung besteht darin, eine Atmosphäre zu schaffen, in der sich der Gesprächspartner verstanden fühlt. Das aktive Zuhören fördert diese Atmosphäre. Im Zusammenhang mit den Vorgängen auf der Beziehungsebene werden wir auf dieses Zuhören zurückgreifen.

Das „Pseudo-Zuhören" hat mit einer effektiven Gesprächsführung nichts zu tun. Beim aufnehmenden Zuhören zeigen wir dem Gesprächspartner wahrnehmbar unser Interesse, beim umschreibenden Zuhören melden wir ihm zurück, was wir inhaltlich verstanden haben. Beim aktiven Zuhören fassen wir zusammen, welche inhaltlichen und gefühlsmäßigen Informationen wir erhalten haben, d.h. wir bemühen uns hier um ein umfassendes Verständnis der Aussagen des Gesprächspartners.

Natürlich müssen wir uns nicht bei allen effektiven Gesprächen um das aktive Zuhören bemühen: Immer wenn die Kommunikationssituation klar und damit eindeutig zu beantworten und lösbar ist, wird das aktive Zuhören zur Komödie, wie das folgende Beispiel zeigt:

A: Können Sie mir sagen, wie ich zum Rathaus komme?

B: Verstehe ich Sie richtig, Sie sind nicht ganz sicher, wo in dieser Stadt das Rathaus ist?

A: Ja, das habe ich doch gesagt; können Sie mir den Weg zum Rathaus beschreiben?

B: Sie sind sich unsicher, wo das Rathaus liegt und möchten von mir eine konkrete Auskunft, ja?

A: Sie sind aber umständlich; wollen Sie mich auf den Arm nehmen? Ich frag Sie konkret was und Sie labern da rum!

B: Ich höre in Ihren Äußerungen einen gewissen Ärger, verstehe ich Sie da richtig?

A: Ach, vergessen Sie's, Danke!

B: Bitteschön, aber es war gut, dass wir darüber geredet haben!

Pausen im Gespräch:

Wenn wir dem Gesprächspartner wirklich zuhören wollen, dann können wir auf seine Äußerungen in der Regel nicht sofort antworten, sondern müssen die Informationen erst verarbeiten. Das führt dazu, dass in einem ernsthaften Gespräch **Pausen** nicht zu vermeiden sind. Von vielen Gesprächsleitern werden Pausen allerdings als Schwäche erlebt, die einem professionellen Gesprächsleiter eigentlich nicht unterlaufen dürften, da er doch immer das Gespräch in Gang halten muss. Diese Haltung ist falsch: Ein erfahrener Gesprächsleiter „arbeitet mit Pausen"! Auch hier müssen wir zwischen den verschiedenen Pausenarten unterscheiden (Weisbach 1994, S. 35-43) :

"Sie sind dran"-Pause: Der Gesprächspartner ist mit seinem Rede-
beitrag fertig und erwartet, dass Sie weitermachen. Dies ist meistens
mit einem „fragenden Blickkontakt" verbunden.

Nachdenkpause: Der Gesprächspartner hat seine Ausführungen
zwar scheinbar beendet, denkt aber nach, wie er weitere Gedanken
formulieren könnte oder ist gerade mit seinen (vielleicht widersprüchlichen) Gefühlen bei dieser Thematik beschäftigt. Der Blick
geht hier oft nach oben („ich denke nach") oder nach unten („ich
sinne nach"); es besteht keinesfalls ein direkter Blickkontakt, der zu
einer Antwort auffordern würde. Bei dieser Pause kann es sich auch
um einen „affektiven Knotenpunkt" im Gespräch handeln, der Zeit
braucht und nicht durch eine vorschnelle Reaktion des Gesprächs-
führers unterbrochen werden darf. Meist zeigt der neue Blickkontakt
an, dass jetzt eine Reaktion erwartet wird. Dann können wir entweder zeigen, dass wir aktiv zugehört haben oder dass wir das Thema
gerne weiter vertiefen/verstehen möchten. Dazu müssen wir allerdings die geeigneten Fragen stellen.

"Das ist mir peinlich"-Pause: Der Gesprächspartner hört plötzlich
zu sprechen auf, weil er bemerkt, dass er etwas gesagt hat, was ihm
unangenehm ist. Meist senkt er den Kopf, blickt nach unten und
hofft, dass der Andere die Pause durch eine hilfreiche Frage beendet.

Auch beim Thema Pausen sehen wir, wie eng die inhalts- und bezie-
hungsbezogenen Kommunikationsebenen miteinander verschlungen
sind.

Gesprächsfördernde Fragen stellen:

Wenn wir uns um Verständnis bemühen, müssen wir einerseits aktiv
zuhören, andererseits aber auch durch passende Fragen weitere Informationen einholen. Auch hier ist es sinnvoll, das eigene Frageve-
halten mit der folgenden Übung zu analysieren:

Übung „Fragen stellen":

Auch bei dieser Übung ist die Erfahrungssammlung in 3-er Gruppen mit
Video-Aufzeichnung optimal. Teilnehmer A hat eine Schwierigkeit, ein
Problem, das er gerne besprechen möchte, Teilnehmer B möchte das
Problem möglichst genau kennen lernen und Teilnehmer C ist der Beob-
achter, der notiert, welches Verhalten von B den Teilnehmer A „öffnete"
und es ermöglichte, dass er sein Problem unverzerrt schildern konnte.
Danach findet eine Rotation der Rollen statt, so dass jeder Teilnehmer
auch einmal „Problemträger" und Beobachter war.

Nach der Videoanalyse berichten die Teilnehmer, wie sie sich bei der Übung gefühlt und welche Fragen sie als hilfreich-anregend oder hemmend erlebt haben.

Die Ergebnisse der Diskussionen zeigen, dass es „schließende" und „öffnende" Fragestellungen gibt.

Schließende („geschlossene") Fragen sind dabei alle Fragen, bei denen der Gesprächspartner in seinen Antwortmöglichkeiten eingeengt und/oder gesteuert wird:

– Fragen die nur mit Ja oder Nein beantwortet werden können.
– Alternativ- bzw. Oder-Fragen: Sie lassen nur eine begrenzte Antwortenauswahl zu, obwohl es viele andere gäbe; z.B. „Willst Du eher einen kaufmännischen oder technischen Beruf erlernen?"
– Suggestivfragen: Sie legen eine Antwortrichtung nahe, z.B. „von klientenorientierter Gesprächsführung haben Sie sicher schon gehört", „... Sie finden sicher auch, dass...."

Immer wenn es darum geht, möglichst viele Informationen unverzerrt zu erhalten, sind geschlossene Fragen ungünstig. Sie sind dann sinnvoll, wenn es um Einverständniserklärungen, Bestätigung von (Zwischen-) Zusammenfassungen und Absicherungen geht.

Offene Fragen erlauben dem Gesprächspartner hingegen, zu erzählen, was ihm bei der angesprochenen Thematik wichtig ist. Sie sollten demnach immer dann gestellt werden, wenn wir uns in einer diagnostischen Gesprächsphase befinden. Typische Beispiele für offene Fragen sind:

– W-Fragen: Alle Fragen, die mit einem W beginnen (z.B. was, wie, wann) können nicht mit Ja oder Nein beantwortet werden und bringen den Partner zum Erzählen. Die einzige kritische Ausnahme sind die „Warum-Fragen", weil sie den Gesprächspartner in eine prüfungsähnliche Situation bringen und „vernunftgesteuerte" Antworten provozieren. Das Warum, die Motivation sollte aus allen Gesprächsinformationen erschlossen werden. Diese Informationen können mit den anderen W-Fragen besser eingeholt werden.
– Mit Pausen und Äußerungen wie „Hmm", „Ja" und fragendem Blickkontakt zum Weitererzählen „auffordern".
– Vertiefende Fragen stellen: Dabei greifen wir in einer Pause auf vorher angesprochene Themenbereiche zurück (aktives Zuhören!), fassen das Gehörte zusammen und bitten den Gesprächspartner darüber weiterzuerzählen (z.B. „sie haben angedeutet, dass es schon früher Schwierigkeiten mit X gegeben hat, wie war das damals?"). Mit diesen Fragen führen wir kein neues Thema in das Gespräch ein,

sondern greifen das auf, was für den Gesprächspartner schon wichtig erschien, das er aber noch nicht ausführlich darstellen konnte.

Übung „offene Fragen" stellen:
In der Gruppe beginnt ein Teilnehmer und stellt einem anderen Teilnehmer drei offene Fragen; dabei sollte er bei der ersten offenen Frage inhaltlich auf etwas zurückgreifen, das von diesem Teilnehmer früher schon genannt wurde oder was er über diesen Teilnehmer weiß. Die anderen Teilnehmer kontrollieren, ob es sich auch um „öffnende" Fragen handelt.
Anschließend werden die beobachteten und erlebten Schwierigkeiten mit offenen Fragen diskutiert.

Mit den Verständlichmachern, dem aktiven Zuhören und den „offenen Fragen" haben wir das zentrale Handwerkszeug für eine erfolgreiche Kommunikation auf der Inhaltsebene kennen gelernt. Wir werden es aber auch im Zusammenhang mit der Prozesssteuerung auf der Beziehungsebene benötigen, da ja beide Bereiche eng miteinander verbunden sind.

3.2.2. Gesprächssteuerung auf der Beziehungsebene

Im Folgenden werden wir unsere Aufmerksamkeit auf die Kommunikationsprozesse konzentrieren, die vorwiegend „sprachfrei" übermittelt werden. Wir werden die möglichen Störfaktoren analysieren und überlegen, wie sie verringert werden können. Dieser Bereich wird häufig vernachlässigt, weil wir uns als „vernünftige" Menschen auf die sprachlichen Inhalte konzentrieren und versuchen, möglichst „sachlich" zu bleiben. Diese „Kopflastigkeit" führt dazu, dass wir die nonverbalen Botschaften, die bei der Selbstkundgabe, den Beziehungsdefinitionen und den Appellen auftreten, nicht beachten und uns dann wundern, dass Gespräche plötzlich scheitern.

Bei unseren bisherigen Betrachtungen haben wir schon gesehen, wie sehr die verbal-inhaltliche Seite des Kommunikationsquadrats auf die nonverbale Ebene ausstrahlt und umgekehrt. Die Botschaften auf der Inhaltsebene können wir relativ exakt formulieren, auch wenn die Bezeichnung „digital" etwas übertrieben ist. Die nonverbalen Botschaften sind allerdings mehrdeutig, so dass bei ihrer Entschlüsselung verschiedene Interpretationen und Verzerrungen möglich sind. Wenn unsere Selbstkundgabe nur über das Ausdrucksverhalten (Mimik, Gestik, Gebärden, Lautstärke usw.) verläuft - also implizit- dann dürfen wir uns nicht wundern, wenn verschiedene Personen uns auch unterschiedlich erleben. Es wird auch hier unser Bemühen sein, das implizite Verhalten explizit darzustellen, d.h. zu versuchen, es klar, auch auf der sprachlichen Ebene, zu formulieren.

Bei allen Kommunikationen geben wir - ob wir es wollen oder nicht - Informationen über unsere Persönlichkeit weiter. Durch unser Aussehen, die Stimme, die Kleidung, die Rolle in der wir agieren, die Art wie wir die Kommunikationspartner ansprechen, usw. baut sich der Empfänger ein Bild über uns auf, das sehr vielseitig sein kann. Die damit verbundenen Fehlerquellen haben wir schon im Zusammenhang mit dem Kapitel Personenwahrnehmung betrachtet. Diese Verzerrungen können wir nur dadurch verringern, dass wir uns über die eigenen Reaktionstendenzen in Gesprächen klar werden, Feedback über unser Verhalten einholen und versuchen, die Kommunikation so zu gestalten, dass sie auch echt, d.h. in Übereinstimmung mit der eigenen Person ist.

Nachdem wir diese Aspekte durch Übungen näher betrachtet haben, werden wir uns den Störungen zuwenden, die häufig von der Inhaltsebene auf die Beziehungsebene ausstrahlen und die wir auch bei den gegenseitigen (impliziten) Beziehungsdefinitionen häufig antreffen. In diesem Zusammenhang werden wir auch erfahren, wie Beziehungsstörungen durch „Metakommunikation" angesprochen und geklärt werden können.

Persönliche Reaktionstendenzen im Gespräch:

Die Art und Weise, wie wir in Gesprächen reagieren, ist abhängig von grundsätzlichen Einstellungen und Haltungen. Die typischen Gesprächsreaktionen sind Ausdruck unserer Persönlichkeit und dienen der indirekten Selbstkundgabe. Die folgende Aufgabe (in Anlehnung an Mucchielli 1972, Weinberger 1988 und Weisbach 1994) dient dazu, Ihre spontanen Gesprächsreaktionen zu erfassen.

Übung „ Reaktionstendenzen im Gespräch"

Sie finden im Folgenden zehn Gesprächsausschnitte mit jeweils fünf Reaktionsmöglichkeiten. Versetzen Sie sich bitte möglichst gut in die Gesprächssituation und kreuzen Sie die Antwort an, die Sie am ehesten gegeben hätten. Also bitte nicht überlegen, welche Antwort theoretisch am besten wäre. Folgen Sie Ihrem ersten spontanen Impuls.

Wenn Ihnen gar keine Antwort entspricht, dann kreuzen Sie einfach die an, die Ihrer Tendenz noch am ehesten entsprechen würde.

1. Eine etwa 30-jährige Frau berichtet mit zaghafter Stimme: „Seit acht Jahren wohne ich jetzt schon in dieser Wohnung, aber ich habe noch niemanden kennen gelernt. Auch im Büro bin ich isoliert und habe nur wenig Bekannte. Ich versuche zwar, zu allen freundlich zu sein, aber im Grund glaube ich, dass niemand mich mag. Ich rede mir dann ein, dass es mir eigentlich egal ist und ich mich auf andere Leute auch gar nicht verlassen kann."

o A: Sie sind zu pessimistisch; man wird schon noch auf Sie zukommen.

o B: Ich kenne viele Menschen, die auch in Ihrer Situation waren und dann Anschluss gefunden haben; sie haben Kurse in der Volkshochschule besucht oder sind einem Verein beigetreten. Sie dürfen sich nur nicht einreden, dass Sie immer allein bleiben müssen.

o C: Bitte erzählen Sie mir doch, was Sie bisher getan haben, um Bekannte zu finden, damit wir sehen können, wo der Fehler liegt.

o D: Ich habe das Gefühl, dass diese Situation Sie sehr unglücklich macht und die Gefahr besteht, dass Sie sich damit abfinden, keine Freunde zu finden.

o E: Es ist nicht schön, wenn man keine Freunde hat und Sie sollten wirklich etwas dagegen tun! Ich glaube aber, Sie stellen zu hohe Erwartungen an die anderen.

----

2. Eine 36-jährige Frau erzählt mit müder Stimme: „Ich weiß wirklich nicht, was ich tun soll – soll ich meine alte Stelle als Telefonistin wirklich wieder annehmen – die Arbeit dort macht mich ganz nervös, das stresst mich furchtbar – aber ich hätte dann wenigstens eine feste Arbeit und ein sicheres Gehalt. Oder soll ich das alles lassen und endlich tun, was mir wirklich Spaß macht, etwas mit mehr Abwechslung, wo man sich auch weiter entwickeln kann. Aber dann müsste ich wieder von vorne anfangen und würde auch deutlich weniger verdienen. Ich weiß nicht, ob ich das wirklich schaffen werde?"

o A: An welche neue Tätigkeit haben Sie gedacht? Es ist sicher sehr sinnvoll, darüber vorher genau nachzudenken!

o B: Seien Sie vorsichtig! Bevor Sie sich auf etwas Neues einlassen, müssen Sie schon sicher sein, ob sich Ihr Wunschtraum auch realisieren lässt.

o C: Nun da kann ich sicher was machen; ich kenne da einen Personalchef, mit dem werde ich reden. Der hat sicher was für Sie!

o D: Ich verstehe, das ist für Sie schon sehr schwierig: Auf der einen Seite die Anfangsschwierigkeiten mit wenig Geld aber mehr Spaß und auf der anderen Seite die alte Arbeit, die Ihnen ein sicheres Einkommen bietet, aber viel Stress beinhaltet.

o E: Sie machen sich einfach zu viele Sorgen! Lassen Sie das Ganze erst einmal auf sich zukommen, dann wird sich schon die richtige Entscheidung finden.

---

3. Eine 28-jährige Frau erzählt mit leiser, niedergedrückter Stimme: „Eigentlich ist das immer mein Problem gewesen, in meinem ganzen Leben hat man mir nie etwas zugetraut. Immer wurde mir vorgeschrieben, was ich tun sollte – das war immer so. Und heute bin ich wirklich wieder furchtbar am Jammern, aber, - ...“

o A: Das muss ja für Sie schlimm gewesen sein, aber das kann sich ändern: Kopf hoch! Sie werden es den anderen schon noch zeigen.

o B: Es wird Zeit, dass Sie darüber hinwegkommen. Sie müssen jetzt Schritt für Schritt versuchen, mehr Selbstbewusstsein zu entwickeln.

o C: Irgendwie macht es sie sehr traurig, dass man Ihnen nie etwas zugetraut hat.

o D: Gab es früher wirklich keinen Menschen, der Sie anerkannt hat,. weder in der Familie, in der Schule noch im Beruf?

o E: Sie sollten nicht dauernd jammern! Davon wird es nicht besser und außerdem gibt es viele Leute die es noch viel schwerer haben als Sie!

---

4. Ein 16-jähriger Junge berichtet:: „Ja und es gibt eben sehr viele in meinem Alter, die ich kenne und die mich ablehnen. Ich weiß gar nicht wieso das so ist, weil die mich doch gar nicht näher kennen“.

o A: War das schon immer so? Gibt es wirklich niemanden, der Dich mag?

o B: Versuch doch einfach mal, auf die anderen zuzugehen. Wahrscheinlich stellst Du dann fest, dass die anderen Dich gar nicht so ablehnen, wie Du meinst.

o C: So viel rumgrübeln ist das Verkehrteste, was Du machen kannst. Dadurch ziehst Du Dich nur noch mehr zurück!

o D: Nimm das doch nicht so tragisch. Die werden ihre Ansichten schon noch ändern.

o E: Es beschäftigt Dich schon sehr, warum die anderen Dich ablehnen.

---

5. Eine 45-jährige Kollegin setzt sich in der Mittagspause zu Ihnen und beklagt sich über ihre neue Chefin: „ Da haben sie uns vielleicht eine Niete vorgesetzt! Was die kann, das kann ich schon lange! Ich hatte sie gewarnt und jetzt werden sie schon sehen, was sie sich eingehandelt haben. Auf mich hört ja keiner!“

o A: Warten Sie doch noch etwas ab; mit der Zeit werden sie sich schon aneinander gewöhnen und besser verstehen.

o B: Sie wollten wahrscheinlich selbst den Job und sind nun sauer, weil man sie übergangen hat!

o C: Sie finden Ihre neue Vorgesetzte völlig unqualifiziert und würden am liebsten zeigen, wie man den Job richtig macht. Aber dazu sehen Sie momentan keine Chance.

o D: Was hat die neue Chefin eigentlich bisher gemacht? Wissen Sie vielleicht, warum sie dort aufgehört hat und was man ihr für die neue Position zugesagt hat?

o E: In Ihrer Situation ist es am besten, wenn Sie das Verhalten der Chefin einfach beobachten und protokollieren. Damit gehen Sie dann zum Personalchef und zum Betriebsrat, damit sich was ändert.

---

6. Ein 15-jähriger Junge berichtet: Ich kann mich nicht so wie andere Jugendliche spontan über etwas freuen. Wenn ich z.B. bei einem Fussballspiel bin und die anderen springen bei einem Tor so auf und jubeln, dann wundere ich mich nur, warum die so rumspringen und aus dem Häuschen sind. Irgendwie finde ich das lächerlich.

o A: Du fühlst Dich dann irgendwie verlassen und fremd.

o B: Man muss sich auch mal spontan freuen können und darf sich nicht krampfhaft zurückhalten.

o C: Macht Dir überhaupt nichts Spaß? Überlege mal: Wann hast Du Dich das letzte Mal so richtig gefreut?

o D: Nimm das nicht so schwer; es gibt sicher irgendwelche Sachen, über die Du Dich spontan freuen kannst; es muss ja nicht gerade Fußball sein.

o E: Geh doch mal mit Freunden in einen lustigen Film oder dahin, wo die Menschen fröhlich sind. Fröhlichkeit ist meistens ansteckend!

---

7. Ein langjähriger, zuverlässiger Mitarbeiter, der noch niemals die Fortbildungsangebote genutzt hat und nun ein Führungsseminar mitmachen soll, sagt: „ Danke, aber das ist wirklich nichts für mich. Schicken Sie doch bitte die Jüngeren hin, die können noch was lernen, für die ist das vielleicht gut. Lassen Sie mich im Betrieb; wer soll denn den Laden in meiner Abwesenheit führen?"

o A: Ich würde gerne mal wieder in Ihrem Bereich arbeiten und vertrete Sie in dieser Zeit. Einverstanden?

o B: Das halte ich aber für eine Ausrede. Es täte auch Ihnen mal gut, wenn Sie sich fortbilden würden. Dass Sie den Betrieb vorschieben und auf die Fortbildung verzichten, finde ich nicht gut!

o C: Das hört sich ja fast so an, dass Ihnen die Fortbildung unangenehm ist, weil Sie schon über vierzig sind.

o D: Na sooo alt sind Sie wirklich noch nicht und machen Sie sich bloß keine Sorgen, dass man Sie zum alten Eisen zählt.

o E: Wann waren Sie zum letzten Mal auf einer Weiterbildung? Und auf welchem Seminar? Mich interessiert, was Sie da für schlechte Erfahrungen gemacht haben.

----

8. Eine 30-jährige Frau berichtet: „Die letzten fünf Jahre fahre ich also die hundert Kilometer nach N. und arbeite dort als Bedienung. Aber ich hasse diese Arbeit und denke mir manchmal: Das mache ich nicht mehr lange mit."

o A: Sie leiden unter dieser Arbeit, aber wenn Sie daran denken, dass andere Leute überhaupt keine Arbeit haben, dann haben Sie es ja eigentlich gar nicht so schlecht!

o B: Die Arbeit ist Ihnen so verhasst, dass Sie möglichst bald aufhören müssen, bevor Sie sich kaputtmachen.

o C: Sie müssen sich jedes Mal furchtbar überwinden, um zur Arbeit zu fahren.

o D: Was haben Sie bisher unternommen, um eine andere Arbeit zu finden? Haben Sie wirklich alle Möglichkeiten ausgeschöpft?

o E: Sie sollten nicht so rumjammern; andere Leute wären froh, wenn sie noch so einen guten Zusatzverdienst hätten.

----

9. Eine 23-jährige Frau berichtet: „Auf der Heimfahrt vom Betriebsausflug haben die anderen im Bus dauernd geredet; es war zwar sehr undeutlich, aber was ich verstanden habe, war immer irgendeine Anspielung. Ich habe mich die ganze Zeit gefragt, warum sich die über mich lustig machen, wo ich doch kaum etwas gesagt habe."

o A: Sie dürfen das nicht so tragisch nehmen; die haben sicher über ganz was anderes geredet.

o B: Wenn Sie immer alles auf sich beziehen, dann kommen Sie nicht weiter. Die haben doch sicher was Besseres zu tun, als dauernd über Sie zu reden.

o C: Sie sollten sich einfach mal einer verständnisvollen Kollegin anvertrauen. Erzählen Sie ihr aber auch, dass es Ihnen furchtbar schwer fällt, auf andere zuzugehen.

o D: Es ist für Sie immer noch äußerst unangenehm, wenn Sie an den Betriebsausflug denken.

o E: Sind Sie sonst eigentlich auch so zurückhaltend? Gab es früher vielleicht auch schon Situationen, wo Sie meinten, dass alle sich über Sie lustig machen?

10. Ein 25-jähriger Diplomkaufmann erzählt. „Jetzt habe ich endlich mein Studium erfolgreich abgeschlossen und schon 25 Bewerbungen geschrieben. Bisher bekam ich nur Absagen und das bringt mich langsam zur Verzweiflung."

o A: Ich verstehe, nach einem endlich erfolgreich abgeschlossenen Studium kommen erfolglose Bewerbungen: Das bringt Sie zur Verzweifelung.

o B: Sie müssen da beim heutigen Arbeitsmarkt Geduld haben; irgendwann klappt es schon mit einer Stelle.

o C: Wo haben Sie sich denn überall beworben? Wie haben Sie denn Ihr Bewerbungsschreiben aufgebaut?

o D: Wahrscheinlich haben Sie für die meisten Arbeitgeber zu lange studiert oder zu schlechte Noten: Nach so vielen Bewerbungen müsste man schon längst eine Stelle haben.

o E: Wissen Sie was, Sie müssen direkt die Personalchefs ansprechen: Am besten Sie gehen gleich morgen in die Personalabteilung der Firma X , verlangen den Leiter und sagen, dass Sie Arbeit haben wollen! Das macht Eindruck.

Nachdem Sie die zehn Situationen bearbeitet haben, übertragen Sie Ihre gegebenen Antworten in Tabelle 9. Markieren Sie dabei einfach Ihre Antwort bei der jeweiligen Situation (1 bis 10).

Tab. 10: Auswertungsschema für Antworttendenzen

Antwort-Tendenz	Gesprächssituationen									
	1	2	3	4	5	6	7	8	9	10
I	A	E	A	D	A	D	D	A	A	B
II	C	A	D	A	D	C	E	D	E	C
III	B	C	B	B	E	E	A	B	C	E
IV	E	B	E	C	B	B	B	E	B	D
V	D	D	C	E	C	A	C	C	D	A

Wenn Sie Ihre Auswertung betrachten, werden Sie feststellen, dass bei Ihnen eine bestimmte Antwortneigung häufiger vorkommt, bzw. sogar dominiert, während andere seltener oder nur vereinzelt auftreten. Die hier beobachteten Abweichungen sind durch spezifische Aspekte der Situation (Alter, Thematik u.a.) bedingt. Für die Interpretation Ihrer Antwortneigungen benötigen Sie die Interpretationshinweise von Tabelle 10.

Die dominierende Reihe weist dabei auf Ihre zentrale Grundhaltung in Gesprächen hin; die schwächer dominierende(n) Reihe(n) entspricht einer weiteren Reaktionsneigung, die durch bestimmte thematische oder situative Faktoren ausgelöst wird usw.. Haben Sie mehrere abweichende oder isolierte Reaktionen, dann besteht die Gefahr, dass Ihr Gesprächsverhalten sehr stark durch thematische oder situationsbezogene Faktoren beeinflusst wird. Vielleicht können Sie in ihrer persönlichen Lerngeschichte Anhaltspunkte dafür finden?

Sie haben bei der Auswertung sehen können, dass Ihre Reaktionstendenzen im Gespräch nicht homogen, sondern auch von situativen Zusammenhängen abhängig sind. Es gibt zwar meistens eine dominierende Tendenz, daneben aber themen- oder situationsbedingte Abweichungen, bei denen ein anderer Bereich Ihrer Person angesprochen wird. Wir reagieren nicht als isolierte Person, sondern erleben in Abhängigkeit vom sozialen Kraftfeld der Gesprächssituation. Als Person sind wir auch keine homogene Handlungseinheit, sondern durch unser komplexes Motivgefüge, unterschiedliche Rollenzugehörigkeit und unser „inneres Team" (Schulz von Thun 1998) entwickeln wir in den aktuellen Situationen unterschiedlich starke Handlungsimpulse, die wir im konkreten Fall erst einmal ordnen und ausrichten müssen, damit auch unsere Selbstkundgabe nicht zerrissen wirkt.

Tabelle 10: Interpretationsschlüssel der Antworttendenzen

Antworttendenz	
I	**Beruhigen, trösten, relativieren:** Die Probleme und Gefühle des Gesprächspartners werden nicht besonders ernst genommen und heruntergespielt. Sie versuchen zu beruhigen und zu vertrösten. Die Gefahr besteht, dass der Gesprächspartner sich nicht ernstgenommen und verstanden fühlt. Sie empfinden eher Mitleid und wollen die Angelegenheit nicht dramatisieren. („Angepasstes Kindheits-Ich" - Erklärung siehe folgender Exkurs)
II	**Nachfragen und ausforschen:** Sie fragen nach weiteren Informationen und lenken das Gespräch in die Richtung die Ihnen wichtig erscheint. Sie wollen möglichst viele Daten für eine genaue Diagnose. Dabei besteht die Gefahr, dass der Gesprächspartner vielleicht ganz andere Aspekte für wichtig hält, die durch Ihre direkten Fragen nicht angesprochen werden. („Erwachsenen-Ich")
III	**Ratschlag geben:** Sie streben eine sofortige Problemlösung an und drängen zur Tat. Als „wissender" Berater verteilen Sie Ihre Rat-„schläge", drängen den Gesprächspartner in eine passive Situation und nutzen sein Problemlösungspotential nicht aus. („Fürsorgliches Eltern-Ich")
IV	**Kritik / Bewertung:** Sie geben ein (negatives) Werturteil ab und kritisieren den Gesprächspartner. Diese moralisierend-verurteilende Haltung hilft in der Regel nicht weiter. („Kritisierendes Eltern-Ich")
V	**Verständnis:** Sie versuchen die Situation des Gesprächspartners aus seiner Sicht zu verstehen, ohne ihn in irgendeiner Form auszufragen oder ihn in eine bestimmte Richtung zu drängen. („Erwachsenen-Ich")

Die Aussage **„Willst Du ein guter Kommunikator sein, dann schau erst in dich selbst hinein"** (Schulz von Thun 1998, S. 15) ist von zentraler Bedeutung, wenn wir das „innere Team", die „verschiedenen Seelen in unserer Brust" oder unser aktuelles Motivgefüge ordnen wollen, um zu einem stimmigen, integren Gesprächsverhalten zu kommen, das auf den Gesprächspartner echt und „fassadenfrei" wirkt. Wie schon mehrmals angesprochen, kann dies nicht „antrainiert" werden – die Fassade/Maske bleibt erkennbar – sondern die „Echtheit" muss der persönlichen Integrität entsprechen, wie sie von der Humanistischen Psychologie angestrebt wird.

In einem kleinen Exkurs möchte ich auf eine Persönlichkeitstheorie verweisen, bei der die verschiedenen Aspekte der persönlichen Reaktionen im Kommunikationssystem relativ einfach und übersichtlich dargestellt werden. Daneben möchte ich Ihnen die ausführliche Darstellung der Transaktionsanalyse von Harris (2002, 2003) und des „inneren Teams" von Schulz von Thun (1998) zur vertieften Lektüre empfehlen.

Exkurs: Die Transaktionsanalyse (TA)

Gespräche laufen nach ganz bestimmten, eingeschliffenen Programmen ab, wie es ja auch von der Palo-Alto-Schule betont wird. Wenn wir die Programme kennen, dann können wir die Abläufe besser verstehen und auch steuern. Nach dem Modell der Transaktionsanalyse – der Begriff klingt sehr bedrohlich und kompliziert, ist es aber nicht – lässt sich unser gesamtes Verhalten nach drei deutlich unterscheidbaren Verhaltensweisen einteilen (Berne 2003, Harris 2002, 2003). Berne – der Vater der TA – orientiert sich dabei sehr stark an der psychoanalytischen Entwicklungs- und Persönlichkeitstheorie und unterscheidet drei **„Ich-Zustände"**, die als „Eltern-Ich", „Erwachsenen-Ich" und „Kindheits-Ich" übersetzt werden können. Diese Reaktionsbereitschaften werden dabei nicht isoliert, sondern in ihrem systemischen Zusammenhang diagnostiziert und bewertet.

– Das **Eltern-Ich (E)** setzt sich aus dem zusammen, was Eltern ihren Kindern vermittelt haben: Zuwendung, Liebe, Lob, Bestrafung, Verbote, Ermahnungen, Lebensweisheiten und sonstigen „Sollvorstellungen". Das Eltern-Ich beinhaltet einen **kritischen** (E_k: moralisierend, beurteilend, kontrollierend) und einen **fürsorglichen** (E_f: helfend, beschützend) Anteil. Wenn wir aus dem Eltern-Ich heraus agieren, befinden wir uns stets in einer überlegenen und starken Position. Deshalb ist dieser Ich-Zustand bei vielen Menschen sehr beliebt. Das Eltern-Ich ist das gelernte Lebenskonzept und besteht aus Normen, Regeln und Wertvorstellungen.

Als Beispiel für den kritischen Anteil wäre die Äußerung einer Mutter „wenn Du einfach mehr Ordnung halten würdest, dann hättest Du die Schlüssel auch gefunden" und als Beispiel für den fürsorglichen Anteil wäre „und zieh' Dir bitte eine Jacke an, denn es ist kalt draußen!".

– Das **Kindheits-Ich (K)** besteht aus den Gefühlen und Verhaltensmustern der Kindheit. Jeder erwachsene Mensch – auch wenn er sich noch so vernünftig und reif gibt – hat dieses Kleinkind noch in sich, das drei verschiedene Ausprägungen einnehmen kann: **natürlich (K_n:** spontan, verspielt, kreativ), **angepasst (K_a:** folgsam, unterwürfig, unsicher) oder **rebellisch (K_r:** trotzig, wehleidig). Das Kindheits-Ich kann man auch als das „gefühlte" Lebensprinzip bezeichnen.

Das natürliche Kindheits-Ich zeigt sich durch spontane Gefühle, Freude, Ausgelassenheit, das angepasste durch unterwürfige Haltung und entschuldigende Formulierungen („... , bitte verzeihen, wird nie mehr vorkommen") und das rebellische durch verärgerte, wütende Mimik und patzige oder wehleidige Formulierungen („Wenn Sie immer alles besser können, dann machen Sie Ihren Dreck doch alleine!").

– Das **Erwachsenen-Ich (A** von adult) versucht die Impulse aus dem Eltern- und dem Kindheits-Ich mit der Realität zu verbinden. Es ist vernünftig, sachlich, analysierend, holt weitere Informationen ein und trifft realitätsbezogene Entscheidungen.

Nach diesem Modell ist unsere Persönlichkeit keine integrierte Einheit, sondern besteht aus einem dynamischen Motivgefüge, das sich in der frühkindlichen Sozialisation entwickelte und von den aktuellen Kommunikationsbezügen mitbestimmt wird. Ein partnerschaftlicher Kommunikationsstil wird dabei seinen Schwerpunkt auf dem Erwachsenen-Ich, dem natürlichen Kindheits-Ich und dem fürsorglichen Eltern-Ich haben.

Zur Analyse der Kommunikation und möglicher Störungen kann man nun Sender und Empfänger durch jeweils drei Kreise darstellen, welche die Ich-Zustände symbolisieren. Wir zeichnen dann die Nachricht als Pfeil, der sich vom jeweiligen Ich-Zustand des Senders an einen der Ich-Zustände des Empfängers wendet. Reagiert der angesprochene Ich-Anteil des Empfängers in der gewünschten Art, dann haben wir entweder eine symmetrische oder komplementäre Transaktion, die eine harmonische Kommunikation begleitet. Beispiele sind schematisch in Abbildung 16 eingezeichnet.

Folgender Gesprächswechsel wäre eine symmetrische Transaktion über das Erwachsenen-Ich:

A: „Haben Sie den Auftrag schon fertig?" B: „Nein, wir müssen da noch einige Fragen abklären". (A-A)
Ein Beispiel für eine komplementäre Transaktion zwischen Eltern- und Kindheits-Ich wäre:
A: „Ihre dauernde Unpünktlichkeit kann ich nicht mehr länger ertragen!" – B: „Es tut mir sehr leid – es wird nicht mehr vorkommen; geben Sie mir bitte noch eine Chance". (E – K)

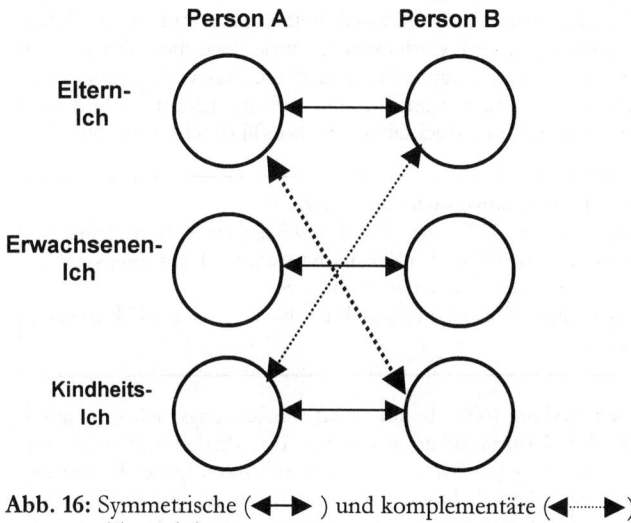

Abb. 16: Symmetrische (◄►) und komplementäre (◄┈┈►) Transaktion

Verlaufen die Transaktionen nicht parallel, sondern gekreuzt, dann kommt es zu Komplikationen, die schnell eskalieren und zu lautstarken Auseinandersetzungen führen können. Dies soll am klassischen Ampelbeispiel (Schulz von Thun 1981) demonstriert werden:
Die Frau sitzt am Steuer und der Beifahrer A sagt zu ihr: „Du, die Ampel da vorne ist grün". Vordergründig, d.h. rein wörtlich genommen ist dies eine sachliche Botschaft des Erwachsenen-Ichs an das Erwachsenen-Ich der Fahrerin (A - A), und die Fahrerin könnte eine symmetrische Transaktion durchführen und antworten: „Ja, danke". Unterschwellig enthält diese Botschaft aber auch eine „Eltern-Ich-Tönung", auf die unsere Fahrerin aus dem Kindheits-Ich entweder angepasst („O ja, entschuldige, dass ich heute so unaufmerksam

bin.") oder rebellisch („Ich bin doch nicht blöd, das sehe ich selbst; wer fährt eigentlich, Du oder ich?") reagieren kann. Sie könnte aber auch aus dem Eltern-Ich reagieren und antworten: „Meine Güte, Du kommst schon noch rechtzeitig zu Deinem Termin! Sei nicht immer so ungeduldig. Außerdem weißt Du, dass ich das Reinreden beim Fahren nicht ausstehen kann!"

Wenn wir die gekreuzten Transaktionen erkannt haben, dann ist es das Ziel, möglichst bald zu einer parallelen Kommunikation zurück-zufinden. Die Analyse der Transaktionen (auch mit Skizzen) kann den Gesprächspartnern verdeutlichen, was „zwischen Ihnen läuft"; so kann man damit häufig bewusst machen, dass viele partnerschaft-lich beabsichtigten Kommunikationen auf eine Eltern-Ich mit Kind-heits-Ich Transaktion zurückfallen und konfliktträchtig werden.

Übung „Transaktionsmuster analysieren"
Im Kap. 3.1.2., S. 127 haben wir den Verlauf einer Teamsitzung be-schrieben. Analysieren Sie den Verlauf mit Hilfe der Transaktionsanalyse.
- Welche gekreuzten Transaktionen finden Sie?
- Was hätte man Ihrer Meinung nach tun können, um die Eskalation zu vermeiden?

Mit diesem Exkurs sollte demonstriert werden, dass viele dynamische Aspekte der Kommunikationspartner die Beziehungsebene stark beeinflussen. Dies betrifft die Aspekte Selbstkundgabe, Beziehungs-definition und Appell. Doch wie können wir die potentiellen Stör-quellen in den Griff bekommen? Die wesentliche Möglichkeit be-steht darin, implizite Botschaften explizit zu formulieren. Wir müssen versuchen, unsere inneren Befindlichkeiten zu verbalisieren, um die Mehrdeutigkeit der nonverbalen („analogen") Botschaften einzuen-gen, d.h. möglichst eindeutig zu formulieren; d.h. wir müssen die Botschaften der Beziehungsebene auf die Inhaltsebene übersetzen. Dies können wir erreichen, indem wir Ich-Aussagen formulieren, angriffsarm reagieren und Feedback einholen.

Bevor wir auf diese Aspekte eingehen, ist es sehr sinnvoll die folgen-de Übung - die leider nicht als Einzelexperiment geeignet ist - durch-zuführen.

Reaktionen auf Störungen:

Übung „Wohin mit den fünf Smilies (☺)" :

Bei dieser Übung werden neun oder mehr Teilnehmer benötigt. Einer der Teilnehmer (sein Sitzplatz sollte die Teilnehmergruppe am besten halbieren) setzt sich vor die Gruppe und erhält ein Formblatt in das viele sich überschneidende Kreise eingezeichnet sind. In fünf Feldern ist jeweils ein Smily eingezeichnet. Die Teilnehmer erhalten ebenfalls ein Formblatt, allerdings ohne eingezeichnete Smilies. Der Sender soll, nach einer kurzen Überlegungszeit, die Lage der Smilies auf seinem Formblatt so beschreiben, dass die anderen Teilnehmer sie in ihr Formblatt eintragen können. Die Teilnehmer können, sobald sie wollen, Fragen stellen und auch miteinander diskutieren.

Verboten ist (sollte visualisiert werden): Beim Nachbarn ins Blatt schauen, dem Sender oder anderen Teilnehmern die eingezeichneten Smilies auf dem eigenen Blatt zeigen und Hilfsmittel (Lineal o.ä.) verwenden. Alle Kommunikationen müssen verbal verlaufen (wie bei der Übung Zweiweg-Kommunikation. Es ist sehr empfehlenswert, diese Übung mit Video aufzuzeichnen, um die nonverbalen und verbalen Reaktionen auf Störungen demonstrieren zu können.

Die weitere Übungsbeschreibung und das benötigte Material findet der Leser im Anhang (S. 229f.).

Nach der Übung sollen die Teilnehmer folgende Fragen beantworten:

1. Wie haben Sie sich bei der Übung gefühlt? - (Videoanalyse)

2. Welche individuellen Reaktionen auf Störungen haben Sie bei sich / bei den anderen beobachtet?

3. Welche Reaktionen haben aus Ihrer Sicht die Problemlösung erschwert bzw. erleichtert?

Bei dieser Übung kommt es zwangsläufig zu unterschiedlichen Sichtweisen, Auffassungen und Meinungsverschiedenheiten zwischen den beiden (durch den leeren Stuhl des Senders getrennt sitzenden) Teilnehmergruppen. Die Störungen, die durch missverständliche Informationen bei der Hälfte der Teilnehmer provoziert werden, führen zu individuell sehr unterschiedlichen Reaktionen auf der Teilnehmerseite.

Die möglichen Reaktionen auf Störungen sind schematisch in Abbildung 17 dargestellt. Diese Abbildung sollte nach der Ergebnisdiskussion auf Flipchart visualisiert werden. Sinnvoll ist es auch, die Folgen der dominierenden Reaktionen (Rückzug / Wut) für die Beseitigung der Störung zu diskutieren.

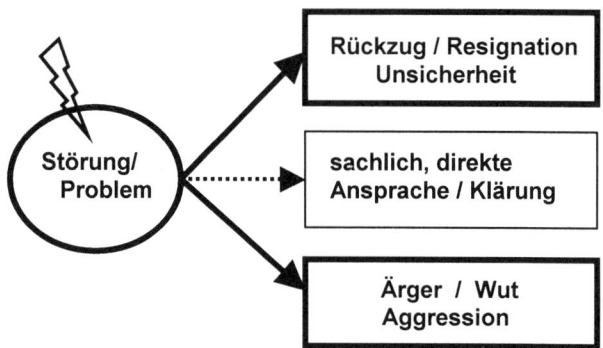

Abb. 17: Reaktionen auf Störungen

Rückzug bzw. Ärger und Aggression führen beim Sender zu Unsicherheiten und/oder Verärgerungen, durch welche die Kommunikationsstörung weiter eskaliert. Nur die sachliche, direkte Ansprache des Problems, die Rückmeldung an den Sender über das, was beim Empfänger angekommen ist, schafft die Basis, auf der die Störung beseitigt werden kann.

Dieses **„angriffsarme Reagieren"** zeigt sich in folgenden Verhaltensweisen, (die aus der vorangegangenen Übung abgeleitet werden sollten):

- **Aktives Zuhören**: die Einwände, Bedenken, Vorwürfe und Gegenargumente akzeptieren und zu verstehen versuchen. Nonverbale Botschaften aufgreifen.

- Die Vorgänge auf der Beziehungsebene in den Vordergrund rücken (**„Störungen haben Vorrang"**).

- Beobachtungen **beschreiben** und erst anschließend bewerten (lassen).

- Die eigenen Ziele und Gefühle offen darstellen (**Ich-Botschaften und keine Du-Angriffe**).

- Die **Gefühlslage** des „Partners", seine Ziele und Wünsche kennen lernen und versuchen zu verstehen.

- **Brücken** zwischen den unterschiedlichen Standpunkten **bauen**.

- **Sich klar** zu notwendigen Entscheidungen **bekennen**.

Den Unterschied zwischen Beschreibungen und Bewertungen haben wir im Zusammenhang mit dem Thema „Systematische Verhaltensprognose" schon herausgearbeitet. Wir neigen dazu, Verhaltensbeobachtungen sofort zu bewerten; bleiben wir auf der rein beschreibenden Ebene, dann kann es darüber eigentlich nicht zu Meinungsverschiedenheiten kommen. Wenn wir aus diesen Beschreibungen eine Bewertung ableiten, dann ist diese transparent und weniger konflittträchtig.

Übung: „Angriffsarm formulieren"

Ein Berufsschullehrer überdenkt sein Verhalten und sagt zu sich:
(1) Eigentlich könnte ich mir viel Ärger ersparen, wenn ich beim Gespräch mit Schülern mir alles ruhig anhören und mich mit Stellungnahmen und Ärger zurückhalten würde. Aber dies ist ja nicht meine Aufgabe! Ich muss ihnen ja auch ganz deutlich sagen, was Sache ist und wie ich die Situation beurteile. Dann gibt es aber meist saure Gesichter und Ärger. Da kann man nichts ändern. Hier zwei Beispiele aus letzter Zeit, bei denen meine Äußerungen zu Ärger und Streit mit Klienten geführt haben:

„Hören Sie doch auf mit den dauernden Ausreden; dass Sie immer noch so schlechte Noten schreiben liegt einfach daran, dass Sie zu faul sind und sich überhaupt nicht für den Stoff interessieren, sondern ihm aus dem Weg gehen."

(2) Eine kritische Nachbarin sagt: „Sie haben es einfach versäumt, Ihr Kind richtig zu erziehen. Es ist jetzt verwahrlost, und man sollte Ihnen die Verantwortung für Ihr Kind möglichst schnell entziehen."

Bitte formulieren Sie beide Aussagen ebenso klar, aber angriffsärmer.

Auf der Beziehungsebene wird implizit ausgedrückt, was der Sender vom Empfänger hält („so einer bist Du" und „so sehe ich unsere Beziehung!"). Dies geschieht nonverbal, häufig aber auch in Form von **„Du-Botschaften"**, wie z.B. „ Du bist einfach rücksichtslos", „Du hast mich beleidigt" oder „Du bist unpünktlich". Diese „Du-Botschaften" sind interpretativ und werden - zumindest wenn Sie negativ formuliert sind - als Angriffe erlebt, die bestehende Störungen verstärken.

"Ich-Aussagen" sind (als Selbstkundgabe) angriffsärmer und informieren darüber, was ein bestimmtes Verhalten bei mir ausgelöst hat. Die oben genannten Beispiele der „Du-Botschaften" könnten als Ich-Aussagen etwa so formuliert werden: „Du hast gestern mit H und L gesprochen, und da habe ich mich einfach übergangen gefühlt", „dass ich nach Deiner Aussage heute früh für die Arbeit nicht infrage komme, hat mich sehr verletzt" und „ich habe mich sehr geärgert, dass Du gestern 30 Minuten zu spät gekommen bist und ich im Regen warten musste; wenn das noch mal passiert, werde ich ...." Die Aussagen beinhalten zwar auch ein Du, sagen aber etwas über mich aus, das der andere nicht weiß, bzw. wissen kann und er wird damit konfrontiert, was sein Verhalten bei mir ausgelöst hat. Ich-Botschaften sagen nichts über den anderen aus und greifen ihn nicht als Person an, sondern sind eine Rückmeldung. „Ich-Botschaften senden, heißt mit den Menschen, denen man begegnet, offen, ehrlich und direkt umzugehen. Vielleicht liegt darin auch die Kraft von Ich-Botschaften" (Gordon 1982, S. 104). Sie sind im gewissen Sinne auch ein Appell um Hilfe.

Bei einer Ich-Botschaft genügt es jetzt nicht, dem anderen nur mitzuteilen, wie man sich fühlt. Um der Frage „was habe ich denn getan?" zuvorzukommen, ist es sinnvoll, das Verhalten, das Sie ablehnen kurz zu **beschreiben,** die dadurch hervorgerufenen Gefühle ehrlich zu äußern und die konkrete Wirkung, die Konsequenzen für Sie, darzustellen. Beim Einüben der Ich-Aussagen sollten wir uns nach Gordon (1982, S. 107) an der Formel „VERHALTEN + GEFÜHLE + WIRKUNGEN" orientieren, wobei die Reihenfolge ohne Bedeutung ist.

Übung „Ich-Aussagen formulieren"

Denken Sie bitte an vier Menschen, die Sie gut kennen und versuchen Sie

a) jeden mit einer positiven und einer negativen Eigenschaft zu beschreiben: z.B. Ludwig ist nett aber geizig.

b) Versuchen Sie jetzt diese Du-Botschaften (=Eigenschaftsworte) in die „dahinterstehenden" Ich-Aussagen zu übersetzen, z.B. (nett→)" ich fühle mich von Ludwig akzeptiert, weil er mich häufig lobt" ....

Die Ich-Botschaften sind uns relativ fremd (siehe Bewerten - Beschreiben) und wirken anfangs eher künstlich, weil wir erst lernen müssen, über unsere innere Befindlichkeit zu reden und unsere „Fassade" zu öffnen. Wenn es uns gelingt, diesen „inneren Käfig" zu verlassen, dann werden die Ich-Botschaften und auch unsere Phantasien zu Kontaktbrücken, mit deren Hilfe das bisher Unausgesprochene für den anderen transparent und verständlich wird.

Mit den Ich-Botschaften sind wir schon bei einem Thema gelandet, wie das Verhalten des Kommunikationspartners, als auch das eigene Verhalten verändert werden kann: **Feedback geben** und **Feedback nehmen**. Rückmeldungen auf unser Verhalten bekommen wir im Alltag dauernd, allerdings überwiegend in nonverbaler Form auf der Beziehungsebene. Man nickt uns zu, lächelt, lehnt sich zurück, schaut zum Fenster hinaus usw. Diese Botschaften sind leider mehrdeutig und Fehlinterpretationen aus dem „inneren Käfig" heraus sind leicht möglich. Deshalb ist es sinnvoll, die Prozesse auf der Beziehungs- aber auch der Inhaltsebene durch Feedback-Aktionen zu klären.

Für ein effektives Feedback haben sich die folgenden Regeln bewährt:

Was ist beim Empfangen von Feedback zu beachten?

- Erbitten Sie Feedback nur, wenn Sie es wirklich hören wollen, geben Sie konkret an, über welches Verhalten Sie Feedback haben möchten,

- hören Sie der Rückmeldung aktiv zu, fragen Sie nach und klären Sie Unsicherheiten,

- diskutieren Sie nicht über das Feedback und versuchen Sie nicht sich zurechtfertigen, sondern nehmen Sie sich Zeit, über das Feedback nachzudenken,

- teilen Sie dem Sender mit, wie Sie das Feedback erlebten und welche Konsequenzen Sie daraus ziehen (Ich-Aussage),

- bedanken Sie sich für die Rückmeldung, auch wenn sie nicht in der idealen Form, sondern als Kritik/Angriff ausgesprochen wurde.

Was ist beim Geben von Feedback zu beachten?

Der Sender sollte Feedback ...

- nur in einer offenen und vertrauensvollen Atmosphäre geben,

- nur geben, wenn es gewünscht und nicht aufgezwungen ist,

- möglichst bald nach dem beobachteten Verhalten geben und nicht irgendwann als "Abrechnung" äußern,

- als Ich-Botschaft formulieren (Verhalten + Gefühle + Konsequenzen),

- an den Bedürfnissen und der Belastbarkeit des Empfängers ausrichten (Cohn: "selektive Authentizität"),

- hilfreich formulieren, d.h. sich auf Verhalten beziehen, das auch verändert werden kann,

- so aussprechen, dass kein Unfehlbarkeitsanspruch und Veränderungszwang deutlich wird,

- partnerschaftlich („umkehrbar") formulieren,

- persönlich, offen und echt aussprechen.

Die klassische Übung aus der Gestalttherapie - der „heiße" Stuhl - ist gut geeignet, das Geben und Nehmen von Feedback kennen zu lernen.

Übung „Der heiße Stuhl": Bei dieser Übung hat jedes Teammitglied die Möglichkeit, Feedback auf sein eigenes Verhalten zu bekommen, bzw. den anderen Rückmeldung über ihr Verhalten zu geben. Wer ein Feedback erhalten möchte, setzt sich bei dieser Übung auf den freien Stuhl in der Mitte des Stuhlhalbkreises und bittet die anderen ihm zu sagen, was ihnen an seinem Verhalten im Team gefällt bzw. nicht gefällt. Diejenigen, die ihm Feedback geben wollen, treten nacheinander vor ihn hin, wobei sie die Distanz selbst bestimmen können und sagen ihm ihre Sichtweisen. Der Empfänger auf dem „heißen Stuhl" hört sich die Rückmeldungen schweigend an. Wenn keine Gruppenmitglieder mehr aufstehen, dann kann er die schweigenden Teilnehmer bitten, ihm noch Rückmeldungen zu geben. Anschließend berichtet er, wie das Feedback auf ihn gewirkt hat, bedankt sich und macht den Stuhl für den nächsten am Feedback interessierten Teilnehmer frei.

Wird das Feedback nach diesen Regeln durchgeführt, dann können damit bestehende Beziehungen geklärt und die Basis für eine offene Partnerschaft gelegt werden. Nur über die Rückmeldungen können wir Selbst- und Fremdbild differenzieren, korrigieren und damit die verschiedenen „Weltbilder" angleichen.

Wenn ich andere über mich informiere und Informationen über die Auswirkung meines Verhaltens auf andere einhole, kann ich den Raum meines freien Handelns erweitern. Wenn ich darüber hinaus den anderen Rückmeldungen gebe und Informationen erhalte (aktives Zuhören), dann wird die Beziehung offener, klarer und vertrauensvoller. Die Veränderungen des Selbst- und Fremdbildes hat Luft (1971) im „Johari-Fenster" (benannt nach **Joe** Luft und **Harry** Ingham) anschaulich dargestellt. Das Johari-Fenster besteht aus vier Rechtecken (A,B,C,D), die im Verlauf der Kommunikation (Gruppenentwicklung) ihre Größe verändern (Abbildung 18). Die Zeilen symbolisieren dabei die Aspekte meiner Person, die dem Kommunikationspartner bekannt bzw. nicht bekannt sind, die Spalten beziehen sich auf die Aspekte, die mir selbst bekannt oder nicht bekannt (unbewusst) sind.

Fenster A (Öffentliche Person) bezieht sich auf alle Verhaltensweisen, Gefühle und Motive, die ich offen und frei zeige, die ich kenne, über die ich rede und die ich nicht verbergen will, eben meine „öffentliche" Persönlichkeit.

	Der eigenen Person	
	bekannt	**unbekannt**
	A: Öffentliche Person	B: "blinder Fleck"	**Anderen bekannt**
	C: private Person	D: unbekannte Aspekte	**Anderen unbekannt**

Abb. 18: Das „Johari-Fenster" (nach Luft 1971)

Fenster B („blinder Fleck") beschreibt die Verhaltensweisen, die andere über ihre Beobachtungen gewonnen haben, die ich selbst aber nicht kenne oder mir eingestehe. Dieser Bereich umfasst alle mir unbewussten Gewohnheiten, Wünsche, Vorurteile, die andere bemerken, die ich aber selbst abschotte. Wenn uns die anderen auf diese Beobachtungen aufmerksam machen, sind wir dann meist überrascht, erstaunt und auch verärgert. Über das Feedback lässt sich der „blinde Fleck" verkleinern.

Fenster C (private Person) entspricht unseren Gefühlen, unserem Denken und Handeln, die wir als privat betrachten und gerne für uns behalten wollen. Diese Intimsphäre öffnen wir nur sehr vertrauten Personen.

Fenster D (unbekannte Aspekte) stellt den Bereich der Psyche dar, der weder mir selbst noch anderen bewusst ist. Er ist der Bereich, in dem sich die Tiefenpsychologen bewegen, der zwar das Verhalten mit beeinflusst aber in der normalen Kommunikation nicht greifbar ist.

Zu Beginn einer Zusammenarbeit (Kommunikation) kann man sich die Fenster so vorstellen, dass der Bereich des freien Handelns (A) sehr klein und die Bereiche B (Fremdbild, blinder Fleck) und C (private Person) dominieren. Durch Feedback kann im Laufe der Zusammenarbeit erreicht werden, dass Fenster A sich nach rechts auf Kosten von B vergrößert und eine realistischere Selbsteinschätzung ermöglicht.

Wenn ich bereit bin, private Gedanken und Gefühle auszusprechen, die anderen darüber zu informieren, was in mir vorgeht, dann kann ich meinen Freiraum (A) auch in Richtung C erweitern. Wie intensiv dies praktiziert werden kann, ist natürlich von gegenseitigem Vertrauen und den Zielen der Kommunikationspartner abhängig. Offenheit macht uns für andere besser einschätzbar.

3.2.3. Planung und Durchführung professioneller Gespräche

Unter einem professionellen Gespräch verstehen wir in diesem Zusammenhang kein zwanghaftes Suchen nach Harmonie und Eintracht, bei dem um den heißen Brei herumgeredet wird, sondern ein Gespräch, bei dem die Punkte behandelt werden, die beiden Gesprächspartnern tatsächlich am Herzen liegen. Dies ist ohne entsprechende Vorbereitung und strukturierte Durchführung nicht möglich.

Gesprächsvorbereitung:

Bei wichtigen oder problematischen Gesprächen ist das Kommunikationsquadrat eine gute Orientierungshilfe; es zeigt uns auf, welche Fragen wir vor Gesprächsbeginn geklärt haben sollten:

– Selbstkundgabe: Wie wichtig ist mir das Gespräch, wie motiviert bin ich und wie kann ich meine Motivstruktur auf das Gespräch ausrichten („innere Mannschaftsaufstellung" ausrichten nach Schulz von Thun 1998)?

– Inhaltsebene: Wie sehe ich und der Gesprächspartner das Thema, welche Punkte will ich unbedingt ansprechen, welche Informationen muss ich vorher noch einholen?

– Appell: Was ist mein konkretes Ziel (Haupt- und Nebenziele), was erwartet der Gesprächspartner?

– Beziehung: Wie sehe ich/der Gesprächspartner die Beziehung, wie habe ich bisher die Beziehung gestaltet und wie wurde diese Definition angenommen?

Neben der Vorbereitung auf das Thema und den Gesprächsinhalt sind die situativen Rahmenbedingungen zu planen: Wo findet das Gespräch statt, ist eine Sitzecke vorhanden oder sind die Gesprächspartner durch einen dicken Schreibtisch getrennt, der die Grenze klar markiert. Wie können Störquellen (Telefon, spontane Besucher) ausgeschlossen werden (Besprechungszimmer oder Großraumbüro? „Heimspiel" im eigenen Büro oder „Auswärtsspiel"?), zu welcher Tageszeit und wie lange plane ich das Gespräch usw. Die Rahmenbedingungen sollten so gestaltet werden, dass sie gesprächsfördernd wirken. Der Gesprächspartner sollte auch vom Gesprächstermin nicht überrascht werden; dies schafft dem Gesprächsleiter zwar einen Überrumpelungsvorteil, schadet aber wegen der einseitigen Vorteilssituation mittel- und langfristig. Hilfreicher ist die Bitte um einen Gesprächstermin, wobei der Gesprächspartner auch das Thema erfahren sollte, damit er sch inhaltlich und innerlich vorbereiten kann. Von dieser (partnerschaftlichen) Ausgangssituation profitieren beide Seiten und das eigentliche Gespräch kann auf einer gemeinsamen Basis beginnen.

Gesprächsphasen:

Erfahrungsgemäß laufen die meisten Gespräche in der Praxis spontan und nicht/kaum strukturiert ab. Professionell geführte Gespräche folgen einer klaren Ablaufstruktur, die sehr praktisch und hilfreich ist. Versuchen Sie die Gespräche nach den folgenden Phasen zu strukturieren:

- **Gesprächseinstieg:** Er dient zum „warming-up" der Gesprächsteilnehmer und hat die Aufgabe, die Partner auf eine positive und konstruktive Gesprächsatmosphäre einzustimmen. Nachdem beide Gesprächspartner das Thema kennen, ist es nicht sinnvoll, das „Vorspiel" lange auszudehnen. Nach einer anfangs offen gehaltenen Gesprächsführung sollte direktiv die Aufmerksamkeit auf das Thema gelenkt, dessen persönliche Bedeutung dargestellt und der zeitliche Rahmen abgesteckt werden. Dabei sollte für den Gesprächspartner auch der konkrete Gesprächsanlass verdeutlicht werden. Je brennender und heikler das Thema ist, desto direktiver sollte der Einstieg sein.

- **Diagnostische Phase:** Nachdem der konkrete Gesprächsanlass dargestellt wurde, wird der Gesprächspartner offen gefragt, z.B. „Wie sehen Sie das?". In dieser Phase ist das aktive Zuhören das Grundprinzip der Gesprächsführung, damit der Partner seine Sichtweise möglichst detailliert schildern kann. Durch offene Fragen werden die Aussagen weiter verfolgt und vertieft, so dass die Einstellung des Gesprächspartners ausexploriert wird. Zwischendurch sollte der Gesprächsleiter zusammenfassen, was bei ihm angekommen ist und eventuelle Korrekturen erbitten.

- **Argumentationsphase:** Anschließend vergleicht der Gesprächsleiter den aktuellen Zustand (IST-Situation) mit dem gewünschten Zustand (SOLL-Situation) und versucht, gemeinsam mit dem Gesprächspartner, Hindernisse auszuräumen und Wege zu finden, wie der SOLL-Zustand erreicht werden kann. Dabei sollten nicht nur die rein sach-, sondern auch die beziehungsorientierten Hintergründe zur Sprache gebracht und gelöst werden. Dies wird nicht immer harmonisch verlaufen, sondern es werden Schwierigkeiten, Komplikationen und Schwächen angesprochen werden, mit denen die Partner sich auseinandersetzen müssen, wenn es zu einer zufriedenstellenden Lösung für beide Seiten kommen soll.

- **Lösungssuche und Formulierung des Gesprächsergebnisses:** Nachdem die beiden Problemsichtweisen klar geworden sind, geht es darum, mögliche Lösungen zu durchdenken und eine Entscheidung zu fällen. Je stärker der Gesprächspartner bei dieser Suche und dem Entscheidungsprozess einbezogen werden kann, desto größer ist seine Bereitschaft, die gefällten Entscheidungen auch umzusetzen. Der Gesprächsleiter muss am Ende dieser Phase die Gesprächsinhalte und das Ergebnis (Einigung und konkrete Aktionsplanung, bzw. keine Einigung und Vertagung mit neuem Termin und folgender Zielstellung, usw.) zusammenfassen und schriftlich fixieren. Wurde im Gespräch keine Einigung erzielt, dann sollte dies nicht bagatellisiert („das kriegen wir schon hin") oder ironisch kommentiert werden, sondern es sollten klare Vereinbarungen über die nächsten Schritte getroffen werden.

- **Gesprächsausklang:** Im Anschluss an die Ergebnisformulierung sollte das Gespräch möglichst mit einer positiven Perspektive abgeschlossen werden. Manchmal ist es empfehlenswert, den Gesprächsablauf im Sinne eines Feedbacks zu reflektieren, wie der Gesprächsleiter und der -partner das Gespräch erlebt haben.

- **Gesprächsnachbearbeitung:** Der Gesprächsleiter sollte abschließend den Gesprächsverlauf evaluieren, sich fragen, ob er seine Ziele erreicht hat, die Gründe analysieren, weshalb Schwierigkeiten aufgetreten sind und überlegen, wie diese vermieden werden können.

Natürlich weiß ich (von Seminarteilnehmern), dass in der Praxis „für solche Gespräche die Zeit fehlt", keine entsprechenden Räumlichkeiten vorhanden sind, die Mitarbeiter das gar nicht mögen, ... Andererseits kann eine Führungskraft natürlich auch Situationen verändern und eine Gesprächskultur fördern, durch die das Potenzial der Mitarbeiter aktiviert und weitere Veränderungsprozesse ermöglicht werden.

Nachdem wir uns in diesem Kapitel ausführlich mit der Prozesssteuerung auf der Inhalts- und Beziehungsebene beschäftigt haben, sollten wir alle Aspekte in einem Rollenspiel einüben, bestehende Schwierigkeiten erkennen und Verbesserungsmöglichkeiten diskutieren.

Übung „Rollenspiel Gesprächsführung"
Die Teilnehmer werden möglichst in Dreiergruppen eingeteilt: Vorgesetzter (A), Mitarbeiter (B) und Beobachter (C). Die Teilnehmer lesen sich etwa fünf Minuten getrennt in die Rollenanweisung ein und beginnen das Gespräch. Der Beobachter folgt dem Gespräch schweigend und notiert sich die wesentlichen Vorgänge (Ablaufstruktur, offene Fragen, aktives Zuhören, Pausen, Verständlichmacher, Zusammenfassen, usw.). Nach 20 Minuten bittet er die Gesprächsteilnehmer zum Abschluss zu kommen. Anschließend berichten die Rollenspieler, wie sie sich bei der Übung gefühlt haben und zu welchen Aspekten sie gerne Rückmeldung bekommen möchten. Dann berichten die Beobachter (eventuell Videoanalyse). Anschließend treffen sich alle Teilnehmer im Plenum zum Erfahrungsaustausch.

Rollenspielanweisung **Gruppenleiter (B):**
Sie sind seit 4 Jahren Gruppenleiter in der Firma N und führen eine Gruppe von 5 Mitarbeitern im Vertrieb.
Sie haben mit ihrem Mitarbeiter A. ein Problem. Es ist Ihnen aufgefallen, dass der bisher sehr zuverlässige, erfolgreiche und sowohl in der Gruppe als auch bei den Kunden beliebte Mitarbeiter in seiner Arbeits- und Verkaufsleistung deutlich abgefallen ist. Auch wirkt er, obwohl er erst vor sechs Wochen seinen Urlaub hatte (er war mit seiner Frau drei Wochen in den USA), sehr müde, abgespannt und auch reizbar..
Herr A. ist verheiratet und hat einen 16-jährigen Sohn. Er ist seit 8 Jahren Mitarbeiter im Vertrieb bei N.
Sie möchten gerne die Ursache des Leistungsabfalls kennen lernen und haben Herrn A. deshalb heute zu einem Gespräch in Ihr Büro gebeten.
Sie möchten ihm gerne helfen, haben allerdings keine Möglichkeit, ihm einen weiteren Urlaub oder Geld anzubieten.

Rollenspielanweisung **Mitarbeiter (A):**
Sie haben folgendes Problem: Seit Sie vor sechs Wochen vom Urlaub zurückkamen (3 Wochen USA gemeinsam mit Ihrer Ehefrau), können Sie Ihre Aufgaben nicht mehr so gut erfüllen wie vorher. Sie fühlen sich müde, überfordert und sind leicht reizbar. Sie arbeiten seit 8 Jahren in der Firma N und waren bis zu ihrem Urlaub immer sehr erfolgreich und konnten überdurchschnittlich viele Verkaufsverhandlungen positiv abschließen. Ihre Leistung ist allerdings deutlich abgefallen. Sie rechnen damit, dass dies Ihrem Gruppenleiter B auch aufgefallen ist und er Sie deshalb zu diesem Gespräch gebeten hat.

Der **Hintergrund Ihres Problems:** Ihr 16-jähriger Sohn geht bei einem Bäcker in die Lehre. Dieser war bisher immer des Lobes voll über Ihren Sohn. Als Sie vom Urlaub zurückkamen, musste er Ihnen allerdings eröffnen, dass Ihr Sohn einen Geldbetrag von 3.200.- Euro anstatt auf die Bank zu bringen, veruntreut und verbraucht hat. Der Bäcker ist nun nicht in der Lage, längere Zeit auf das Geld zu verzichten. Um Ihrem Sohn eine Anzeige zu ersparen und um ihm zu helfen, haben Sie eine Nebentätigkeit (Nachtarbeit als Kellner) angenommen. Bis heute konnten Sie etwa 2/3 des Geldes zurückzahlen.

Ihr Vorgesetzter hat Sie heute zu einem Gespräch über die aktuelle Arbeitssituation gebeten. Sie nehmen an, dass er mit Ihnen über die nachgelassene Arbeitsqualität sprechen möchte. **Sie erzählen ihm aber den Problemhintergrund nur, wenn er ein vertrauensvolles Gesprächsklima schafft.** Die gesamte Angelegenheit ist Ihnen nämlich ausgesprochen peinlich.

3.3. Führung und Kommunikation

Menschenführung ist ein Teilbereich der Kommunikation, da Führung identisch mit Kommunikation ist, Kommunikation aber auch im „führungsfreien" Raum stattfindet. Führungsverhalten ist ein gruppendynamisches Phänomen, das entsteht, wenn eine Person die Aktivitäten der Gruppenmitglieder auf ein Ziel hin koordiniert. Führung ist demnach zielorientierte Kommunikation. Bei den Führungsaufgaben und beim konkreten Führungsverhalten sind wiederum die beiden Dimensionen Menschlichkeit (Beziehungsebene) und Leistung/Effektivität (Inhaltsebene) wirksam, auch wenn in der Arbeitswelt die Leistungskomponente im Mittelpunkt der Betrachtungen steht.

So werden auch heute noch die Mitarbeiter, die fachlich besonders erfolgreich sind, befördert und haben es plötzlich mit neuen Aufgaben zu tun, auf die sie nicht vorbereitet sind. Sie müssen ihre Mitarbeiter motivieren, beurteilen, Konflikte klären, informieren, Ergebnisse präsentieren und Projektgruppen moderieren. Braucht man dazu angeborene Führungseigenschaften oder ist das erlernbar? Diese Frage wird in Seminaren und Workshops häufig gestellt. Die Antwort fällt hier nicht leicht: Natürlich füllt jeder die Führungsrolle individuell aus, seiner Persönlichkeit und den Rollenerwartungen und -vorschriften der Organisationskultur entsprechend. Daneben gibt es aber viele Erkenntnisse der Kommunikationspsychologie, die das individuelle Verhaltensspektrum sinnvoll erweitern können, wenn man bereit ist, sich zu öffnen. Kommunikationsseminare sollten nicht absolviert werden wie ein Computerkurs; antrainiertes Kommunikationsverhalten wirkt unnatürlich und maskenhaft, solange es nicht in die Gesamtpersönlichkeit integriert und von ihr getragen wird.

Im folgenden Kapitel werden wir uns zuerst mit dem eigenen Führungsstil beschäftigen, die Frage nach dem effektivsten Führungsstil aus theoretischer Sicht stellen, dann einige konkrete Führungsaufgaben behandeln und Hinweise für ihre effektive Umsetzung erarbeiten.

3.3.1. Führungsstilanalyse

In der nächsten Übung (in Anlehnung an tpm o.J.) haben Sie die Möglichkeit, Ihr Führungsverhalten zu analysieren. Bearbeiten Sie dabei die einzelnen Fragen spontan und zügig. Anschließend können

Sie dann Ihre Antworten auswerten und Ihr Ergebnis im theoretischen Zusammenhang betrachten.

Übung „Führungsstilanalyse":

Im Folgenden werden Ihnen Aussagen zur Mitarbeiterführung vorgegeben. Bei jeder Aussage haben Sie vier Antwortmöglichkeiten. Die einzelnen Skalenpunkte haben dabei folgende Bedeutung:

0 stimme überhaupt nicht zu

1 stimme teilweise zu

2 stimme überwiegend zu

3 stimme völlig zu.

Bitte beantworten Sie alle Aussagen, indem Sie die entsprechenden Skalenpunkte ankreuzen. Beachten Sie dabei folgende Aspekte:

– Überlegen Sie bitte nicht, welche Antwort vielleicht den besten Eindruck hinterlassen könnte, sondern stufen Sie sich so ein, wie Sie sich persönlich sehen und erleben.

– Denken Sie nicht zu lange bei einer Antwort nach, sondern stufen Sie sich so ein, wie es Ihnen spontan in den Sinn kommt. Natürlich kann man bei den kurzen Aussagen nicht alle Besonderheiten berücksichtigen; kreuzen Sie aber, trotz möglicher Bedenken, bei jeder Aussage den Skalenpunkt an, der Ihrem Verhalten am ehesten entspricht.

1. Mitarbeiter sollten die Möglichkeit haben, selbst zu entscheiden, welche Aufgaben sie übernehmen   0----1----2----3

2. Nur häufige Kontrollen garantieren, dass die Mitarbeiter zuverlässig arbeiten   0----1----2----3

3. Ein gut funktionierendes Team braucht eigentlich keinen Vorgesetzten
          0----1----2----3

4. Es genügt, dem Mitarbeiter grundsätzlich nur die Informationen zu geben, die er zur Erfüllung seiner Aufgaben benötigt. Wenn er weitere Informationen will, kann er ja nachfragen   0----1----2----3

5. Es gibt häufiger Situationen, die Tadel vor anderen Personen rechtfertigen   0----1----2----3

6. Leistungsabfall ist meist eine Folge mangelnder Zufriedenheit des Mitarbeiters   0----1----2----3

7. Wenn man nicht selbst alle Arbeiten kontrolliert, geht meist etwas schief
          0----1----2----3

8. Jeder Mitarbeiter im Team sollte zu wichtigen Fragen gehört werden
   0----1----2----3

9. Ich halte das Prinzip "Was ich nicht weiß, macht mich nicht heiß" oft für sehr gut
   0----1----2----3

10. Rückmeldungen - wie Lob und Tadel - sind Führungsmittel, mit denen man sparsam umgehen sollte
    0----1----2----3

11. Um ein Team zu seinem Ziel zu führen, ist es am besten, wenn der Vorgesetzte die Aufgaben für den einzelnen Mitarbeiter detailliert festlegt
    0----1----2----3

12. Bevor ich eine komplizierte Aufgabe erst lange erkläre, mache ich sie lieber selbst
    0----1----2----3

13. Ich räume jedem Mitarbeiter das Recht ein, meine Entscheidungen zu kritisieren
    0----1----2----3

14. Meine Mitarbeiter sollen Schwierigkeiten bei der Arbeit ohne meine Hilfe bewältigen können
    0----1----2----3

15. Wichtige Entscheidungen für das Team treffe ich nur, wenn ich die Meinung meiner Mitarbeiter dazu kenne
    0----1----2----3

16. Konflikte unter den Teammitgliedern regeln sich fast immer, ohne dass der Vorgesetzte eingreifen muss
    0----1----2----3

17. Das Privatleben meiner Mitarbeiter interessiert mich im Berufsalltag überhaupt nicht
    0----1----2----3

18. Selbst wenn ich unter starkem Zeitdruck stehe, haben die persönlichen Sorgen meiner Mitarbeiter Vorrang
    0----1----2----3

Auswertung der Selbstbefragung zum eigenen Führungsverhalten:
In der folgenden Tabelle 11 sehen Sie drei Spalten, in denen Sie die Nummern der Fragen zu den einzelnen Führungsstilen eingetragen finden. Schreiben Sie bitte neben der jeweiligen Fragenummer den von Ihnen angekreuzten Skalenpunkt. Bilden Sie dann die Summe der angekreuzten Skalenwerte pro Führungsstil.

Tab. 11: Auswertungstabelle der Führungsstilanalyse

Führungsstil					
Autoritär		**Demokratisch**		**Laissez-faire**	
Frage	Skalenpunkt	Frage	Skalenpunkt	Frage	Skalenpunkt
2		1		3	
5		6		4	
7		8		9	
11		13		10	
12		15		14	
17		18		16	
Summe:					

Dieser kleine Führungsstiltest ist als Einstieg in das Thema Führung gedacht und soll auf die theoretische Behandlung des Themas vorbereiten. Bei der Auswertung wurden Ihre Daten nach den drei klassischen Führungsstilen geordnet, die auch heute noch in der Diskussion - wenn auch mit anderen Bezeichnungen - auftauchen. Für Ihre persönliche Interpretation seien die Stile kurz beschrieben:

Autoritärer (lenkender, führerzentrierter, aufgabenorientierter) Führungsstil: Er ist charakterisiert durch klare Aufgabenstrukturierung und -zuweisung, detaillierte Kontrolle und Steuerung der Gruppenaktivitäten. Die Ziele werden vorgegeben und Entscheidungen alleine getroffen. Die Mitarbeiter haben keinen Verhaltensspielraum. Die Beziehung zu den Mitarbeitern findet zwischen den Polen „starke Distanzierung" und „väterlich-freundliche Zuwendung" statt.

Demokratischer (mitarbeiterzentrierter, beziehungsorientierter, kooperativer) Führungsstil: Die Mitarbeiter haben viel Entscheidungs- und Handlungsspielraum, ohne dass die Steuerung durch den Vorgesetzten verloren ginge. Die Informationen fließen beidseitig so, dass die Mitarbeiter bei Entscheidungen einbezogen werden; wenn dies nicht möglich ist, werden Entscheidungen ausführlich begründet. Der Vorgesetzte bemüht sich um eine positive Beziehung zu und zwischen den Mitarbeitern.

Laissez-Faire (dezentrierter) Führungsstil: Hier gehen vom „Führer" keine Aktivitäten in Richtung Steuerung der Gruppenaktivitäten aus; die Beziehung zu den Mitarbeitern ist neutral. Eigentlich wird hier nicht geführt und die Gruppe zerfällt oder bestimmt ein Mitglied, das einen ziel- oder mitgliederorientierten Stil praktiziert.

3.3.2. Führung – Theoretische Aspekte

Effektives Führungsverhalten ist von großem wirtschaftlichen Interesse. Dies hat natürlich einen sehr starken Einfluss auf die sozialwissenschaftliche Forschung, die bisher allerdings nur viele unterschiedliche Erklärungsansätze entwickelt hat, von denen im Folgenden eine kleine Auswahl dargestellt wird. Den umfassend interessierten Leser möchte ich auf die weiterführende Literatur (z.B. Neuberger 2002, Schuler 2001) verweisen.

3.3.2.1. Die Führerpersönlichkeit

In der Sozialpsychologie hat man lange Zeit nach Eigenschaften gesucht, durch welche die Führerpersönlichkeit definiert ist. Es gibt einige Hinweise, dass Führer extravertierter, intelligenter, anpassungsfähiger, sozial kompetenter, leistungsorientierter sind als Nicht-Führer (Neuberger 2002, S. 226f.).

Die Ergebnisse sind aber äußerst widersprüchlich; dies ist eigentlich nachvollziehbar, da Führung ein mehrdimensionaler Prozess ist, der sich in einem sozialen Kraftfeld abspielt, das von vielen Faktoren (Führer, Geführte, Aufgabenstruktur, Organisationskultur, Umwelt usw.) bestimmt wird.

3.3.2.2. Führungsstile und Führungserfolg

Die Untersuchungen zum Führungsstil wurden durch das klassische Experiment von Lewin, Lippitt und White (1939) an amerikanischen Kindern angeregt. Das Ergebnis dieses Experimentes, bei dem die Kinder unter verschiedenen Führungsstilen miteinander spielten und Masken bastelten, war, dass der demokratische Führungsstil den anderen sowohl in der Gruppenleistung auch in der Teilnehmerzufriedenheit eindeutig überlegen ist. Dieses Ergebnis hat für Lewin sicher eine gewisse Bestätigung seiner Einstellung gegenüber dem autoritären Führungsverhaltens Hitlers – durch das er zur Emigration gezwungen wurde – erfahren. Die optimistische und teilweise propagandistische Verallgemeinerung auf alle möglichen Führungssituationen wurde aber relativ bald empirisch widerlegt. Neuberger (2002) hat die Ergebnisse unterschiedlicher Untersuchungen ausgewertet und kommt zum Ergebnis, dass der demokratische Führungsstil in Bezug auf Zufriedenheit und partnerschaftliches Verhalten dem autoritären überlegen ist, dass die Ergebnisse, bezogen auf die Produktivität, heterogen und ausgeglichen sind. Dieser Befund wird auch von Stogdill (1974) und Seidel (1978) unterstützt. Kooperative Führung hat demnach eine höhere Arbeitszufriedenheit bei den Geführten zur Folge. Bei den Leistungseffekten kommt es anscheinend auf situative Faktoren an.

Allerdings ist auch hier die Interpretation schwierig: Da es sich bei den Untersuchungen um korrelative Studien handelt, ist die Kausalitätsrichtung nicht belegt. Die Interpretation: „Demokratische Führung führt zu mehr Produktivität" kann auch interpretiert werden in Richtung: Mehr Produktivität führt zu mehr demokratischer Führung!

Bei der weiteren Entwicklung der Führungsstilforschung hat man das Führungsverhalten durch die Mitarbeiter mit Hilfe standardisierter Fragebögen einstufen lassen („Beurteilung von unten"). Bei der statistischen Auswertung dieser Daten analysierte man zwei voneinander weitgehend unabhängige Dimensionen des Führungsverhaltens: „Consideration" (meist als „mitarbeiterorientiert" oder „kooperativ" übersetzt) und „Initiating" (meist als „aufgaben- oder leistungsorientiert" übersetzt), die dem demokratischen bzw. autoritären Stil entsprechen.

In beiden Dimensionen entdecken wir natürlich unsere Inhalts- und Beziehungsebene wieder, was unsere Annahme bestätigt, dass Führung ein spezieller Aspekt der Kommunikation ist. Wir können unsere drei Führungsstile sehr gut mit diesen beiden Dimensionen grafisch beschreiben und damit aufzeigen, dass in diesem Koordinatensystem eine Vielzahl an unterschiedlichen Führungsstilen realisierbar ist, bei denen die beiden Dimensionen verschieden stark beteiligt sind. Abbildung 19 veranschaulicht die Lage der drei Führungsstile im Koordinatenkreuz zwischen Mitarbeiter- und Leistungsorientierung.

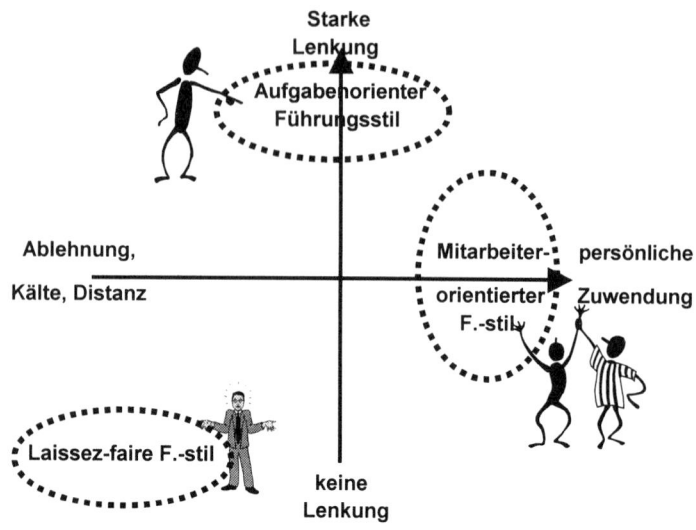

Abb. 19 : Führungsdimensionen und Führungsstile

3.3.2.3. Effektives Führungsverhalten und soziales Kraftfeld

Die widersprüchlichen Ergebnisse zur „Big-Man"-Theorie und Führungsstilforschung haben das soziale Kraftfeld stärker in den Mittelpunkt der Untersuchungen gerückt. Neben Führerpersönlichkeit und Führungsstil beeinflussen eine Reihe weiterer Faktoren, wie bisherige Führungserfahrungen, Erwartungen an das Führungsverhalten, Aufgabenstruktur, aktuelle Entscheidungssituation und das Umfeld, die Effektivität des gezeigten Führungsverhaltens. Fiedler (1967, 1996) konnte in ausführlichen Studien zeigen, dass die Positionsmacht des Führers, die Strukturiertheit der zu lösenden Aufgabe und die Beziehung zwischen Führer und Geführten sich gegenseitig beeinflussen und bestimmen, welches Führungsverhalten wann erfolgreich ist („Kontingenztheorie der Führung").

Hersey, Blanchard und Dewey (1996) bringen eine weitere interessante Komponente in die Diskussion: den Reifegrad des Mitarbeiters. Wie viele andere Sozialwissenschaftler gehen sie davon aus, dass sowohl der aufgaben- als auch der mitarbeiterbezogene Führungsstil erfolgreich sein können. In ihrer „situativen Führungstheorie" kombinieren sie diese Führungsstile mit dem unterschiedlichen Reifegrad der einzelnen Mitarbeiter. Der Reifegrad bezieht sich dabei auf die zu lösende Aufgabe und ist abhängig von der aktuellen Motivation und den vorhandenen Fähigkeiten des Mitarbeiters.

Der Reifegrad wird durch die arbeitsbezogene (Fachwissen, Erfahrungen, usw.) und psychologische (Leistungsmotivation, Verantwortung, Selbstsicherheit, usw.) Reife charakterisiert. Er kann mit einer Reife-Skala, die entsprechende Fragen für den Vorgesetzten enthält, bestimmt werden, der damit den erfolgversprechendsten („situationsangemessenen") Führungsstil ermitteln kann.

Die Autoren unterscheiden vier Reifestufen:

Geringe Reife: Dem Mitarbeiter fehlt die entsprechende Qualifikation und Motivation für die Aufgabe. Die größte Erfolgswahrscheinlichkeit bietet hier ein stark aufgabenzentrierter Führungsstil, bei dem deutlich vorgeschrieben wird, was, wann, wo und wie getan werden muss („telling" entspricht unterweisen/befehlen/dirigieren). Die persönliche Zuwendung ist gering.

Geringe bis mittlere Reife: Der Mitarbeiter ist schon motiviert, aber noch nicht entsprechend befähigt, die Aufgabe zu lösen. In dieser Situation ist ein stark aufgaben- aber auch mitarbeiterbezogenes Führungsverhalten angemessen („selling" entspricht erklären und fördern).

Mäßige bis hohe Reife: Der Mitarbeiter hat sich die erforderlichen Fähigkeiten angeeignet, er besitzt aber noch nicht den Willen, die Arbeit konsequent durchzuziehen. Der Schwerpunkt liegt jetzt beim mitarbeiterorientierten, motivierenden Führungsstil, der den Partner auch in anstehende Entscheidungen mit einbezieht („participation" entspricht teilhaben lassen und unterstützen).

Hohe Reife: Der Mitarbeiter hat jetzt alle Fähigkeiten erworben, die Aufgaben zu lösen, eigene Ziele mit denen des Unternehmens zu verbinden und ist auch voll motiviert. Das situationsangemessene Führungsverhalten ist hier das Delegieren („delegating").

Mit steigender Reife des Mitarbeiters sollte der Führungsstil von „telling" über „selling" zu „participating" und endlich zu „delegating" wechseln. Das Modell des „situationsgerechten" Führungsverhaltens erfreut sich in der Führungskräfteschulung großer Beliebtheit, weil es verschiedene Ansätze zusammenfasst und sehr plausibel wirkt.

Die situativen Führungstheorien bieten dem Vorgesetzten die Möglichkeit, sein Führungsverhalten zu rechtfertigen und es auf wenige Entscheidungsfaktoren zu reduzieren. So ist die Reduktion der Entscheidungsfaktoren auf den Reifegrad der Mitarbeiter einseitig und degradiert die Führungskraft zum Sozialingenieur, der den Reifegrad misst und dann den angemessenen Führungsstil abliest. Viele zusätzliche, wichtige Faktoren werden dabei nicht berücksichtigt, z.B. Organisationsstruktur/-kultur, Profitdenken, Führungsmacht, Aufgabenart, Wirtschaftslage, Technologie. Neuberger (2002, S. 523-533) hat die situativen Führungstheorien aus diesen Gründen sehr hart kritisiert. Meiner Meinung nach können wir sie aber auch in positiver Hinsicht sehen, da sie Führungsverhalten als mehrdimensional bedingtes und komplexes Verhalten (wenn auch nicht differenziert genug) betrachten und den Blick auf gezielte Mitarbeiterförderung legen, mit dem Ziel, selbständige und partnerschaftliche Mitarbeiter zu erhalten.

Effektive Mitarbeiterführung ist nur möglich, wenn wir das aktuelle soziale Kraftfeld mit seinen komplexen Faktoren berücksichtigen. So wird jeder Vorgesetzte im Laufe des Tages sein Führungsverhalten flexibel variieren. Wenn der „flexible Führungsstil" empfohlen wird, dann sollte damit unser Fernziel im Auge behalten werden: Wir sollten als Führungskraft versuchen, die Mitarbeiter zu fördern und die betrieblichen Strukturen so zu verändern, dass ein kooperativer, mitarbeiterorientierter Führungsstil möglich und erfolgreich ist. Der Erfolg bezieht sich dabei auf die Arbeitsleistung (unternehmerischer Gewinn) und die Arbeitszufriedenheit der Mitarbeiter. Dass diese beiden Erfolgsziele nicht immer gleichzeitig erreichbar sind, beinhaltet für den Vorgesetzten ein Konfliktpotenzial, das er ausbalancieren muss.

Im Folgenden werden wir uns mit einigen zentralen Aufgaben und Instrumenten der Führung näher befassen. Sie alle bauen darauf auf, dass der Vorgesetzte die Kommunikationsprozesse analysieren und steuern kann.

3.3.3. Führung – Praktische Aspekte

Im vorangegangenem Kapitel haben wir die Gesprächsprozesse analysiert und Regeln für eine professionelle Gesprächsführung entwickelt; dies stellt die Basis dar, auf der Mitarbeitergespräche zu führen sind. Je nach Themenbereich und Ziel (z.B. Motivieren, Bewerberauswahl, Mitarbeiterbeurteilung, Jahresgespräche, Konfliktsteuerung) gibt es aber einige spezielle Aspekte, auf die wir im Folgenden eingehen werden.

3.3.3.1. Motivierung der Mitarbeiter

Die Motivierung der Mitarbeiter (oder der Mitmenschen generell) ist für jeden Vorgesetzten eine zentrale Aufgabe, da er gemeinsam mit ihnen ganz bestimmte Ziele erreichen will. Dies gelingt nur, wenn die Mitarbeiter diese Ziele ebenfalls erreichen wollen, sprich entsprechend motiviert sind.

Im wirtschaftlichen und organisatorischen Bereich sind die kurz- und mittelfristigen Ziele meist vorgegeben, wobei der Weg, wie sie erreicht werden können, in vielen Fällen nicht vorstrukturiert ist. Aber auch wenn der Weg vorstrukturiert ist, müssen die Mitarbeiter motiviert sein oder motiviert werden, das vorgegebene Ziel anzustreben.

In allen Mitarbeitergesprächen spielt das Thema Motivierung eine zentrale Rolle, so dass wir uns zuerst diesem Thema zuwenden, bevor wir auf spezielle Arten der Mitarbeitergespräche eingehen. Doch, auf welche Aspekte müssen wir bei der Motivierungsarbeit achten?

Der **wesentliche Ausgangsaspekt** ist, dass derjenige der motivieren will auch davon überzeugt ist, wozu er motivieren will. Die Vorbild- („Modell"-) Funktion ist hier von zentraler Bedeutung. Der Vorgesetzte muss sich mit dem identifizieren, was er fordert.

Ein kleiner Ausflug in den Bereich der Motivationspsychologie scheint hier sinnvoll. Wir werden zuerst einige Begriffe klären, die Reaktionen auf Frustrationen kurz betrachten und anschließend die Ansatzpunkte zur Motivierung herausarbeiten, da dieses Basiswissen den Motivierungsprozess sinnvoll unterstützt.

Unter einem **Motiv** verstehen wir die innere und/oder äußere Ursache des Verhaltens. Motive sind immer mit unterschiedlicher Stärke

auf ein Ziel hin ausgerichtet. Motiviertes Verhalten ist demnach immer zielgerichtetes Verhalten!
Wird das angestrebte Ziel erreicht, dann ist das Motiv „befriedigt", das entsprechende Verhalten wird belohnt und die vorhandene Motivstärke wird (in der Regel) reduziert und baut sich aber mit der Zeit wieder auf.

Ein zentrales Problem der Motivationspsychologie besteht darin, dass wir Motive nicht sehen oder anfassen können; wir können sie nur aus konstanten Verhaltensweisen in bestimmten Situationen erschließen. Wir beobachten Verhaltensweisen und schließen daraus auf zugrundeliegende Motive. Die Konsequenz für die Motivationspsychologie: Es gibt viele Theorien, die von einer unterschiedlichen Anzahl bestehender Motive ausgehen.

Menschliches Verhalten wird sicher nicht nur durch ein Motiv, sondern mindestens durch eine überschaubare Anzahl relativ unterschiedlicher Grundmotive und -ziele bestimmt. Unter **Motivation** verstehen wir das **aktuell wirksame Motivgefüge** - siehe Abbildung 20 - durch welches unser Verhalten bestimmt wird.

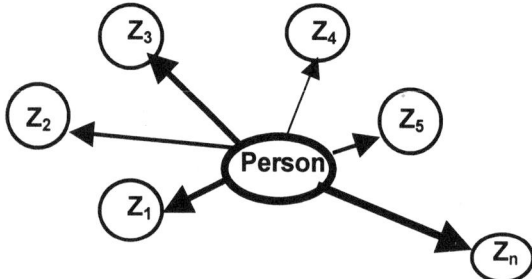

Abb. 20: Das aktuelle Motivgefüge einer Person (Z sind die Ziele, die mit unterschiedlicher Kraft angestrebt werden)

Wenn wir jemanden motivieren wollen, dann müssen wir sein aktuelles Motivgefüge beeinflussen und verändern. Aus dieser Überlegung ergibt sich schon ein zentrales Ziel für Motivierungsgespräche: Ich muss im Gespräch versuchen, die Wünsche, Ziele, Motive, die den Gesprächspartner bewegen, kennen zu lernen. Dies gelingt nur, wenn ich ein vertrauensvolles Gesprächsklima schaffe, offene Fragen stelle, aktiv zuhöre und bei Themen, die angesprochen werden und eine emotionale Beteiligung zeigen, vertiefend nachfrage („exploriere"). Wie können wir die Echtheit und Stärke der im Gespräch geäußerten Motive abschätzen? Hier gilt als Grundregel: Nicht was jemand sagt, dass er es tun will, sondern das was er bisher wie getan hat, erlaubt Rückschlüsse auf die vorhandenen Motive und ihre Stärke. Doch aus welchen Kriterien im Gespräch kann ich die Motivstärke erschließen? (Diese Frage ist auch gut für eine Kleingruppenarbeit geeignet, die zu folgenden Ergebnissen führen dürfte):

- Wie häufig und intensiv werden Wünsche, Ziele, Interessen geäußert?
- Wie intensiv sind sie von Gefühlen begleitet?
- Wie häufig wurden diese Äußerungen auch in Handlungen umgesetzt?
- Bestehen Unterschiede zwischen den geäußerten Motiven und den entsprechenden Handlungen?
- Welche subjektiven Hindernisse wurden überwunden, um das angestrebte Ziel zu erreichen?
- Wie viel Zeit, Energie, Aufwand, Geld wurde investiert, um das Ziel zu erreichen?
- ....

Menschliche Motive sind niemals direkt beobachtbar. Sie werden in der Psychologie deshalb auch als „hypothetische Konstrukte" bezeichnet. Wir sind uns unserer Motive teilweise klar bewusst, verstecken sie aber auch und schieben andere vor, die allgemein akzeptiert sind. Teilweise sind die aktiven Motive uns selbst nicht bewusst (siehe auch „Johari-Fenster"). Nach psychoanalytischer Auffassung handelt es sich bei den unbewussten Motiven vorwiegend um Motive, auf die durch langanhaltende Versagungen und Frustrationen in der Kindheit verzichtet werden musste, die verdrängt wurden und nun zu ambivalenten Verhaltensweisen, unangemessenen Gefühlsäußerungen, Fehlleistungen, abrupten Themenwechseln und sonstigen Auffälligkeiten führen, die im realen Bezug unverständlich erscheinen.

Reaktionen auf Frustrationen: Unsere Motive können im (beruflichen) Alltag leider nur teilweise befriedigt werden, häufig müssen wir Befriedigungen aufschieben oder ganz auf sie verzichten. Die Reaktionen auf Frustrationen sind individuell sehr verschieden und reichen von Resignation bis Wut und Aggression. Welche Reaktion dabei gezeigt wird, hängt weitgehend von der Situationsbewertung der betroffenen Person ab (Lazarus 1968) .
Die erste Reaktion auf eine Frustration besteht in einer „**Alarmreaktion**" des Organismus, der sich bedroht fühlt und Energiereserven

frei setzt (Stressreaktion, physiologische Erregung). Im weiteren Verlauf kommt es zu einer automatisch ablaufenden kognitiven Situationsbewertung, in der blitzschnell überprüft wird, ob wir für die vorliegende Situation entsprechende Bewältigungsstrategien besitzen. Welche Gefühle jetzt entstehen, hängt davon ab, wie erfolgversprechend die vorhandenen Bewältigungstechniken eingeschätzt werden. Sieht der Betroffene keine Möglichkeiten, die Frustrationssituation zu bewältigen, dann reagiert er mit Niedergeschlagenheit, **Resignation** und Fluchtverhalten (innerer Rückzug, „Kündigung").

Hat der Betroffene hingegen erfolgversprechende Verhaltensweisen zur Verfügung, dann entsteht in der Frustrationssituation **Ärger und Wut**. Die Barriere wird anschließend direkt (auch aggressiv) angegangen, damit das Ziel erreicht werden kann.

Dauert die Frustration aber an oder ist es unsicher, ob eine Lösung möglich sein wird, dann führt dies zu **Angst** und einer intensiveren Auseinandersetzung mit der Frustrationssituation; es werden weitere Informationen eingeholt, um doch noch zu einer erfolgreichen Bewältigung zu kommen. Gelingt das auf Dauer nicht, dann führt die Angst dazu, dass die Person zu **Abwehrmechanismen** greift, um die Situation zu bewältigen.

Beschreibung einiger alltäglicher Abwehrmechanismen:

Diese Abwehrmechanismen wurden detailliert in der Psychoanalyse beschrieben, sie können aber auch theoriefrei als (gelernte) „Frustrationsbewältigungstechniken" betrachtet werden. Unser Motivgeschehen verläuft sehr vielschichtig und komplex. Um diese Komplexität anzudeuten, werden im Folgenden einige zentrale Abwehrmechanismen beschrieben, die unser Verhalten beeinflussen können:

Verdrängung: Bei diesem grundlegenden Abwehrmechanismus wird ein Motiv, das auf Dauer nicht mehr befriedigt werden kann, ins Unbewusste abgedrängt und „vergessen". Dort bleibt es zwar weiter aktiv, wird aber nicht mehr bewusst wahrgenommen. Mögliche Hinweise sind (Freud'sche) Versprecher, Vergessen eines Termins, z.B. ein Mitarbeiter soll eine ihm unangenehme Arbeit noch zu Hause erledigen und vergisst die Unterlagen aus dem Büro mitzunehmen.

Rationalisierung: Ein Verhalten, das durch unerlaubte („niedrigere") Motive bedingt ist, wird mit sozial akzeptierten Ursachen erklärt. Durch diese „innere Ausrede" kann der Betroffene sein positives Selbstbild aufrecht erhalten, obwohl sein Verhalten eigentlich durch andere Motive bestimmt wurde. Eine Rationalisierung kann aber auch dazu dienen, nachträglich zu erklären, etwas gar nicht gewollt zu haben, was man nicht bekam („Saure Traubenreaktion"). So will man eine (angestrebte und) nicht erreichte Position „aber wirklich nicht!", weil man da ja so viele unangenehme Arbeiten (Dienstreisen, ...) hätte übernehmen müssen. Misserfolge werden häufig nicht eingestanden sondern mit Rationalisierungen bewältigt.

Verschiebung: Ein verbotenes Motiv wird so verlagert und verändert, dass es an einem neuen Ziel befriedigt wird. Je ähnlicher das Ziel dem ursprünglichen ist, desto besser gelingt die Ersatzbefriedigung. So kann ein Mitarbeiter, der auf seinen Vorgesetzten wütend ist, diesen aber nicht anbrüllen oder verprügeln; er kann aber seine Wut an Kollegen, der Sekretärin, seiner Frau usw. abreagieren.

Identifikation: Wenn ich auf ein höheres Ziel verzichten muss, dann kann ich die Motive über die Identifikation mit dem Vorbild zumindest teilweise befriedigen, indem ich seine Verhaltensweisen teilweise übernehme. Dadurch, dass ich die Einstellungen und Verhaltensweisen übernehme, kann ich an der Größe des Vorbildes teilhaben. Im Laufe unserer Entwicklung übernehmen wir so die Werte der Eltern, der Gesellschaft und eignen uns dadurch auch sehr komplexe Einstellungs- und Verhaltensmuster an.

Projektion: Hier werden unerlaubte Motive bei anderen Personen wahrgenommen (auf sie projiziert) und damit eine indirekte Befriedigung oder weitere Bekämpfung ermöglicht. Allerdings findet dabei eine Wahrnehmungsverzerrung statt. Eigene Misserfolge werden der Bösartigkeit anderer zugeschrieben; eine ältere Sekretärin, die ihren Chef sehr verehrt, sich dies aber nicht zugesteht, berichtet, dass er ihr „nachstellen würde"; ....

Isolierung: Motive, die unser Erleben stark bedrohen, werden vom zentralen Erleben abgespalten, so dass Angst oder tiefes Mitgefühl, welche sich sonst mit ihnen verbinden würden, nicht auftreten können. Ein Chef, der viele Mitarbeiter entlassen muss, kann diese Situation bewältigen, indem er die betreffenden Gefühle abspaltet, isoliert und damit von der eigenen Person fern hält.

Regression: Sie ist die Notbremse, wenn alle anderen Abwehrmechanismen versagen. Der Betroffene greift dabei auf Verhaltensweisen zurück, die er in seiner Entwicklung schon längst überwunden hat und verhält sich kindlich (trotzig, lächerlich, weinerlich). Wir müssen hier zwischen temporären und krankhaften Regressionen unterscheiden: Die temporären Regressionen (wie Tagträumen, blödeln, rauchen, ...) dienen der Erholung und sind auch für kreative Prozesse wichtig, die pathologischen Regressionen sind starr (Zwangshandlungen, Depression, Süchte, Phobien, ...) und erfordern psychotherapeutische Betreuung.

Die geschilderten Abwehrmechanismen können nicht nur isoliert, sondern auch in Kombination miteinander unser Verhalten beeinflussen. Hofstätter (1973, 1987) hat in diesem Zusammenhang auf die Verbindung Identifikation-Projektion-Verschiebung bei der Führer-Geführten Beziehung hingewiesen, die in unserem Zusammenhang interessant ist:

In schwierigen, angstauslösenden Situationen erleichtert uns die Vorstellung, dass es eine begabte, intelligente, kraftvolle Person gibt, die das anstehende Problem meistern kann. Natürlich würden wir selbst gerne die Situation meistern, aber wir wissen aus Erfahrung, dass wir überfordert sind und versagen würden. Wir projizieren deshalb unsere Wünsche auf diese profilierte Persönlichkeit. Damit sind wir allerdings um einen Wunsch ärmer und haben noch nichts gewonnen. Es muss für uns die Möglichkeit bestehen, uns mit dem „Helden" zu identifizieren, seine Motive und Einstellungen zu übernehmen.
Gleichzeitig wäre es noch günstig, wenn wir die Schuld an der verworrenen Situation nicht bei uns selbst suchen müssten, sondern sie auf andere Gruppen „verschieben" könnten. Damit könnten wir eigene Schuldgefühle abbauen, Strafimpulse (Aggressionen) auf andere Gruppen oder Minoritäten verschieben und die aktuelle Bedrohungssituation neutralisieren.

Auf die Gefahr, mit Hilfe von Abwehrmechanismen, die Psychologisierung des Mitarbeiterverhaltens zu übertreiben, wurde schon hingewiesen. Doch was können wir tun, wenn wir Abwehrmechanismen beim Gesprächspartner entdecken oder zu entdecken glauben?
Da die meisten Leser wahrscheinlich keine psychotherapeutische Ausbildung besitzen, ist von einer direkten Ansprache („das ist für mich eine Verdrängung / Projektion / Rationalisierung!") dringend abzuraten. Die direkte Ansprache führt in der Regel zu einer starken emotionalen Verteidigung des Verhaltens und beinhaltet die Gefahr der Eskalation (wenn es sich wirklich um einen Abwehrmechanismus handelt). Es ist besser zu analysieren, welche unerfüllten Motive der Reaktion zu Grunde liegen, um Möglichkeiten zu finden, ob und wie das ursprüngliche Ziel vielleicht doch erreicht werden könnte. Wenn dies nicht möglich ist könnte man auch darüber nachdenken, wie der erlittene Verlust verringert werden könnte.

Folgerungen für die Motivierungsarbeit:

- Wenn wir einen Mitarbeiter motivieren wollen, dann müssen wir im Gespräch analysieren, welche Motive und Ziele sein momentanes Verhalten bestimmen. Einen Menschen motivieren heißt, sein aktuelles Motivgefüge zu verändern. Dabei können wir dem aktuellen Motivgefüge keine neuen Motive einpflanzen, sondern nur versuchen, die Stärke der bestehenden Motive zu verändern, um damit Einfluss auf sein Verhalten zu gewinnen.

- Wir können bestehende Motive stärken, indem wir den Wert und die Attraktivität des Zieles steigern oder/und das Ziel mit anderen positiven (Fern-)Zielen verbinden (z.B. zuerst anstehende Arbeit erfolgreich abschließen, dann Urlaub genießen). Hier sei an die bekannte Aussage von Antoine de Saint-Exupery (sinngemäß) erinnert: Wenn Du ein Schiff bauen willst, dann lehre den Menschen nicht den Umgang mit dem Hammer oder der Säge, sondern lehre ihnen die Sehnsucht nach dem großen weiten Meer!

- Motive, die ein erwünschtes Verhalten unterbinden und blockieren, können wir schwächen, indem wir eindeutig aufzeigen, dass sie in der aktuellen Situation zu Problemen, Misserfolgen und Strafen führen.

- Wir können die erwünschte Motivation stärken, indem wir gruppendynamische Faktoren nutzen und Entscheidungen durch die jeweilige Gruppe oder die betroffene Person mit erarbeiten lassen und gemeinsame Ziele formulieren.

- Wir müssen versuchen, die Identifikationsmöglichkeiten mit dem Vorgesetzten oder einem anderen erwünschten „Modell" zu ermöglichen. Dazu darf das Modell keine zu große Distanz zeigen, es muss eine vertrauensvolle Atmosphäre schaffen können und das erwünschte Verhalten auch klar sichtbar vorleben.

3.3.3.2. Themenbezogene Mitarbeitergespräche

In diesem Kapitel sollen die Besonderheiten der Mitarbeitergespräche kurz dargestellt werden, die wegen ihrer speziellen Thematik und

Zielrichtung etwas von dem vorgestellten Schema einer professionellen Gesprächsführung (S. 163 f.) abweichen.

3.3.3.2.1. Bewerbergespräche:

Das Bewerbergespräch hat drei Aufgaben zu erfüllen: Zum einen steht der diagnostische Aspekt im Vordergrund, daneben soll der Bewerber über die Stellenanforderung und das Unternehmen informiert, sowie als potenzieller Mitarbeiter positiv eingestimmt werden.

Vorbereitung: Vor der Durchführung muss der Gesprächsleiter sich anhand der Bewerbungsunterlagen detailliert informiert und einen Gesprächsleitfaden vorbereitet haben. Dazu muss er die Bewerbungsunterlagen gesichtet und auf diagnostische wertvolle Daten und „Warnzeichen" hin analysiert haben. Folgende Fragen sind dabei hilfreich:

– Entsprechen die Unterlagen (Umfang, Aufmachung, Stil, usw.) den Erwartungen?
– Wie individuell ist das Anschreiben formuliert und wie glaubhaft wird die Bewerbung begründet?
– Liegen Referenzen vor und wie aussagekräftig sind sie?
– Sind Arbeitsbelege/-proben vorhanden oder erhältlich?
– Sind die Tätigkeitsnachweise und -beschreibungen vollständig?
– Sind positive Entwicklungen (berufliche Fortschritte, Kompetenzerweiterung, usw.) in den Zeugnissen aufgeführt?
– Gibt es in den Leistungsbeurteilungen einen gemeinsamen Tenor?
– Wie wurde die Zusammenarbeit mit anderen beurteilt?
– Zu welchen Beurteilungsdimensionen fehlen Angaben?
– Sind Ausscheidungstermine normal (z.B. 31.12.) oder auffällig (20.01.) und wie werden sie begründet?
– Wurde das Ausscheiden bedauert und Zukunftswünsche formuliert?
– Dauer der Ausbildungsabschnitte und Abschluss?
– Welche Fortbildungsaktivitäten wurden durchgeführt?
– Häufigkeit, Verweildauer und Begründung der Stellenwechsel?
– Wie wird der familiäre und soziale Hintergrund geschildert?
– .....

Neben der inhaltlichen Vorbereitung darf die technische Vorbereitung (persönliches Einladungsschreiben, Raumvorbereitung, Terminabsicherung, Informationsmaterial und -möglichkeiten über die Firma bereitstellen, usw.) nicht vernachlässigt werden, denn durch sie erhält der Bewerber den (ersten) lebendigen Eindruck, wie das Unternehmen den Bewerber und potenziellen Mitarbeiter schätzt. Auch die Stellenbeschreibung und das Anforderungsprofil sollten explizit formuliert sein (Fachwissen, Selbständigkeit, Belastbarkeit, Kommunikationsverhalten, Lern- und Leistungsbereitschaft, Flexibilität, usw. – siehe „Big Five" –), damit der Bewerber eine Selbsteinstufung vornehmen kann.

Phasen eines Bewerbergespräches:

– **Einstimmung:** Kurze „warming-up"-Phase und klare Formulierung des Gesprächszieles und -ablaufs.

– **Diagnostische Phase:** Sie teilt sich in zwei Abschnitte ein: personenzentrierte und direktive Gesprächshaltung. Mit personenzentrierter Gesprächsführung (offene Fragen, aktives Zuhören, usw.) werden möglichst viele Informationen vom Bewerber aus dessen Sichtweise eingeholt. Anschließend holt der Gesprächsleiter mit direktiver Gesprächsführung - möglichst unter Anknüpfung an vorangegangene Gesprächsäußerungen des Bewerbers, bzw. mit Bezug auf die Bewerbungsunterlagen - die Informationen ein, die er noch zu den Unterlagen benötigt, um die erforderlichen Daten für eine Entscheidung zu erhalten („Warnzeichenkatalog").

– **Informationsphase:** Der Bewerber wird über das Unternehmen, den Arbeitsplatz mit seinen konkreten Anforderungen und die mögliche Zukunftsperspektive informiert und gebeten, vertiefende Fragen zu stellen. In diesem Zusammenhang werden auch die Gehaltsvorstellungen des Bewerbers und die Möglichkeiten des Unternehmens klar angesprochen.

– **Gesprächsabschluss:** Klärung des weiteren Vorgehens und Ausklang.

Für den Gesprächsleiter folgt dann noch die möglichst exakte Eignungsdiagnose als Basis für die folgende Bewerberauswahl.

3.3.3.2.2. Einarbeitungsgespräche

Meist ist man froh, wenn das Bewerberauswahlverfahren abgeschlossen und der Bewerber das Stellenangebot angenommen hat. Eine Problemsituation ist bewältigt, der neue Mitarbeiter gefunden und man kann sich den aktuellen Aufgaben wieder voll zuwenden. Häufig wird dabei auf die Chance verzichtet, den neuen Mitarbeiter bei seinen unvermeidbaren Anfangsschwierigkeiten zu betreuen und die Unsicherheitsphase, die bei jedem Neubeginn vorhanden ist, so zu nutzen, dass die weitere Entwicklung / Prägung im gewünschten Sinne verläuft. Beim Antritt einer neuen Stelle ist jeder verunsichert, möchte aber auch den Erwartungen des Vorgesetzten, der Mitarbeiter und des Unternehmens entsprechen. In dieser Prägungsphase wird die weitere Entwicklung des neuen Mitarbeiters entscheidend mit geformt. Deshalb sollte ein Vorgesetzter die Einarbeitungszeit begleiten, sie nicht diffus delegieren („wenn Sie Fragen haben, dann werden ihnen die anderen gerne helfen"), sondern als konkreter Ansprechpartner präsent sein, möglicherweise Kontakte zu einem „Mentor" (erfahrene Führungskraft, die auch den Neuen coachen kann) aufbauen und durch fest terminierte Feedback-Gespräche zu einer sicheren Einarbeitung beitragen.

Der Gesprächsablauf orientiert sich weitgehend an unserem Basismodell und richtet sich an den Bedürfnissen des neuen Mitarbeiters aus. Der neue Mitarbeiter ist vor allem daran interessiert, ob sein Verhalten den Erwartungen des Vorgesetzten und der anderen Mitarbeiter entspricht. Durch möglichst verhaltensnahes positives Feedback wird das Verhalten stabilisiert, durch ein klares, verhaltensorientiertes negatives Feedback kann es in die gewünschte Richtung verändert werden (dies geht aber dann schon in Richtung Kritik- oder Konfliktgespräch). Positive Rückmeldung wirkt sowohl stabilisierend als auch motivierend und sollte in der Anfangsphase häufig gegeben werden. Sie ist der wirksamste und preiswerteste Motivator! Leider wird dieser „Motivator" in der Praxis nur selten verwendet.

3.3.3.2.3. Beurteilungs- und Förderungsgespräche

Beim Beurteilungsgespräch können wir auf das Kapitel „Personenwahrnehmung und Menschenkenntnis" zurückgreifen, in dem wir die verhaltensbezogenen diagnostischen Möglichkeiten betrachtet haben. Der Mitarbeiter erhält eine Rückmeldung, die meist mit Hilfe eines Beurteilungsbogens vorstrukturiert ist. Wichtig für die Rückmeldung ist, dass die Bewertungen im Rückmeldebogen durch Verhaltensbeobachtungen des Vorgesetzten transparent gemacht werden, damit sie für den Beurteilten auch nachvollziehbar sind. Neben der Rückmeldung über den vergangenen Beurteilungszeitraum hat das Beurteilungsgespräch auch noch die Aufgabe einer Standortbestimmung (Beziehungsklärung), der Zielvereinbarung für die Zukunft, sowie notwendiger Fördermaßnahmen.

Ein wesentlicher Punkt beim Mitarbeitergespräch ist die Möglichkeit, das Selbst- und Fremdbild kennen zu lernen und aufeinander abzustimmen. Der Mitarbeiter erhält von seinem direkten Vorgesetzten eine umfassende Rückmeldung seines beruflichen Leistungsverhaltens. Dies sollte für ihn allerdings keine neuen, völlig überraschenden

Inhalte besitzen, da es zu den zentralen Aufgaben eines Vorgesetzten gehört, dem Mitarbeiter kontinuierlich Feedback zu geben. Die Beurteilung kann eigentlich nur eine zusammenfassende Darstellung des Fremdbildes sein.

Der Vorgesetzte kann im Gespräch das Selbstbild des Mitarbeiters differenziert kennen lernen, wobei die beobachtbaren Unterschiede zwischen Selbst- und Fremdbild nicht ausdiskutiert werden und auch nicht zu einer nachträglichen Korrektur der Bewertungen führen sollen. Beide Bilder stellen eine subjektive Realität dar.

Natürlich muss der Mitarbeiter im Beurteilungsbogen die Möglichkeit haben, seine abweichende Sichtweise darzustellen. Das Beurteilungsgespräch sollte ein wechselseitiger Austausch gemeinsamer bzw. unterschiedlicher Sichtweisen sein und keine gefürchtete „Urteilsverkündung". Nur so können die gegenseitige Zusammenarbeit verbessert, das Entwicklungspotenzial des Mitarbeiters erkannt und Fördermaßnahmen gezielt eingeplant werden.

Das Thema Gehaltserhöhung gehört nicht ins Beurteilungsgespräch; wenn man hier versucht, zwei Fliegen mit einer Klappe zu schlagen, dann ergeben sich erhebliche Schwierigkeiten, die ein offenes Gespräch über Stärken und Schwächen nicht zulassen.

Gesprächsphasen des Beurteilungs- und Fördergesprächs:
– **Vorbereitung:** Diese Phase ist bei Beurteilungsgesprächen von zentraler Bedeutung. Der Mitarbeiter sollte bei der Einladung über die Ziele des Gesprächs informiert werden und zur eigenen Vorbereitung auch einen leeren Beurteilungsbogen erhalten. Für das Gespräch sollte auch ein entsprechender zeitlicher Rahmen (ein bis zwei Stunden) eingeplant werden. Der Vorgesetzte sollte sich die Aufgaben- und Tätigkeitsbereiche des Mitarbeiters (Haupttätigkeiten, Verantwortlichkeiten und Kompetenzen) im Beurteilungsbogen notieren, denn dies ist die Bezugsbasis der Beurteilung: Er sollte sich seine alltäglichen Leistungsrückmeldungen im vergangenen Beurteilungszeitraum in Erinnerung rufen und sich für alle Beurteilungsmerkmale konkrete Verhaltensweisen notieren, mit denen er die Beurteilung (meist ein Skalenwert) für den Mitarbeiter nachvollziehbar darstellen kann.

– **Einstieg:** Wie bei allen Gesprächen steht am Beginn die „Aufwärmphase", die gerade bei kritischeren Gesprächen wichtig ist, um die vorhandene Anspannung abzubauen und eine tragfähige Gesprächsbasis zu erreichen. Am Ende dieser Phase sollten nochmals Sinn und Zweck des Beurteilungs- und Fördergesprächs, der Aufbau des Beurteilungsbogens und der verwendete Beurteilungsmaßstab erläutert werden.

– **Informationsaustausch:** Zuerst sollte gemeinsam mit dem Mitarbeiter die Richtigkeit der Stellen- und Aufgabenbeschreibung abgeklärt werden, da die Beurteilung sich darauf konzentriert.

Der Vorgesetzte geht dann die Bewertungskriterien Schritt für Schritt durch und erläutert die Einstufungen durch konkrete Verhaltensbeobachtungen. Dabei sollten die Schwächen klar und vorwurfsfrei, die Stärken aber ebenso klar mit Verhaltensbeispielen beschrieben werden.

Anschließend wird der Mitarbeiter gebeten, zu der Beurteilung Stellung zu nehmen. Der Vorgesetzte sollte hier deutlich machen, dass er zur eigenen Kontrolle an der (anderen) Sichtweise des Mitarbeiters interessiert ist; der Mitarbeiter sollte hier aber nicht unter Druck gesetzt werden. Anschließend sollten Vorgesetzter und Mitarbeiter überlegen, wie die vorhandenen Stärken noch besser genutzt und die Schwächen abgebaut werden können. Wenn möglich werden daraus konkrete Lernziele und Fördermaßnahmen für den folgenden Beurteilungszeitraum abgeleitet, die im Beurteilungsbogen - wie auch eine abweichende Stellungnahme des Mitarbeiters - schriftlich festgehalten und von den Gesprächspartnern unterzeichnet werden.

– **Abschluss:** Hier kann der Vorgesetzte den Gesprächsverlauf aus seiner Sicht nochmals zusammenfassen, Feedback vom Mitarbeiter einholen und das Gespräch mit einem möglichst positiven Blick in die Zukunft abschließen.

Das Gespräch ist erfolgreich verlaufen, wenn die Gesprächsteilnehmer den anderen Standpunkt nachvollziehen konnten, auch wenn keine völlige Übereinstimmung bei den einzelnen Bewertungen erreicht wurde.

3.3.3.2.4. Jahresgespräche

In vielen Unternehmen und sogar im öffentlichen Dienst wurde neben dem Beurteilungsgespräch ein jährliches Gespräch zwischen Vorgesetzten und den unmittelbaren Mitarbeitern eingeführt, bei dem Standortbestimmung und Neuorientierung stattfinden sollen. Da im betrieblichen Alltag meist nicht ausreichend Zeit für ein ausführliches Gespräch bleibt, bei dem Mitarbeiter und Vorgesetzter gemeinsam ihre Zusammenarbeit reflektieren und Zukunftsperspektiven entwickeln können, ist das Jahresgespräch sinnvoll, um ein kooperatives Arbeitsklima zu fördern.

Dies setzt natürlich eine partnerschaftliche Grundeinstellung voraus, wie sie auch in den meisten Unternehmensleitsätzen formuliert ist. Von wesentlicher Bedeutung ist der Wille des Vorgesetzten, einen intensiven Dialog nicht dem Zufall gelegentlicher Kontakte zu überlassen, sondern gezielt zu pflegen.

Da die Inhalte des Jahresgesprächs sehr offen sind - Rückblick auf die gemeinsame Zusammenarbeit, „Manöverkritik", Entwicklungsziele für das kommende Jahr - besteht in der Regel keine verbindliche Struktur für das Gespräch. Das Jahresgespräch besitzt nur dann für beide Seiten motivierende Kraft, wenn es als Dialog geführt wird, bei dem der Vorgesetzte offen für die Fragen und Anregungen des Mitarbeiters ist (aktives Zuhören, offene Fragen stellen), Anerkennung und Kritik sachlich formuliert, Kritik am eigenen Verhalten akzeptiert und zu Veränderungen bereit ist.

Die wesentlichen Ergebnisse und die vereinbarten Entwicklungsziele werden formlos dokumentiert, verbleiben bei den Gesprächspartnern, und bilden die Basis für die weitere Zusammenarbeit; sie gelangen also nicht in die Personalakte. Diese Notizen helfen Missverständnisse zu vermeiden, die vereinbarten Ziele im Auge zu behalten und das nächste Mitarbeitergespräch vorzubereiten. Vereinbarungen, die zur Umsetzung an Dritte weitergegeben werden müssen (z.B. Weiterbildung, Jobrotation), werden gesondert festgehalten und im beiderseitigen Einverständnis an die entsprechenden Stellen weitergeleitet.

Phasen des Jahresgespräches:
– **Vorbereitung:** Laden Sie Ihren Mitarbeiter rechtzeitig ein und informieren Sie ihn dabei über das Ziel des Gesprächs. Bitten Sie ihn dabei auch Themen zu sammeln, die aus seiner Perspektive wichtig sind. Bereiten Sie selbst die Themen vor, die Sie mit dem Mitarbeiter ansprechen möchten und machen Sie sich entsprechende Notizen.
– **Dialog:** Nach einer kurzen Begrüßungsphase sollten Sie sich mit dem Mitarbeiter über den Gesprächsablauf verständigen. Sammeln Sie dabei zuerst alle Themen, die angesprochen werden sollten und versuchen Sie anschließend die Themen zu ordnen und im Dialog zu besprechen. Auch hier muss nicht völlige Übereinstimmung erzielt werden, so dass beide „Realitäten" (Selbst- und Fremdbild) nebeneinander bestehen bleiben können.
– **Ergebnisfixierung:** Das Gesprächsergebnis und die vereinbarten Ziele und Veränderungsschritte werden formlos dokumentiert und verbleiben bei den Gesprächspartnern. Unterschiedliche Auffassun-

gen und der Umgang damit werden ebenfalls festgehalten.
– **Abschluss:** Feedback über das Gespräch und möglichst positiver Blick in die Zukunft.

3.3.3.2.5. Konfliktgespräche

Konfliktgespräche zählen – ähnlich wie problematische Beurteilungsgespräche – zu den von beiden Seiten am wenigsten geliebten Führungsaufgaben. Sie sind dennoch für die Standortbestimmung und die individuelle und organisatorische Weiterentwicklung von großer Bedeutung. Aus diesem Grunde werden wir das Thema Konflikt und Konfliktsteuerung etwas ausführlicher betrachten und dazu auch wieder einige Übungen empfehlen. Steigen wir gleich mit einer Übung ein, die allein oder in Gruppen durchgeführt werden kann.

Übung „Assoziationen zum Thema Konflikt":
Schreiben Sie bitte alle spontanen Gedanken auf, die Ihnen beim Thema „Konflikt" einfallen. Bei der Gruppenübung sollten die Teilnehmer die Einfälle auf Kärtchen notieren, die dann an einer Pinnwand gesammelt werden. Die Teilnehmer werden dann gefragt, was das Gemeinsame bei diesen Assoziationen ist.

Das generelle Ergebnis zeigt, dass die meisten (fast alle) Assoziationen in Richtung „unangenehm", „negativ", möglichst zu vermeiden liegen. Dieser Aspekt sollte ausdiskutiert werden mit dem Ziel, dass Konflikte „normal" und die Quelle jeder Weiterentwicklung sind. Ohne Konflikte gäbe es Stagnation, so dass Konflikte meistens auch positiv gesehen werden können, da sie der individuellen und organisatorischen Weiterentwicklung dienen. Konflikte sollten nicht als Bedrohung, sondern als Herausforderung angesehen werden. Diese Umorientierung ist für viele schwierig, erleichtert es aber, Konflikte produktiv zu nützen.

Wann sprechen wir eigentlich von einem Konflikt?
Zu einem Konflikt kommt es, wenn gleichzeitig zwei oder mehr Ziele, die nicht miteinander vereinbar sind, angestrebt werden. Der Konflikt wird umso größer, je stärker die unvereinbaren Ziele verfolgt werden.

Die **konfliktauslösenden Bedingungen** liegen demnach entweder in der Person selbst („intraindividuell": widersprüchliche Motive einer Person führen zu innerer Zerrissenheit, bzw. das angestrebte Ziel löst unvereinbare Motive aus) oder in den unvereinbaren Erwartungen, die von bedeutsamen Personen oder Gruppen an eine Person herangetragen werden („interindividuell": unterschiedliche Erfahrungen, Werte, Einstellungen, widersprüchliche Persönlichkeitseigenschaften, Rollenerwartungen, organisatorische Bedingungen, usw.).

Konflikte frühzeitig wahrnehmen:
Für die Konfliktsteuerung – und wir sprechen hier bewusst von „Steuerung" und nicht von „Lösung", weil nicht alle Konflikte lösbar sind – ist es wichtig, Konflikte möglichst frühzeitig wahrzunehmen, da sie nicht plötzlich aus dem Nebel erscheinen, sondern sich entwickeln. Je frühzeitiger wir diese Entwicklung wahrnehmen, desto besser können wir darauf reagieren und die weitere Entwicklung steuern. In der Anfangsphase der Konfliktentwicklung sind die Frustrationssituationen der Beteiligten noch nicht so gravierend, so dass Kompromisse ohne „Gesichtsverlust" eines oder aller Beteiligten leichter möglich sind.

Welche Hinweise gibt es für eine Konfliktentwicklung? (Diese Frage kann auch als Gruppenübung bearbeitet werden. Dabei werden meist die folgenden Symptome angesprochen):
– Werden Vorschläge häufiger unbegründet abgelehnt?
– Gibt es einen verstärkten Wettbewerb in der Gruppe?
– Ziehen sich einige Personen zurück? Bilden sich Cliquen?
– Ist „nonverbal" Widerstand zu erkennen? Gibt es in Diskussionen „Stecknadeln von unten"?
Nicht jede sich andeutende Konfliktentwicklung muss auch in einen offenen Konflikt münden. Veränderte Randbedingungen können zu einer Umstrukturierung des sozialen Kraftfeldes führen und das Konfliktpotenzial neutralisieren. Dennoch sollten beim Vorgesetzten die Sensoren in Richtung Konfliktentwicklung sensibel eingestellt sein.

Konflikte sind menschlich, normal, treten überall auf und sind produktiv nutzbar: Sie können
– zum Reflektieren der Situation anregen, zu neuen Ideen führen,
– auf schon länger bestehende Probleme hinweisen,
– verschiedene Partner ins Gespräch bringen und sich besser verstehen lernen,
– eigene Interessen klarer machen und in Frage stellen,
– eigene und organisatorische Entwicklungen anstoßen.

Generell gilt: **Ohne Konflikte gibt es keine Entwicklung.** Dies ist allerdings keine neue Erkenntnis. Schon Heraklit (um 500 vor Chr.) betonte, dass Entwicklung nur im Zusammenwirken gegensätzlicher Kräfte möglich ist. Diese positive Einstellung zu Konflikten ist im praktischen Alltag nur selten zu finden, erleichtert aber die generelle Einstellung zu Konfliktgesprächen!

Wie können Konflikte erfolgreich gesteuert werden?

Bevor wir einen bestehenden Konflikt steuern können, müssen wir ihn erst analysieren. Dazu sind im Vorfeld die folgenden Fragen der Konfliktanalyse zu klären:

– Wer ist alles am Konflikt beteiligt? Ist den Beteiligten der Konflikt auch bewusst?
– Welche Ziele haben die Beteiligten? Wo liegen offene und versteckte (inhaltliche, beziehungsorientierte) Unterschiede?
– Spielen Organisationsstrukturen oder Machtverhältnisse zwischen den Beteiligten eine Rolle?
– Wie bereit sind die Beteiligten, den Konflikt zu lösen? Besteht Einigungszwang?
– Wie ging man bisher mit dem Konflikt um und welche Lösungen wurden versucht?
– Wer genießt bei welchen Konfliktpartnern Vertrauen und kann als Schlichtungshelfer herangezogen werden?
– Wie sieht die ideale Lösung für die einzelnen Betroffenen aus?
– Wie könnte eine gemeinsame Lösung aussehen? Wo könnte man schnell Einigung erzielen und gegen welche Aspekte richten sich die Widerstände?

Wir müssen natürlich unterscheiden zwischen Konflikten, bei denen der Vorgesetzte selbst als Betroffener beteiligt ist oder als indirekt Betroffener zum Konfliktschlichter – in der heutigen Bezeichnung zum Mediator – wird. Wir werden uns zuerst auf den Vorgesetzen als Konfliktbeteiligten konzentrieren; die Möglichkeiten der Konfliktsteuerung durch Gruppenmoderation werden wir im folgenden Kapitel betrachten.

Besteht der Konflikt zwischen dem Vorgesetzten und einem oder mehreren Mitarbeitern, dann handelt es sich zuerst einmal um ein Kritikgespräch, das der Vorgesetzte zu führen hat, da er die sich andeutende oder schon existierende, abweichende Haltung der Mitarbeiter ansprechen muss.

Phasen des Konfliktgesprächs:

– **Vorbereitung:** Hier sind die Fragen zur Konfliktanalyse zu klären. Bei der Einladung zum Gespräch sollte dem „Konfliktpartner" das Gesprächsthema konkret genannt werden, damit er sich vorbereiten kann.

– **Einstieg:** Die „warming-up"-Phase sollte hier relativ kurz gehalten werden, da die Partner in das Thema einsteigen wollen. Es sollte allerdings der Wunsch nach einer für alle Beteiligten tragbaren Lösung deutlich gemacht werden.

– **Konfliktdefinition:** Der Vorgesetzte schildert seine Sichtweise, wie sich die IST-Situation von der SOLL-Situation unterscheidet. Wichtig ist dabei, dass konkrete Fakten in Form von „Ich-Aussagen" beschrieben werden. Nur wenn diese Diskrepanz für die Beteiligten deutlich wird, ist ein gemeinsames Konfliktverständnis möglich.

– **Argumentationsphase:** Nachdem er seine Sichtweise vorgetragen hat, sollte der Vorgesetzte sich für die Sichtweise des Mitarbeiters interessieren („aktiv zuhören"). Auch hier ist das Zeigen von Verständnis nicht gleichzusetzen mit Einverständnis!

– **Lösungsmöglichkeiten gemeinsam erarbeiten:** Gemeinsam wird reflektiert, was bisher an Problemlösungen versucht wurde, aus welchen Gründen sie gescheitert und welche anderen Möglichkeiten denkbar sind. (Brainstorming, Perspektivenwechsel oder andere Kreativitätstechniken).

– **Lösungsmöglichkeiten bewerten und Entscheidung treffen:** Jetzt wird gemeinsam bewertet und entschieden, wie weiter vorgegangen wird. Was ist konkret umsetzbar? Welche Informationen werden noch benötigt? Mit welchen Konsequenzen muss gerechnet werden, welche Kompromisse erscheinen möglich, damit alle Beteiligten die Entscheidung mittragen können?

– **Umsetzung:** Hier sollte schriftlich dokumentiert werden, wer, was, mit wem, wie, wo, wann, mit welchem Ergebnis, zu welchem Termin zu erledigen hat.

– **Evaluation und Neubewertung:** Nach der verabredeten Kontrollzeit sollte ein erneuter IST-SOLL-Vergleich stattfinden. Dabei sind sicher positive Entwicklungen beobachtbar, meist aber auch neue Konflikte entstanden, die in einem fortlaufenden Verbesserungsprozess (KVP = kontinuierlicher Verbesserungsprozess) weiter bearbeitet werden müssen.

3.4. Projektarbeit und Sozialkompetenz

Die Projektarbeit gewinnt im beruflichen Alltag, aber auch in der Ausbildung, zunehmend an Bedeutung. Personen aus unterschiedlichen Tätigkeitsbereichen arbeiten dabei, unabhängig von der hierarchischen Linienorganisation, für eine überschaubare Zeit zusammen, um eine neuartige, komplexe, aktuelle Problemsituation zu lösen. Das Projektmanagement muss sich dabei mit einer Reihe von Aufgaben beschäftigen, die in zwei bekannte Dimensionen zusammengefasst werden können und in Abbildung 21 dargestellt sind.

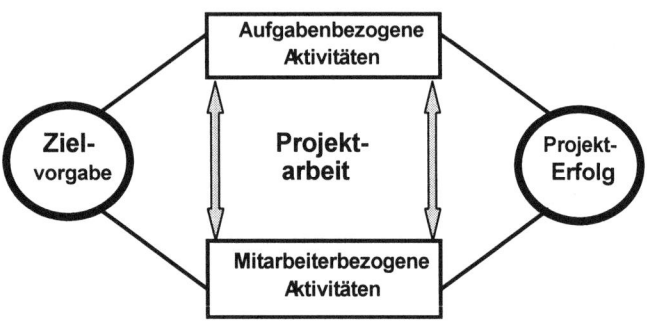

Abb. 21: Dimensionen der Projektarbeit

Die Abbildung erinnert an das Kommunikationsquadrat und soll darauf hinweisen, dass auch bei der Projektarbeit die Inhalts- und Beziehungsebenen eine zentrale Bedeutung haben.

Bei der Inhaltsebene geht es um die aufgabenbezogenen Aktivitäten, wie z.B. Zielvorgabe, Zielbeschreibung, Planung, „Meilensteine" setzen, Ablauf organisieren, Termine vorgeben, Delegieren, Problemlösungsaktivitäten.

Auf der Beziehungsebene geht es um die mitarbeiterbezogenen Aktivitäten, wie Zusammenarbeit der Projektbeteiligten, Teamentwicklung, Führen und Motivieren, Konflikte steuern, u.ä.

Die damit verbundenen Anforderungen an die Sozialkompetenz haben wir schon weitgehend behandelt. Was noch fehlt, ist die Betrachtung der gruppendynamischen Faktoren, die Projektaktivitäten positiv und negativ beeinflussen können. Außerdem werden wir in diesem Zusammenhang auf die Möglichkeiten eingehen, Projektteams effektiv zu moderieren und Ergebnisse möglichst nachhaltig zu präsentieren.

3.4.1. Gruppendynamische Aspekte der Projektarbeit

Menschen verändern in unterschiedlichen Gruppen ihr „individuelles" Verhalten, d.h. es gibt so etwas wie das „soziale Kraftfeld"(Lewin 1963) der Gruppe, das auf individuelles Verhalten ausstrahlt und es mehr oder weniger stark beeinflusst. Es gibt keine neutrale Situation, sondern jede Situation ist subjektiv gefärbt, je nachdem welche Ziele, Personen, Objekte sich mit ihr persönlich verbinden. Für Lewin hat dieses „soziale Kraftfeld", der „Lebensraum" zu jedem Zeitpunkt seine eigene, subjektive Charakteristik, die das „individuelle" Verhalten bestimmt.

Wenn Menschen, die in unterschiedlichen betrieblichen Bereichen in einem Projekt zusammenarbeiten, oder wenn Menschen überhaupt in Gruppen zusammenkommen, dann sind einige spezifische Aspekte zu beachten, die eine zielorientierte Arbeit fördern oder scheitern lassen können.

3.4.1.1. Entwicklung von Projektgruppen

Voraussetzung:
Die Voraussetzung, dass sich überhaupt eine (Projekt-)Gruppe entwickelt, besteht darin, dass entweder verschiedene Personen miteinander sprechen, sich gegenseitig akzeptieren und ein gemeinsames Ziel finden, oder dass ein Ziel vorhanden ist und sich zur Zielerreichung verschiedene Personen treffen, um sich abzusprechen und miteinander zu kommunizieren. Das „Schwungrad" der Gruppen-/Teamentwicklung setzt sich nur dann in Bewegung, wenn es durch die folgenden Faktoren, die in Abbildung 22 dargestellt werden, in Schwung kommt.

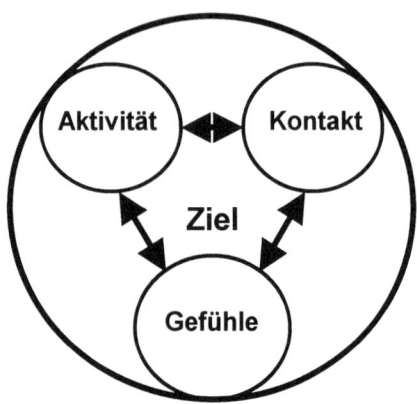

Abb. 22: Das „Schwungrad" der Gruppenentwicklung

Durch die Aktivität in Organisationen (oder generell) kommt es zu Kontakten, die sich mit Gefühlen verbinden. Sind die Gefühle positiv, dann kommt es zu weiteren Kontakten, vor allem wenn Gemeinsamkeiten (Ziele) gefunden werden. Um dieses gemeinsame Ziel beginnt sich jetzt das Gruppenentwicklungsrad zu drehen. Meist etwas unregelmäßig, holperig, je nach Rückmeldung verlangsamt es seine Umdrehungen, oder beginnt immer runder zu laufen. Natürlich gibt es auch die Situation, dass das Ziel durch eine Problemsituation vorgegeben wird und sich entsprechende Personen treffen, miteinander in Kontakt treten, Gefühle entwickeln und das Rad in Bewegung setzen (oder blockieren). Der Anstoß zur Gruppenentwicklung kann dabei über alle drei Komponenten führen (Homans 1972) und über sie gefördert werden („Teambeschleuniger"). So können z. B. die Kontakte durch Telefonate und Sitzungen, die positiven Gefühle durch Herausarbeiten von Gemeinsamkeiten, positives Feedback und Zielabsprachen gefördert werden.

In der folgenden lebendigen und kreativen Übung sollen die Prozesse, die bei der Gruppenentwicklung ablaufen, demonstriert und erlebt werden. Beobachtet und diskutiert werden auch weitere Themen der Gruppendynamik, wie z.B. Führung, Kommunikation, Leistungsvorteil beim Problemlösen, Vorgänge auf der Inhalts- und Beziehungsebene, gegenseitige Aktivierung, Kooperation, Konkurrenz.

Übung „Eierflug":

Die Teilnehmer werden auf zwei bis drei Kleingruppen (vier bis fünf Personen) aufgeteilt. Jede Gruppe hat zusätzlich ein oder zwei Beobachter, die Gruppenentwicklung und -prozesse protokollieren. Die Teilnehmer erhalten die folgende schriftliche Projektaufgabe:

„Planen und konstruieren Sie in den folgenden 80 Minuten (davon 10 Minuten für individuelle Vorbereitung/Planung) zusammen mit Ihren Kollegen ein möglichst originelles Fluggerät, mit dem ein rohes Ei unbeschädigt im freien Flug von einem möglichst hohen Stockwerk des Gebäudes zum Erdboden befördert werden kann. Während des Fluges und der Landung muss eine Hälfte des Eies sichtbar bleiben! Einigen Sie sich in Ihrer Gruppe auch auf einen Namen für das Fluggerät und bringen Sie diesen gut lesbar an.

Die Abnahme des Fluggeräts erfolgt unmittelbar nach der Gruppenarbeit. Begeben Sie sich deshalb unverzüglich nach der Gruppenarbeit in das genannte Stockwerk und starten Sie nach Aufforderung der „Flugsicherung" am Boden den Testflug. Ein vorangehender Probeflug ist nicht erlaubt."

Folgendes Material steht zur Verfügung: 1 rohes Ei / 20 Pinn-Stecknadeln / 2 Scheren / Tesafilm / Klebestift/ / 2 Bogen Flipchart-Papier / 2 Filzstifte / 6 Moderationskarten / 3 Luftballons / 8 Strohhalme.

Die Bewertung der „Produktqualität" sollte durch die Beobachter bzw. andere „neutrale" Personen in folgenden Dimensionen durchgeführt werden: Zustand des gelandeten Eies / Ästhetik des Fluges / Originalität des Fluggeräts.

Teilnehmer und Beobachter berichten anschließend im Plenum, wie sie diese Übung erlebt haben.

Diese Gruppenentwicklung verläuft allerdings nicht von Anfang an harmonisch und gleichmäßig - dies war in Ihrer Übung vielleicht auch zu beobachten - sondern durchläuft verschiedene Phasen, in denen bestimmte Themen dominieren und durchgearbeitet werden müssen. Die Dauer und Intensität der Phasen sind abhängig von den Beteiligten und den jeweiligen Gruppenzielen; so verläuft die Entwicklung in einer Arbeitsgruppe anders, als in einer Therapie- oder Selbsterfahrungsgruppe. Jede einzelne Gruppe hat praktisch ihre eigene Geschwindigkeit und Phasenlänge, wobei sich die einzelnen Stufen überschneiden und manchmal auch wiederholt werden. Das

Phasenmodell ist dennoch für Projektleiter hilfreich, weil er damit eine Orientierungshilfe über mögliche Problembereiche und sinnvolle Interventionen erhält. Das folgende Phasenmodell – siehe Abbildung 23 – wurde aus verschiedenen „klassischen" Vorschlägen erstellt (Lewin 1963, Hartley und Hartley 1955, Bernstein und Lowy 1969, Hück 1978).

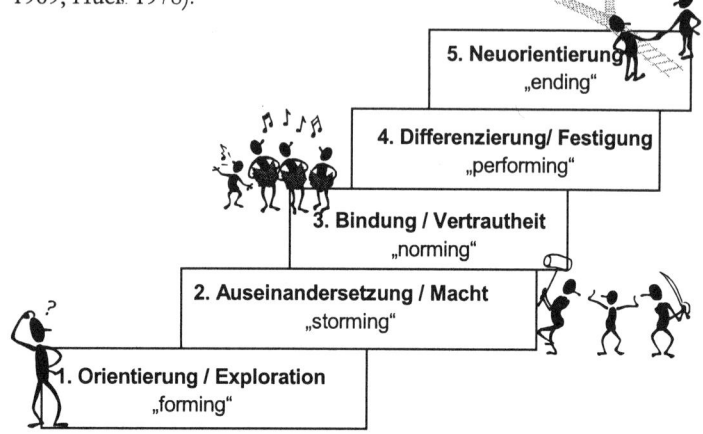

Abb. 23: Phasen der Gruppenentwicklung

1. Stufe: Orientierung und Exploration („forming"). Zu Beginn besteht bei den potenziellen Gruppenmitgliedern Unsicherheit und eine gewisse Angst, vor dem was kommen könnte. Die Teilnehmer verhalten sich unverbindlich, vorsichtig und versuchen Kontakt zu den sympathisch wirkenden Mitgliedern aufzubauen, ohne sich selbst eine Blöße zu geben.

Der Projektleiter sollte die Startphase möglichst locker gestalten, eine dem anwesenden Personenkreis entsprechende Vorstellungsrunde durchführen und die Aufgabenstellung klar definieren. Wenn nötig, sollten die Teilnehmer in Kleingruppen ihre Erwartungen an die Zusammenarbeit im Projekt formulieren und im Plenum präsentieren, damit das Team Regeln der Zusammenarbeit entwickeln kann (siehe auch TZI-Regeln, S. 214). Diese Kleingruppenarbeit soll auch dem gemeinsamen Kennenlernen dienen. Der Leiter sollte hier Distanz zulassen und gleichzeitig Kontakte und Erkundungsprozesse fördern.

2. Stufe: Auseinandersetzung und Machtkampf („storming"). Die Beziehungen zwischen den Projektmitgliedern sind noch nicht stabil und das Ich-Denken der Teilnehmer bestimmt das Verhalten. Die Einzelnen versuchen jetzt ihren Platz im Beziehungsgefüge der Gruppe zu definieren. Es existiert ein unterschwelliger Konkurrenzkampf, der an die Rangkämpfe sozial lebender Tiere erinnert. Die ersten Rollen und Cliquen treten hervor. In dieser Phase besteht die Gefahr, dass die Gruppenentwicklung scheitert.

Der Projektleiter muss hier den Mitarbeitern die Möglichkeit bieten, ihre Stärken und Fähigkeiten zu zeigen und versuchen, die Machtkämpfe dem gemeinsamen Ziel unterzuordnen. Die meisten Auseinandersetzungen sind emotional gefärbt und laufen auf der Beziehungsebene ab, auch wenn sie auf der Inhaltsebene ausgetragen werden. Dabei wird auch der Gruppenleiter zum Sündenbock und Blitzableiter für die wechselnden Gefühle der Teilnehmer. Dies muss er in Kauf nehmen und dabei zeigen, dass er die Situation der Teilnehmer versteht und auch versucht, über Metakommunikation, die Beziehungen zu verbessern.

3. Stufe: Bindung und Vertrautheit („norming"). Wenn diese Phase erreicht ist, dann zeigt sich eine starke Identifikation mit der erkämpften Rolle und den Gruppenzielen. Die einzelnen Mitglieder fühlen sich in der Gruppe sicher und haben ein „Wir-Gefühl" entwickelt, das hörbar (gemeinsame Sprache, Ausdrücke) und sichtbar (Gruppensymbole, Kleidung, Sitzordnung, räumliche Nähe) ist.
Diese gruppenspezifischen Verhaltensnormen werden zwar als individuell erlebt, sind aber durch die gruppenspezifischen Interaktionen entstanden und fördern den Zusammenhalt. Die gewonnene Sicherheit erlaubt dem Einzelnen sich zu öffnen und persönliches Vertrauen in die Anderen aufzubauen, auch wenn zwischendurch noch geschwisterähnliche Rivalitäten auftreten können.

Der Teamleiter sollte die gruppenspezifischen Verhaltensnormen akzeptieren und nur, wenn sie sich gegen die Projektziele wenden, zur Diskussion stellen. Er kann in dieser Phase auch schrittweise Aufgaben delegieren, da die Gruppe jetzt fähig wird, selbständig zu arbeiten und längerfristig zu planen. Konflikte sollte er im Ansatz erkennen und sie gemeinsam mit den Betroffenen lösen. Der Leiter hat die Aufgabe, die Projektziele im Auge zu behalten und darf sich nicht von der Euphorie des „Wir-Gefühls" überschwemmen lassen.

4. Stufe: Differenzierung und Festigung („performing"). Die Entwicklungsschwierigkeiten sind erfolgreich überwunden, die Gruppe ist „erwachsen" geworden und kann ihre Kräfte voll entfalten. Die Mitglieder fühlen sich selbstsicher und stark in der Gruppe, setzen ihr Potenzial voll ein und arbeiten zielorientiert. Parallel zur gewachsenen Solidarität findet in der Regel auch eine Absetzung von anderen Gruppen statt („Wir-" und „Die-Gruppe"), wobei sich ein Gruppenselbstbild (Autostereotyp) und Fremdbilder (Heterostereotyp) entwickeln. Durch das gemeinsame zielorientierte Handeln und Fühlen wächst der Zusammenhalt in der eigenen Gruppe an und die Distanz zu anderen Gruppen wird größer. In der Gruppe hat sich ein festes Rollensystem etabliert, bei dem wir meistens zwei Dimensionen unterscheiden können: Es bildet sich ein Rollensystem heraus, das leistungs- und zielorientiert arbeitet. Daneben entsteht ein anderes Rollensystem, das sich stärker auf die Beziehungen und emotionalen Bedürfnisse der Teammitglieder konzentriert. Auch hier drängt sich wieder der Vergleich mit dem Kommunikationsquadrat und der Inhalts- und Beziehungsebene auf. Die Gruppe hat nun ihre größte Stabilität und Produktivität erreicht, bestimmte Traditionen entwickelt und ist jetzt auch fähig, neue Mitglieder aufzunehmen und zu integrieren.

Der Gruppenleiter kann sich in dieser Phase zurücknehmen, Aufgaben weitgehend delegieren, die Prozesse beobachten und muss nur moderierend eingreifen. Er kann versuchen, Kontakte zu anderen Gruppen aufzubauen und gemeinsame, übergreifende Ziele ins Bewusstsein zu rücken.

5. Abschluss und Neuorientierung („ending"). Die Projektgruppe hat ihr Ziel erreicht und steht vor der Frage, wie es weitergeht. Wenn kein neues, gemeinsames Ziel gefunden wird, dann löst sie sich mit mehr oder weniger starker gefühlsmäßiger Beteiligung auf.

Der Teamleiter muss in dieser Phase die abgeschlossenen Prozesse auswerten, die Zusammenarbeit reflektieren und für einen angemessenen (festlichen) Abschluss sorgen. Er hat den Übergang der Gruppenmitglieder in die neue Situation mit zu betreuen und muss sich auch selbst aus der Gruppensituation lösen, was nicht immer leicht ist, da auch er vom „Wir-Gefühl" gefesselt wurde.

Das beschriebene Phasenmodell ist idealtypisch und kann nicht starr auf alle Gruppenentwicklungen übertragen werden. Viele Gruppen enden schon in den ersten beiden Phasen, andere wiederholen einzelne Phasen auf einer differenzierteren, reiferen Ebene, d.h. sie entwickeln sich nicht linear, sondern spiralförmig.

3.4.1.2. Leistungsvorteile der Gruppenarbeit

Für Hofstätter (1986) ist die zielorientierte Gruppe eine Kulturerfindung der Menschheit, die Ergebnisse ermöglicht, zu denen der Einzelne nicht fähig ist. Dieser Gruppenvorteil („Synergie-Effekt") kann aber nur erzielt werden, wenn bestimmte Regeln beachtet werden. Ansonsten kann es auch zum Gruppennachteil kommen. Im Folgenden werden wir den Gruppenvorteil und seine Voraussetzungen näher betrachten, um anschließend vor den Fallgruben der Gruppenarbeit („Gruppendenken") zu warnen.

Übung: Leistungsvorteil bei der Lösungssuche.
Die Übung wird in zwei bis mehreren Wiederholungen durchgeführt, wobei wir mit der Einzelarbeit beginnen, bei der jeder Teilnehmer die folgende Aufgabe allein zu lösen hat: Betrachten Sie bitte Abbildung 24 und zählen Sie, wie viele Quadrate Sie sehen. Die Wahrnehmung der einzelnen Teilnehmer wird am Flipchart, auf dem auch das Muster abgebildet sein sollte, festgehalten.

Abb. 24: Wie viele Quadrate sehen Sie?

Anschließend setzen sich je zwei Teilnehmer (Nachbarn) zusammen und diskutieren über ihre Sichtweise und einigen sich darauf, wie viele Quadrate in dem Muster enthalten sind; die Ergebnisse werden wieder am Flipchart notiert. Ist die exakte Lösung noch nicht erzielt (siehe Seite 224), dann werden 3-er oder 4-er Gruppen gebildet, die über die verschiedenen Sichtweisen diskutieren und deren Ergebnisse wiederum am Flipchart festgehalten werden. Das exakte Ergebnis müsste dann gefunden sein.

> Anschließend wird im Plenum diskutiert, welche Voraussetzungen erforderlich waren, damit das richtige Gruppenergebnis erzielt werden konnte.

Bei dieser Übung wird deutlich, dass die Gruppe dann ein besseres Ergebnis als jeder Einzelne erzielt, wenn bestimmte Regeln eingehalten werden; diese Regeln werden am Flipchart festgehalten und sind mit den folgenden Erfahrungswerten abzugleichen:

Regeln für den Gruppenvorteil:

- **Motivationsbedingung:** Die Gruppenmitglieder müssen die Aufgabe auch wirklich lösen wollen.

- **Unabhängigkeitsbedingung:** Jeder Teilnehmer muss sich zuerst allein, also völlig unabhängig von den anderen, um die Problemlösung bemühen.

- **Kommunikationsbedingung:** Über die individuellen Ergebnisse muss ein reger Gedankenaustausch stattfinden; jeder muss seine Wahrnehmungen einbringen und jeder muss bei der Sichtweise des anderen „aktiv zuhören". Die Sichtweise der Einzelnen muss ernsthaft akzeptiert werden. Dies gilt auch für die vermeintlich „schwächeren" Teilnehmer, deren Lösungen zumindest ein Quäntchen Wahrheit enthalten und deren Fragen Antworten herausfordern, die häufig zu einer neuen Sichtweise führen.

- **Akzeptierungsbedingung:** Die Gruppenlösung sollte ausdiskutiert, von allen Mitgliedern getragen und nicht durch eine Abstimmung erzielt werden.

Nachdem diese Regeln für den Gruppenvorteil erarbeitet wurden, sollten sie an einem weiteren Übungsbeispiel umgesetzt und demonstriert werden. Bei dieser Übung geht es zwar auch um den Gruppenvorteil, der beim Suchen um eine objektiv richtige Lösung auftritt; häufig sind die Problemstellungen aber so, dass eine objektive Lösung schwierig zu finden ist, weil die zur Entscheidung erforderlichen Informationen nicht vorhanden sind oder eine objektive Entscheidung nicht möglich ist (z.B. Welches Auto ist besser? Welche Partei/Religion ist die richtige? Wie wirklich ist meine wahrgenommene Realität?).

Übung „Entfernungen schätzen" (nach Dantscher 1977):
Sie erhalten jetzt eine Aufgabe, bei der Sie allein wahrscheinlich
überfordert sein werden. Spielen Sie trotzdem bitte phantasievoll
mit.

	Rangplatz o Einzelarbeit o Gruppe	Objektiver Rangplatz	Differenz
Basel			
Kiel			
Brüssel			
Paris			
Dresden			
Genf			
Prag			
Duisburg			
Stuttgart			
Wien			
Bremen			
Summe der Rangplatzdifferenzen:			

Leistung geschätzt:

    sehr gering 0---1---2---3---4---5---6 alles richtig

Arbeitsatmosphäre:

    sehr unangenehm 0---1---2---3---4---5---6 sehr angenehm

Einzelarbeit (ca. 10 min): Jeder Teilnehmer erhält den Arbeits-
bogen, schätzt zuerst alleine die Entfernung (Luftlinie) zwischen
den aufgeführten Städten und Nürnberg und bringt sie in eine
Rangreihe. Die Stadt, die Nürnberg am nächsten liegt, erhält den
Rangplatz 1, die am weitesten von Nürnberg entfernt ist, erhält
Rangplatz 11. Wenn alle Rangplätze verteilt sind, dann stufen die

Teilnehmer auf der entsprechenden Skala ein, für wie gut sie ihr Ergebnis halten („Leistung geschätzt") und wie sie sich bei dieser Aufgabe gefühlt haben („Arbeitsatmosphäre").

Gruppenarbeit (ca. 30 min): Anschließend wird die Aufgabe in Kleingruppen (4 bis 6 Personen) wiederholt, wobei sich die Gruppe auf eine gemeinsame Rangreihe in der Diskussion einigen muss. Eine Kompromissentscheidung durch Mittelwertsberechnung ist nicht zulässig.

Nach Abschluss der Übung erhalten die Teilnehmer die richtige Rangreihe (siehe Anhang S. 231) und werten ihre Einzelarbeit und die Kleingruppenarbeit aus, indem sie die Differenz der einzelnen Rangplätze (ohne Vorzeichen) und deren Summe bilden. Je kleiner die Summe der Rangdifferenzen (Idealfall 0), desto genauer ist die Schätzung. Die Einzel- und Gruppenergebnisse sollten am Flipchart gesammelt (Schema im Anhang S. 231) und im Plenum diskutiert werden. Dabei sollten folgende Fragen angesprochen werden: Was war hilfreich? Was hat mich behindert? Wie konnte ich mich in die Diskussion einbringen? **Wie wurden die Voraussetzungen für den Gruppenvorteil umgesetzt?**

In der Regel ist bei dieser Übung das Gruppenergebnis den Einzelergebnissen deutlich überlegen, wobei die Gesamtleistung und die Arbeitsatmosphäre meist positiver erlebt werden. Sollten die Ergebnisse in eine andere Richtung gehen, dann muss nach den Ursachen gefragt werden (Hat jemand dominiert? Wurde nicht zugehört? Haben sich nicht alle Mitarbeiter eingebracht? usw.).

Gruppennachteil:

Wenn die Bedingungen für den Gruppenvorteil nicht eingehalten werden, dann kann auch ein Gruppennachteil entstehen. Es kommt zum Gruppendenken („group think"), einem Phänomen, das Janis (1982) anhand von politischen Fehlentscheidungen analysierte. Er wertete dazu eine Reihe historischer Aufzeichnungen zu bedeutsamen politischen Entscheidungen aus, die in Gruppen getroffen wurden und sich später als fehlerhaft erwiesen. Nach den Ergebnissen kommt es zum Gruppennachteil, wenn in Gruppen eine große Solidarität, ein hoher Konformitätszwang, eine erhöhte Risikobereitschaft und eine Abwertung konträrer Ansichten besteht. Um dieses Gruppendenken zu vermeiden, muss der Gruppenleiter ausdrücklich und wiederholt zu Kritik auffordern, zentrale Fragen unabhängig in verschiedenen Gruppen bearbeiten lassen, einflussreiche Mitglieder erst dann sprechen lassen, wenn die anderen schon ihre Meinung eingebracht haben, usw.. Seine Empfehlungen an die amerikanische Regierung decken sich weitestgehend mit unseren Regeln zum Gruppenvorteil.

3.4.2. Moderation von Teamgesprächen

Die Moderations-Methode wurde in den 80-er Jahren des vergangenen Jahrhunderts entwickelt, um die Synergie-Effekte (Leistungsvorteile) in Projekt- und Arbeitsgruppen, aber auch in Seminargruppen zu fördern. Die „Metaplan-Technik" hat den Weiterbildungsmarkt sehr schnell erobert und dabei auch schnell zu Konkurrenzentwicklungen geführt, die um Marktanteile wetteifern. Die einzelnen Anbieter (z.B. Metaplan, Neuland) haben ihre Methoden weiter differenziert und sich gegeneinander profiliert, sich aus meiner Sicht dabei aber von den Bedürfnissen der konkreten Praxis abgehoben und entfernt. Die ursprünglichen Ideen haben sich aber in der Praxis als sehr erfolgreich erwiesen und werden von den meisten Moderatoren und Trainern in der Erwachsenenbildung umgesetzt. Mit den folgenden Hinweisen und Tipps möchte ich einige zentrale Aspekte der Moderationsmethode für die Arbeit mit Gruppen darstellen. Der interessierte Leser sei auf die weiterführende Literatur verwiesen (Neuland 1999, Schnelle 1982, Klebert, Schrader und Straub 1991).

In der Moderationstechnik sind die Ideale der aktuellen Führungsphilosophien integriert: Mitbeteiligung, Delegation, Offenheit, Transparenz, Partnerschaftlichkeit. Sie ist ein zentrales Element des mitarbeiterbezogenen, kooperativen Führungsstils.

Die ursprüngliche Bedeutung des Begriffes Moderation lautet „Beruhigung und Mäßigung". Die aktuelle Bedeutung wird vorwiegend durch die Radio- und Fernsehmoderatoren bestimmt, die sich bei der Moderation allerdings meist selbst in den Mittelpunkt stellen. Das **Ziel der Moderation** von Gruppengesprächen besteht darin, das kreative Potential einer Gruppe voll auszuschöpfen, d.h. eine Besprechung, Konferenz, Arbeitsgruppe oder ein Projektteam so zu führen, dass ein optimales Ergebnis erzielt werden kann. Das beinhaltet, dass der Moderator die Teammitglieder und nicht sich selbst in den Mittelpunkt stellt. Der Moderator von Gruppengesprächen ist verantwortlich für den Ablauf, den Prozess und nicht für den Inhalt: **Moderation ist zielgerichtete Prozesssteuerung.**

Wann ist die Moderation von Gesprächen sinnvoll?

Bei Routineinformationen und -entscheidungen benötigen wir keine Moderation; auch nicht, wenn die Gruppenmitglieder erwarten, dass ein guter Vorgesetzter weiß, was er will und wie die Besprechung abzulaufen hat. In diesem Fall steht ein Moderator auf verlorenem Posten. Besteht in der Gruppe allerdings das Bewusstsein, dass die anstehenden Fragen besser gemeinsam gelöst werden können, dann ist es sinnvoll, die Gruppenprozesse zu moderieren.

Die zentralen Aufgaben eines Moderators sind demnach:

– Zielgerichtetes Aktivieren der Gruppenmitglieder,

– Regeln der Kommunikation vorstellen und überwachen,

– gruppendynamische Prozesse auf der Inhalts- und Beziehungsebene steuern,

– themenbezogene Aussagen visualisieren und

– Ergebnisse und Vereinbarungen verbindlich fixieren.

Ein Gruppengespräch moderieren bedeutet demnach, die Rahmenbedingungen so zu gestalten, dass sie die Gruppenarbeit fördern. Sinnvoll ist es, die für manche Teilnehmer ungewohnte Moderatorenrolle darzustellen (prozess- und nicht inhaltszentriert), die Regeln der partnerzentrierten Gesprächsführung zu erläutern und als verbindliche Verhaltensnorm einzuführen. Der Moderator muss die Methoden anbieten, mit denen die anstehenden Fragen bearbeitet werden können und die Prozesse auf der Inhaltsebene steuern und visualisieren. Damit wird der aktuelle Stand der Diskussion fixiert und der „rote Faden" verdeutlicht. Daneben muss er die Prozesse auf der Beziehungsebene beobachten, ansprechen und steuern. Letztendlich ist es seine Aufgabe, die Arbeitsergebnisse zu dokumentieren und Folgeaktivitäten im Handlungsplan festzulegen.

Das wesentliche Handwerkszeug des Moderators besteht aus Flipchart, Pinnwand und verschiedenen Materialien zur Visualisierung (z.B. Filzstifte, Moderationskarten, Pinnnadeln, Klebestift). Im Folgenden finden Sie einige Tipps für die praktische Arbeit mit diesem Handwerkszeug.

Das **Flipchart (FC)** ist eine größere Staffelei, ein mobiler Ständer für spezielles Papier (Plakatgröße ca. 70 x 100 cm), auf das Informationen und Arbeitsergebnisse mit dicken Filzstiften (möglichst lesbar) geschrieben werden. Die beschriebenen Plakate werden in der Regel an den Wänden des Arbeitsraumes mit Klebestreifen befestigt, so dass der Arbeitsverlauf stets ersichtlich ist. Die Vorteile der Arbeit mit dem Flipchart sind der Abbildung 25 zu entnehmen, die eine entsprechende Flipchart-Beschriftung zeigt.

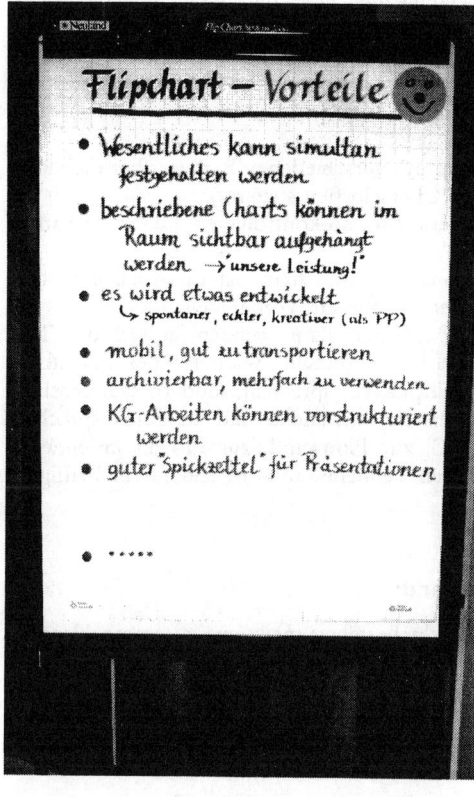

Abb. 25: Vorteile der Arbeit mit dem Flipchart auf einem Flipchart

Natürlich hat die Flipchartanwendung nicht nur Vorteile: Bei mehr als 20 Teilnehmern und einer Entfernung von über 10 Metern wird die Schrift – auch wenn sie noch so geübt ist – schwer zu lesen. Ein erfolgreiches Arbeiten am „FC" muss vorher geplant und eingeübt werden und der relativ große Papierverbrauch ist wenig umweltfreundlich.

Tipps für die Arbeit am Flipchart (FC):

– „Weniger ist (meist) mehr": Beschränken Sie sich auf die zentralen Aussagen.

– Schreiben Sie deutlich; verwenden Sie Groß- und Kleinbuchstaben, setzen Sie die Buchstaben eng aneinander und betonen Sie die Mittellängen.

– Schreiben Sie mit der **breiten Seite des Filzstiftes** und drehen sie den Stift beim Schreiben nicht; Ihre Schrift wirkt dadurch kraftvoller und markanter. Eine dünne Schrift wirkt unleserlich und schwächlich.

– Verwenden Sie Filzstifte mit verschiedenen Farben, aber möglichst in gleicher Funktion (z.B. Überschriften stets rot).

– Üben Sie die Schreibweise ein und kontrollieren Sie die Lesbarkeit aus der Entfernung.

– Wenn Sie eine Zeichnung auf dem Chart später entwickeln wollen, dann können Sie die Linien mit Bleistift vorbereiten.

– Wenn Sie mit dem FC arbeiten, dann wenden Sie sich den Teilnehmern zu, wenn Sie Ideen sammeln. Während des Schreibens sollten Sie **nicht „zum Flipchart"** sprechen, sondern sich anschließend wieder den Teilnehmern zuwenden und zu ihnen sprechen. Dieser Fehler – zum FC, zur Pinnwand, zur Projektionsleinwand sprechen und nicht zu den Teilnehmern – ist leider sehr häufig zu beobachten.

Arbeiten mit der Pinnwand:

Pinnwände oder Stecktafeln bestehen meist aus zusammenklappbaren und eingerahmten Weichfaserplatten (ca. 150 x 120 cm), die mit Packpapierbögen bespannt (späteres Poster) werden. Bei einer Gruppenmoderation werden meist mehrere Pinnwände benötigt, auf die Informationen oder Arbeitsergebnisse nach bestimmten Regeln „gepinnt" werden.

Pinnwände sind sehr vielseitig einsetzbar (Präsentation, Moderation), sie können kurzfristig umgestellt und auch als Raumteiler für Kleingruppenarbeiten verwendet werden. Präsentationen mit Pinnwänden (oder Flipchart) wirken „hemdsärmlicher" und weniger technischsteril (wie die Arbeit mit Beamer und Präsentationssoftware). Der Moderator kann mit vorbereiteten Postern (siehe Anhang S. 232f.)

die Gruppenarbeit strukturieren und vorbereitete Karten als eine Art „Spickzettel" für seine freie Rede verwenden.

Allerdings ist die Teilnehmerzahl ähnlich wie beim Flipchart begrenzt; wenn mehrere Stellwände verwendet werden, entsteht großer Platzbedarf. Die Arbeit mit Pinnwänden erfordert Vorbereitungszeit und Planung, der Materialbedarf ist relativ groß und wenig umweltfreundlich.

Das frühere Problem, dass die Dokumentation für die Teilnehmer sehr umständlich war, wurde durch die Möglichkeiten der digitalen Fotografie und Einbindung der Bilder ins Protokoll beseitigt. Hinweise für die digitale Seminar-Dokumentation findet der Leser bei Lipp und Will (2001, S. 153 f.).

Als **Grundmaterial** für das Arbeiten mit der Pinnwand benötigen wir verschieden große Kärtchen (unterschiedliche Farben), Filzstifte mit breiter Schreibkante (verschiedene Farben), spezielle (große) Stecknadeln, Klebepunkte und Klebestifte.
Jede Pinnwand erhält oben links das Thema (auf der „Metaplan-Wolke" oder einer langen rechteckigen Karte, dem „Schlips"), große Kreise werden für die Clusterüberschriften verwendet, auf rechteckige Karten werden die Ideen und Aussagen geschrieben, ovale „Eierkarten" bedeuten Widersprüche („blitzen") und mit Selbstklebepunkten werden die Einfälle von den Teilnehmern gewichtet.

Tipps für das Visualisieren mit Karten und Pinnwänden sind der Pinnwand von **Abbildung 26 zu entnehmen.**

Die **Verhaltensregeln** für die Gruppenmoderation entsprechen weitgehend denen der Gesprächsführung und sollen nur stichwortartig in Erinnerung gerufen werden:

Aktiv zuhören: Sich auf die Äußerungen der anderen konzentrieren; sich selbst so gut es geht zurückhalten; andere ausreden lassen; Gefühle, die deutlich werden, ansprechen; Kernaussagen herausfiltern; Aussagen zwischendurch zusammenfassen; Blickkontakt halten und nonverbale Botschaften aufgreifen.

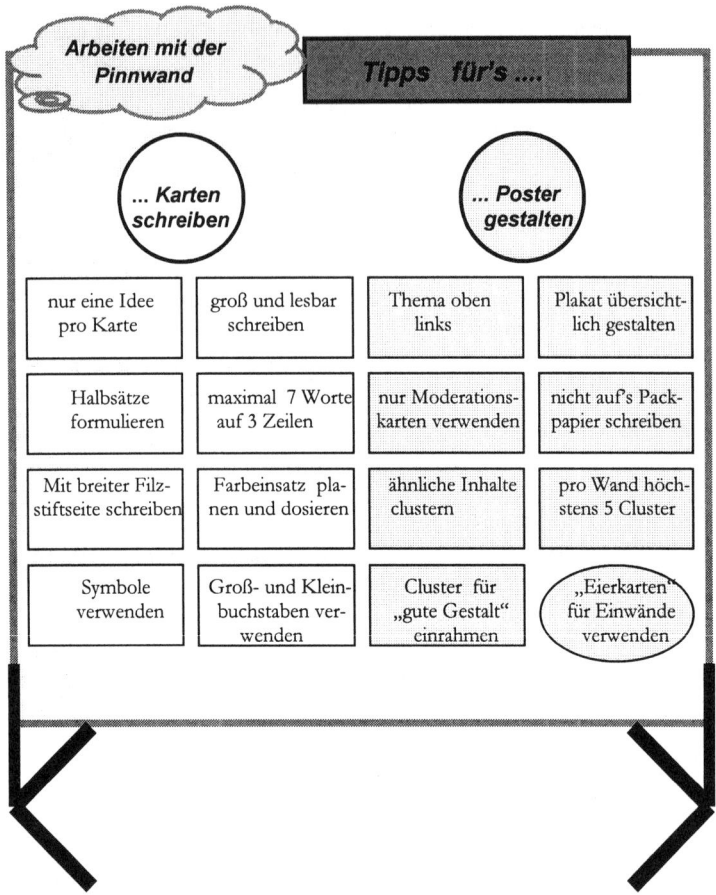

Abb. 26: Tipps für das Arbeiten mit der Pinnwand

o **Mit offenen Fragen anregen:** "W-Fragen" (Was, worüber, wie ....?) stellen; anregende Fragen stellen, die nicht mit "Ja" oder "Nein" beantwortet werden können oder eine Antwort suggerieren; mit Gesten und "Stimmlauten" (Mhm; ja ,...) anregen.

o **Angriffsarm reagieren:** Die Äußerungen der Teilnehmer akzeptieren und nicht abwerten; Gegenargumente anhören und berücksichtigen; "Ich-Aussagen" formulieren und "Du-Angriffe" vermeiden; Gemeinsamkeiten herausarbeiten und Kompromissvorschläge suchen.

o **Wesentliche Aussagen visualisieren:** Die Kernaussagen notieren und auf Flipchart oder Pinnwand visualisieren, damit die Argumente nicht mehrfach wiederholt werden müssen.

o **Unterschiedliche Methoden einsetzen:** Wechsel zwischen Plenum, Einzel- und Kleingruppenarbeit, Einpunkt- und Mehrpunktabfragen, Brainstorming usw. gestalten die Moderation lebendig und erhalten die Konzentrationsfähigkeit. Mit vorbereiteten Arbeitspostern (siehe Anhang S. 233) können die Gruppenarbeiten vorstrukturiert werden.

o **Zusammenfassen und Aktionsplan herausarbeiten:** Die gewonnenen Ergebnisse werden am Schluss zusammengefasst (Einigung, Kompromiss, Nicht-Einigung/Vertagung) und in einem Aktionsplan festgehalten (Aktion, wer, mit wem, bis wann, Ergebnis, Kontrolle).

In Tabelle 12 werden Ablauf, einzelne Ziele und Methoden eines Moderationszyklus dargestellt. Der interessierte Leser sei auf die vertiefende Fachliteratur (Schnelle 1982, Neuland 1999, Seifert 2001, Lipp und Will 2001, Wellhöfer 2001)) verwiesen.

Tab. 12: „Dramaturgie" des Moderationszyklus

Phase	Ziele	Methoden
1. Eröffnung	Kennen lernen und Orientierung geben, positive Gesprächsatmosphäre schaffen, Erwartungen klären, inhaltliche und zeitliche Orientierung geben, Regeln vereinbaren.	Vorstellungsrunde (z.B. Paar-Interview, Gruppenspiegel), Blitzlicht, Einpunktabfragen, Erwartungswand durch Kartenabfrage, Ziele, Vorgehen, Zeitplan, Regeln absprechen und visualisieren, Protokollfrage abklären.
2. Themen sammeln	Klären, an welchen Themen konkret mit welchen Zielen gearbeitet werden soll.	Zuruf- oder Kartenabfrage, Karten gruppieren („clustern") und präzisieren.
3. Thema auswählen	Festlegung der Reihenfolge in der die Themen bearbeitet werden sollen.	Punktabfrage; falls erforderlich Umformulierung der Themen „Wie kann erreicht werden, dass ...?"
4. Thema bearbeiten	Möglichst viele Lösungsmöglichkeiten entwickeln und realisierbare Lösung auswählen.	Kreativitätstechniken, Problemanalyseschema; Kriterien für die Entscheidung definieren und Lösungsvorschläge in den Kriterien punkten; Pro- und-Contra-Analyse.
5. Maßnahmen planen	Umsetzung und weitere Termine sicherstellen.	Aktionsplan erstellen (klar fixieren: Was, wer, mit wem, bis wann, an wem, in welcher Form?).
6. Abschluss	Ausklang mit positiver Zukunftsperspektive.	Erwartungswand und Ergebnis abgleichen, Feedback (Blitzlicht oder andere Evaluationsmethoden), Dank an die Teilnehmer.

Exkurs: Die ThemenZentrierte Interaktion (TZI)

Die Themenzentrierte Interaktion (Cohn 1991) stellt ein anschauliches theoretisches Bezugssystem für die Teammoderation dar. Jede Gruppenarbeit findet in einem sozialen Kraftfeld („Globe" = Umfeld) statt, in dem individuelle Persönlichkeiten („Ich") miteinander in Beziehung treten ("Wir"), um ein Thema („Es") zu bearbeiten bzw. ein Ziel zu erreichen. Dies wird durch folgendes Modell verdeutlicht:

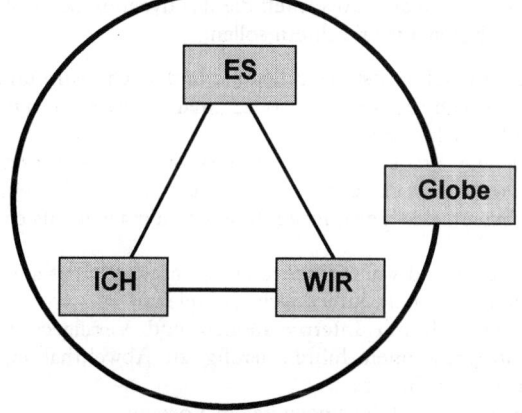

Abb. 27: Die Struktur der Themenzentrierten Interaktion (nach Cohn 1991)

Das Umfeld („Globe") wird durch die gegebene Situation vor und während der Gruppenarbeit bestimmt, d.h. die Vorbereitung/Einstimmung der Teilnehmer, den Ort, die Räumlichkeiten, Kosten usw.. Der Moderator kann bei seiner Vorbereitung aber auch durch entsprechende Maßnahmen zu Beginn und im Verlauf der Veranstaltung die Umfeldqualitäten gestalten.

Der Moderator hat die Aufgabe, die Gruppe so zu leiten, dass sich „Es", „Ich" und „Wir" in einem möglichst ausgewogenen, dynamischen Gleichgewicht befinden. Dieses Gleichgewicht sieht natürlich bei einem Vortrag anders aus als bei einer Teamarbeit oder einer Therapiegruppe.

Aus der Grundstruktur der themenzentrierten Interaktion ergeben sich folgende **Verhaltensanforderungen** an die Teilnehmer der Teamarbeit (Cohn 1991, S.120 ff.):

(1) „Sei Dein eigener Chairman, der Chairman Deiner Selbst", d.h. jedes Gruppenmitglied soll selbstverantwortlich für sich entscheiden, sich selbst leiten.

(2) „Störungen haben Vorrang": Intensive Störungen und Gefühle müssen angesprochen werden, weil sie ablaufende Lernprozesse erschweren und persönliches Wachstum hemmen.

Aus diesen Verhaltensanforderungen werden für die Gruppenteilnehmer konkrete Regeln abgeleitet, die das dynamische Ausbalancieren des Gleichgewichts erleichtern sollen:

– Vertreten Sie sich selbst. Sprechen Sie in der Ich-Form und verstecken Sie sich nicht hinter „wir"- oder „man"-Formulierungen, wenn Sie etwas über sich aussagen wollen.
– Wenn Sie eine Frage stellen, dann sagen Sie auch, warum die Frage für Sie so wichtig ist. Damit wird die Frage persönlicher und klarer. Oft ist es besser, eine persönliche Aussage zu machen, als eine Frage zu stellen.
– Seien Sie echt und wählen Sie verantwortungsbewusst aus, was Sie sagen wollen: "Seien Sie authentisch und selektiv".
– Halten Sie sich mit Interpretationen und Verallgemeinerungen zurück. Interpretationen führen häufig zu Abwehrhaltungen und verlangsamen den Prozess.
– Seitengespräche und Störungen haben Vorrang.
– Es darf immer nur einer zur gleichen Zeit reden. Wollen mehrere gleichzeitig sprechen, dann werden die einzelnen Beiträge stichwortartig gesammelt, so dass die Gruppe eine Sprechordnung erstellen kann.
– Beachten Sie die Signale Ihres Körpers, aber auch die Körpersprache der anderen, um nonverbale Sprachsignale aufgreifen und ansprechen zu können.

3.4.3. Ergebnisse erfolgreich präsentieren

Auch wenn wir uns noch so intensiv mit Teamgesprächen beschäftigen, können wir die Situation nicht vermeiden, dass wir Zuhörer über bestimmte Sachverhalte informieren oder Ergebnisse präsentieren müssen. Jeder Leser hat wahrscheinlich schon viele schlechte Erfahrungen mit langweiligen Vorträgen gesammelt, so dass es sinnvoll ist, im Zusammenhang mit dem Thema Sozialkompetenz, sich auch mit den Grundvoraussetzungen einer erfolgreichen Präsentation auseinander zu setzen. Wenn wir einige grundlegende Aspekte berücksichtigen, dann wird ein Vortrag gleich viel anschaulicher, interessanter und lehrreicher.

Wichtig ist es, den Zuhörer zu **überzeugen**. Wie wir beim Thema Motivation herausgearbeitet haben, ist es von zentraler Bedeutung zu wissen, was der Zuhörer erwartet und welche Ziele er hat. Nur wenn wir durch unsere Argumente seine Ziele ansprechen, werden wir ihn mit unseren Argumenten erreichen.

In der „Überredungsforschung" (Hovland und Janis 1959) hat man sich intensiv mit der Frage „Wer sagt was, wie, zu wem und mit welchem Erfolg?" beschäftigt und dabei nur teilweise klare Ergebnisse erzielt. Generell zeigte sich, dass der Manipulation im Alltag und auch bei Präsentationen enge Grenzen gesetzt sind!

Relativ gesichert sind folgende Ergebnisse:

– Je sympathischer, glaubwürdiger, akzeptabler und einflussreicher ein „Sender" erlebt wird, desto eher gelingt es ihm, seine Zuhörer zu überzeugen und zu motivieren.

– Die Argumentation muss sich am Informationsgrad des Empfängers orientieren: Haben die Zuhörer schon vielseitige und differenzierte Informationen und/oder sind sie kritisch eingestellt, dann ist eine zweiseitige Information, bei der Argumente und Gegenargumente abgewogen werden, sinnvoll.

– Bei den meisten Untersuchungen konnte man einen „primacyeffect" feststellen, d.h. die zuerst genannten Informationen und Argumente wirken als „Anker" und stimmen die Zuhörer auf die Bewertung der kommenden Informationen ein. Ähnliche Ergebnisse kennen wir aus anderen sozialpsychologischen Untersuchungen z.B. zur Personenwahrnehmung („Bedeutungsveränderungshypothese", „Erster Eindruck"). Es ist demnach sehr wichtig, den Präsentationsanfang sorgfältig zu planen.

– Daneben gibt es aber auch den Schlusseffekt („recency-effect"), d.h. Aussagen am Ende eines Vortrages werden besonders gut in Erinnerung behalten und überstrahlen frühere Informationen. Bei der Präsentation sollte demnach am Ende eine präzise Zusammenfassung der zentralen Aussagen mit den erforderlichen Konsequenzen stehen.

– Angstauslösende und bedrohliche Informationen führen nur dann zu einer Meinungsänderung, wenn gleichzeitig eine überzeugende, erfolgversprechende Bewältigungsstrategie dargestellt wird.

– Erleben die Zuhörer eine Präsentation als versuchte Beeinflussung oder Manipulation, dann tritt der „Bumerang-Effekt" auf: Die Empfänger fühlen sich in ihrer persönlichen Freiheit bedroht und versuchen diese wieder herzustellen („psychische Reaktanz": jetzt erst recht"). Die Folge ist die Abwertung der erhaltenen Informationen, die Aufwertung alternativer Daten („Romeo- und Julia-Syndrom").

Überzeugen und motivieren ist nach den vorhandenen Ergebnissen ein gruppendynamisches Phänomen, das bei einer Präsentation oder einem Vortrag nur teilweise gesteuert werden kann.

Was sollte bei einer Präsentation beachtet werden?

– Der Vortragende muss bei der Begrüßung und Einleitung fachliche Kompetenz, Erfahrung, Sympathie und Begeisterung für das Thema vermitteln. Er muss zu Beginn klar begründen, warum er die Präsentation bestreitet, welche Bedeutung das Thema für ihn persönlich hat, was die Zuhörer profitieren können, usw. Die **„Fallgruben" der Personenwahrnehmung** (Sympathie-Effekt, Hof-, Stereotypie-Effekt) können hier zum eigenen Vorteil genutzt werden; wenn man Sie allerdings nicht beachtet, können sie für den Referenten ins Gegenteil umschlagen.

– Die Beziehungsebene sollte **partnerschaftlich** gestaltet werden; die Zuhörer müssen in ihrer Kompetenz als Praktiker / Fachleute (o.ä.) angesprochen und akzeptiert werden.

– In der Regel sollten die Zuhörer das Gefühl vermittelt bekommen, dass sie mit den erhaltenen Informationen **eigenverantwortlich ihre Entscheidung fällen können.** Günstig ist es in diesem Zusammenhang zweifellos, konkrete Beispiele über erfolgreiche Aktivitäten aus anderen Bereichen - mit denen sich die Zuhörer identifizieren können - darzustellen.

– Wichtig ist es, die **weiteren Aktivitäten nach der Präsentation zu steuern:** Kleingruppen könnten sich mit der Möglichkeit der Umsetzung in den konkreten Alltag auseinandersetzen; ein Erfahrungsaustausch mit anderen Betroffenen oder Probehandlungen ohne Erfolgszwang sollten durchgeführt werden. Nach Festingers „Theorie der kognitiven Dissonanzen" ist eine Einstellungs- und Verhaltensänderung umso wahrscheinlicher, je weniger Druck ausgeübt werden muss und je stärker die individuelle Beteiligung ist (Güttler 1996, Wellhöfer 2001).

– Wenn die Veränderungswünsche **aus der angesprochenen Zuhörergruppe** heraus entstehen, dann haben sie die größte Aussicht, auch erfolgreich umgesetzt zu werden.
Präsentationen finden normalerweise nicht in Kleingruppen, sondern vor einem größeren Zuhörerkreis statt. Flipchart und Pinnwände sind zur Visualisierung deshalb nur bedingt einsetzbar.

Die klassische Alternative sind **Folien und Tageslichtprojektor,** die in den letzen Jahren durch spezielle Präsentationssoftware (z.B. MS-Powerpoint und Beamertechnik) an den Rand gedrängt wurden, in der letzten Zeit aber eine Wiederbelebung erfahren durften. Ich erinnere mich gut an den Beginn der Beamerpräsentationen mit MS-Powerpoint. Begeistert haben wir die Folien „animiert", mit Akustik begleitet und perfektioniert. Die Faszination übertrug sich anfangs auch auf die Empfänger, flaute aber relativ schnell ab, so dass heute eine „Beamerpräsentation" zwar als modern, aber auch als unpersönlich-steril erlebt wird. Meist erschöpft sich die Präsentation leider auch darin, dass der Referent vorwiegend das verbalisiert, was auf den „beamerprojizierten" Folien steht. Die Inhaltsebene wird perfektioniert, die Beziehungsebene wird an den Rand gedrängt, oder in der Sprache der TZI: Das ES (Thema) dominiert, das Gleichgewicht ist gestört.

Heute stehe ich Beamerpräsentationen relativ kritisch gegenüber; ich verwende MS-Powerpoint oder andere Präsentationssoftware nur um Folien (farbig) zu erstellen. Damit bin ich nicht mehr von einem – nicht immer vorhandenen oder funktionierenden – Beamer abhängig, kann die meist problemlos und überall vorhandenen Tageslichtprojektoren nutzen und nebenbei die Folien als Handouts (drei bis sechs Folien pro Seite verkleinert) für die Zuhörer ausdrucken und zu

Beginn der Präsentation verteilen.

Tipps und Anregungen für eine erfolgversprechende Präsentation

Eine Präsentation gliedert sich in drei Teile: Vorbereitung, Durchführung und Nachbearbeitung.

Vorbereitung:

In dieser Phase sollten sie alle möglichen Informationen sammeln, die mit ihrem Thema zusammenhängen. Aus diesem „Informationspool" müssen Sie dann die zentralen Aspekte auswählen, die Sie in der Präsentation unbedingt darstellen wollen. Streben Sie nicht nach Vollständigkeit, sondern setzen Sie klare Schwerpunkte. Für Nachfragen sollten Sie natürlich über das breitere Wissen verfügen können. Sie sind gut vorbereitet, wenn Sie die folgenden Fragen beantworten können:

– Was ist beim vorliegenden Thema mein konkretes Präsentationsziel?

– An welche Zielgruppe richtet sich die Präsentation (Größe, Zusammensetzung, Erwartungen, Erfahrungshintergrund, usw.)?

– Wie will ich die Inhalte darstellen (Stoffsammlung auf zentrale Punkte konzentrieren, wie kann ich die Inhalte visualisieren)?

– Wie plane ich den Ablauf (Eröffnung, Hauptteil, Abschluss)?

– Was ist bei der Organisation der Rahmenbedingungen zu beachten (Einladung, Räumlichkeiten, Sitzordnung, Technik, „handout", Pausengestaltung, persönliche Vorbereitung)?

Wenn Sie diese Fragen geklärt haben, sollten Sie die Präsentation einmal proben, möglichst auf Video aufnehmen, um Schwächen zu erkennen und Sicherheit zu gewinnen.

Hauptteil: Durchführung der Präsentation:

Jetzt geht es darum, dass Sie Ihre Vorbereitung bestmöglichst in die Tat umsetzen. Die folgenden Hinweise sollen Ihnen dabei helfen:

– Ihr äußeres Erscheinungsbild sollte dem Anlass und den Erwartungen der Zuhörer entsprechen.

– Stimmen Sie sich positiv ein: Die Teilnehmer sind gekommen, um Sie zu hören und Sie möchten Ihr erworbenes Wissen an die Teilnehmer weitergeben.

– Beginnen Sie pünktlich; sollte dies nicht möglich sein, dann sollten die Zuhörer über die Gründe informiert werden.

– Nehmen Sie zu Beginn Blickkontakt zu Ihrem Publikum auf. Suchen Sie sich eine oder mehrere sympathische Personen im Publikum, für die Sie präsentieren und beziehen Sie im Verlauf den gesamten Teilnehmerkreis mit ein.

– Beginnen Sie nach Ihrem Plan (persönlich gehaltene Begrüßung, kurze Vorstellung, nennen Sie das Thema, Anlass, Ziel und visualisieren Sie Ihre Gliederung; parallel dazu sollten die Teilnehmer zumindest die Gliederung als „handout" erhalten).

– Sprechen Sie weitgehend frei (unterstützt von Spickzettel/Folien), variieren Sie Ihre Aussprache (Lautstärke, Sprechtempo, Stimmlage) und unterstreichen Sie Ihre Aussagen mit natürlichen Gesten.

– Sprechen Sie immer zu den Teilnehmern, nicht zur Projektionsleinwand oder Pinnwand.

– Achten Sie auf nonverbale Reaktionen der Zuhörer und sprechen Sie diese gegebenenfalls an.

– Fassen Sie zwischendurch und am Schluss die wesentlichen Aussagen und erforderlichen Konsequenzen kurz zusammen, fordern Sie die Zuhörer zu entsprechenden Aktivitäten auf und bieten Sie Ihre aktive Unterstützung an.

– Legen Sie für die anschließende Diskussion Zielsetzung und zeitlichen Rahmen fest, danken Sie den Zuhörern, dass Sie Ihre Ideen zu diesem Thema darstellen konnten. Übergeben Sie (wenn möglichst) die Moderation der Diskussion an eine neutrale Person.

Feedback und Nachbereitung:
Ihre Präsentation ist nicht mit dem Dank an Ihr Publikum beendet; wenn Sie Ihr Präsentationsverhalten weiter verbessern wollen, dann müssen Sie den Ablauf systematisch reflektieren. Stellen Sie sich dazu die folgenden Fragen:

– Welche konkreten Hinweise/Beobachtungen existieren, dass ich die gesetzten Ziele erreicht habe? Wer kann mir dazu weitere Hinweise geben?

– Woran lag es, dass ich nur gewisse Teilziele erreicht habe? Was kann ich beim nächsten Mal verbessern?

– Wie gelang die Eröffnungsphase? Konnte ich die Beziehungsebene zu den Teilnehmern positiv gestalten? Was könnte beim nächsten Mal besser laufen?

– Gab es im Verlauf kritische Situationen / Fragen / Einwände? Wie erfolgreich habe ich in diesen Situationen reagiert? War ich entsprechend vorbereitet?

– Konnte ich in der Abschlussphase die wesentlichen Aussagen knapp zusammenfassen und die Teilnehmer zielorientiert aktivieren?

– Wie habe ich die Medien eingesetzt? Gab es Pannen? Wie kann ich sie vermeiden? Was kann ich beim Visualisieren verbessern?

– Verlief die gesamte Organisation reibungslos nach Plan? Was sollte ich beim nächsten Mal anders planen?

Sinnvoll ist es, eine **Rückmeldung von den Teilnehmern** zu erhalten. Wenn im Publikum Personen vorhanden waren, die Sie persönlich kennen und schätzen, dann sollten Sie sich um ein verbales Feedback bemühen. Das nonverbale Feedback haben Sie ja schon durch das gestische und mimische Verhalten der Teilnehmer erfahren. Diese Botschaften auf der Beziehungsebene sind allerdings mehrdeutig, so dass Sie Ihren Eindruck absichern sollten. Durch das verbale Feedback können Sie Aufschluss erhalten, wie Ihr Verhalten auf andere wirkt und was es bei ihnen auslöst. Nur dadurch haben Sie die Chance, Ihr Präsentationsverhalten gezielt zu verbessern. Beachten Sie dabei die Regeln für das Nehmen von Feedback.

4. Schlussbetrachtung

Wir haben in den vorangegangenen Kapiteln die Sozialkompetenz als ein komplexes Gesamtkonstrukt verschiedener sozialer Fähigkeiten betrachtet, mit deren Hilfe soziale Situationen erfolgreich bewältigt werden können. Die Bewertungskriterien, wann ein soziales Verhalten „erfolgreich ist", haben wir in unserem Zusammenhang an den Grundprinzipien der Humanistischen Psychologie ausgerichtet, wobei die Ansätze anderer psychologischer Richtungen (z.B. sozialkognitive Lerntheorie, Kommunikationstheorie, Feldtheorie) mit integriert wurden.

Bei der Einteilung der verschiedenen Kompetenzen in Fach-, Selbst- und Sozialkompetenz wurde betont, dass eine isolierte Betrachtung eigentlich nicht zulässig ist, da sie sich gegenseitig durchdringen und nur aus didaktischen Gründen getrennt werden können. Dies gilt vor allem für die Selbst- und Sozialkompetenz.

Bei der Betrachtung der Aspekte der Selbstkompetenz richtete sich unser Blick vor allem auf die intraindividuellen Fähigkeiten, die zu innerer Ausgeglichenheit, Stabilität, situationsangemessenem Verhalten und Zufriedenheit führen. Das Thema Personenwahrnehmung und Menschenkenntnis führte dann direkt zur Sozialkompetenz im engeren Sinne, d.h. zu den Fragen, wie die Interaktion in den verschiedenen Kommunikationsbezügen möglichst effektiv gestaltet werden kann. Hier haben wir uns mit den Prozessen der Gesprächsführung im Allgemeinen beschäftigt und die gewonnenen Erkenntnisse auf spezielle Führungssituationen übertragen (z.B. Mitarbeitermotivierung, Beurteilungsgespräch, Konfliktsteuerung, Projektmanagement oder Teammoderation).

Der Leser war bei allen Kapiteln aufgefordert, sich mit Hilfe der Übungen in den jeweiligen Themenkreis „einzufühlen", in der Hoffnung, dass die dadurch provozierten Erfahrungen eine Übertragung in den privaten und/oder beruflichen Alltag erleichtern.

Ich bin zuversichtlich, dass zumindest einige Leserinnen und Leser – und damit kehre ich wieder zur weiblichen und männlichen Anrede zurück – Anregungen zur praktischen Erprobung und Umsetzung bekommen haben und gehe davon aus, dass sie damit soziale Situationen besser bewältigen werden.

5. Anhang

5.1. Lösungen der Aufgaben

5.1.1. Das 9-Punkte-Problem

Lösungen des „9-Punktems":

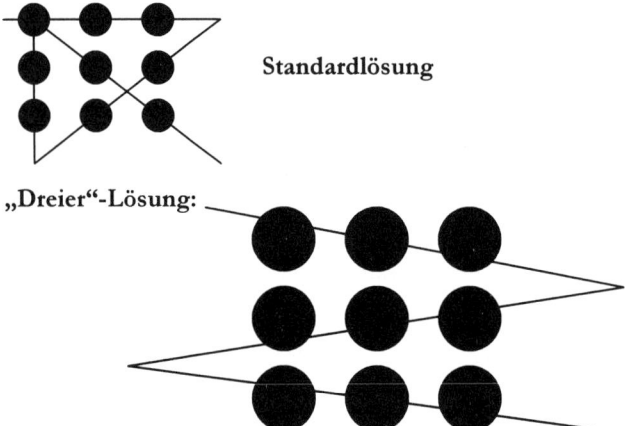

Standardlösung

„Dreier"-Lösung:

Die Lösungen mit **einer geraden Linie** sind eher scherzhaft gemeint: Hier müssen Sie entweder einen ganz dicken Pinsel nehmen,
der alle drei Punkt-Reihen mit einem Strich überdeckt oder Sie müssen die Lösung mit den drei Geraden ausweiten und mit einer Geraden „um den Globus zeichnen", zurückkommen, die zweite Reihe
durchstreichen, nochmals um den Globus gehen, damit Sie auch die
letzen drei Punkte mit der einen Geraden durchstreichen können.

5.1.2. Zuordnung der Informationen zu verschiedenen Kriterien

Herr Senf hat die Durchschnittsnote 1,1 im Abitur (1+)bekommen und das anschließende Studium in kürzester Zeit (3+)mit ausgezeichnetem Diplom abgeschlossen (1+). Er bekam viele Stellenangebote (4+), entschied sich aber für eine durchschnittlich bezahlte Tätigkeit an seinem Heimatort, da er weiter bei seinen Eltern wohnen bleiben und seinen Freundeskreis beibehalten wollte. Er blieb in dieser Stelle fünf Jahre, weil er sich sehr gut mit seinem Chef verstand (4+), der ihm auch viele, sehr abwechslungsreiche Aufgaben (2+) übertrug. Als der Chef die Firma wechselte, wurde durch den neuen Vorgesetzten das Betriebsklima sehr schlecht. Dies führte dazu, dass mehrere Mitarbeiter, unter ihnen auch Herr Senf, kündigten (4-/3-). Herr Senf bekam sofort von einem früheren Kunden das Angebot (4+) in dessen Firma eine leitende Position (1+) zu übernehmen. Er arbeitete sich sehr schnell in die neuen Aufgaben ein (2+). Anfangs hatte er allerdings Schwierigkeiten konzentriert zu arbeiten (3-), da er sich tagsüber durch Baulärm sehr gestört fühlte. Er nahm sich dann meistens die Arbeit mit nach Hause (3+), um sie möglichst fehlerfrei zu erledigen. Bei den neuen Kollegen kommt seine ruhige, freundliche Art gut an (4+).

Neben seiner Arbeit hat Herr Senf verschiedene Artikel in einschlägigen Fachzeitschriften veröffentlicht (1+), in denen er allerdings wenig neue Vorschläge entwickelte(2-), sondern vorwiegend frühere Veröffentlichungen kritisch auf ihren Praxisbezug hin überprüfte.

Wie in seinem letzten Zeugnis betont wird, arbeitet Herr Senf sehr exakt und gewissenhaft (3+), ist hilfsbereit (4+) und vielseitig einsetzbar (2+).

Herr Senf möchte demnächst heiraten, zögert aber noch (2-), da seine zukünftige Frau aus Norddeutschland kommt und dort auch weiterhin leben möchte. Er würde ihr gerne diesen Wunsch erfüllen, hängt andererseits aber auch an seiner (bayerischen) Heimat und der jetzigen Arbeitsstelle (2-), so dass Heirat und Umzug mehrmals verschoben wurden.

Herr Senf wurde schon häufiger als Referent zu Kongressen eingeladen (4+) und hat dort über seine Tätigkeit berichtet; inhaltlich seien seine Vorträge stets perfekt gewesen (1+), allerdings falle es ihm schwer frei zu sprechen. Er hänge sehr am Redemanuskript (4-) und zeigt bei kritischen Fragen Nervosität (bekommt roten Kopf, formuliert unvollständige Sätze) (3-).

Für die **Dimension 1** haben wir 5 positive und keine negative Information; dies würde Skalenpunkt 6 entsprechen. Für **Dimension 2** haben wir 3 positive und drei negative; dies entspricht Skalenpunkt 3. Für **Dimension 3** liegen 2 positive und 3 negative Informationen vor, was einem Skalenwert zwischen 2 und 3 entspricht und für **Dimension 4** liegen 5 positive und 2 negative Aussagen vor, was dem Skalenpunkt 4 (bis 5) entspricht.

5.1.3. Wie viele Quadrate sehen Sie?

Insgesamt sind 55 Quadrate in dem Muster enthalten:

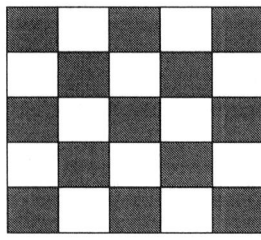

25 kleinste Quadrate

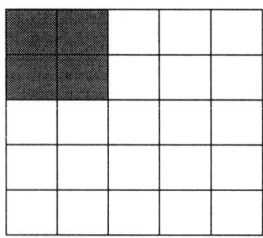

16 kleine (4-er) Quadrate

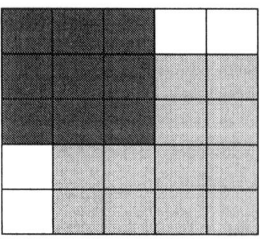

9 mittelgroße (9-er) Quadrate

4 große (16-er) Quadrate

und 1 ganz großes Quadrat (Umriss)

5.2. Übungs- und Auswertungsunterlagen

Im Folgenden finden Sie die Unterlagen und Auswertungshilfen für die Übungen.

5.2.1. Vorlage Einweg – Zweiweg - Kommunikation

Vorlage Einweg

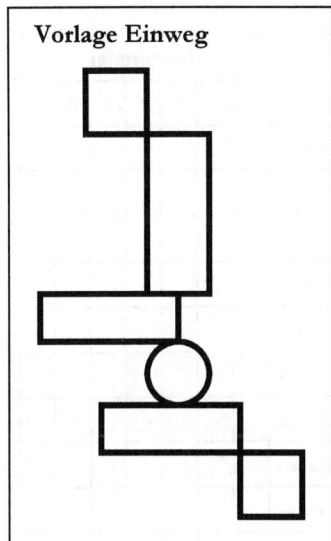

Vorlage Zweiweg

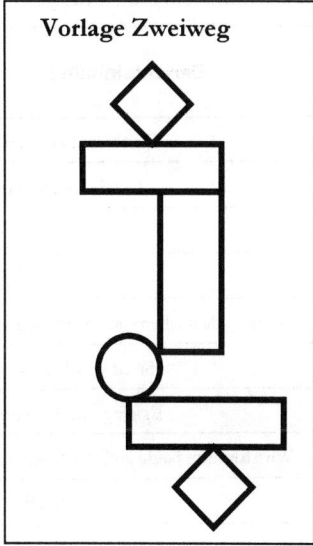

5.2.2. Übung „Stille Post"

Der folgende Bericht soll möglichst genau an den nächsten Teilnehmer weitererzählt werden; nachfragen oder Notizen machen ist nicht erlaubt. Wenn der nächste Teilnehmer etwas nicht ganz verstanden hat, dann soll er dennoch versuchen, die Informationen in eine zusammenhängende Geschichte zu bringen, die er dem nächsten Teilnehmer erzählt.

Bericht: „Gestern Abend kam es um 23.10 Uhr im Gasthaus „Kaiser Wilhelm" in Erlangen zu einem heftigen Streit zwischen einem deutschen und einem iranischen Studenten. Da der Streit sehr laut geführt wurde – es ging um das Terror-Thema – forderte der Wirt die beiden auf, das Lokal zu verlassen. Obwohl es draußen regnete, ging der Streit weiter; plötzlich zog der dunkelhaarige Deutsche ein Messer und verletzte den Iraner schwer. Der Wirt alarmierte die Polizei und die Sanitäter. Die Polizei nahm den Messerstecher mit auf die Wache, der verletzte Student kam ins Krankenhaus und wurde operiert."

Beobachtungsschema / Auswertebogen für „Stille Post"

Berichtsinhalte:	Teilnehmer						
	1	2	3	4	5	6	7
Gestern Abend um 23.10 Uhr							
Gasthaus „Kaiser Wilhelm"							
In Erlangen							
Heftiger Streit							
Zwischen deutschem und iranischem Studenten							
Streit wurde sehr laut geführt							
Es ging um das Terror-Thema							
Wirt forderte beide auf, das Lokal zu verlassen							
Draußen regnete es							
Streit ging draußen weiter							
Dunkelhaariger Deutscher zog ein Messer							
Iraner wurde schwer verletzt							
Wirt alarmierte die Polizei und Sanitäter							
Polizei nahm den Messerstecher mit auf die Wache							
Der verletzte Student wurde operiert							

5.2.3. Übung „Sekretärin"

Erinnerungstest: Beurteilen Sie die folgenden Aussagen, ob sie denen des Berichtes entsprechen. Kreuzen Sie dabei im Feld **R** (richtig) an, wenn die Aussage im Bericht vorkam, im Feld **F** (falsch), wenn sie dem Berichtsinhalt widerspricht und im Feld **?** (fraglich), wenn die Aussage weder als richtig noch als falsch bewertet werden kann.

Aussagen:	R	F	?
1. Die Sekretärin Frau Meyer ist erkrankt			
2. Der Vorgesetzte von Frau Meyer hieß Müller			
3. Der Vorgesetzte fragte die Freundin von Frau Meyer			
4. Auf dem Schreibtisch lag eine leere Zigarettenpackung			
5. Der Vorgesetzte von Frau Meyer hat sich geärgert			
6. Die Sekretärin hat sich schon vorgestern krank gefühlt			
7. Der Freund der Sekretärin hieß Claus			

5.2.4. Übung „kontrollierter Dialog"

Beispiel für den Anfang eines „kontrollierten Dialogs" (kann auch an die Teilnehmer zusammen mit den Regeln ausgehändigt werden):

A: Ich finde es wäre sehr sinnvoll, Tempo 100 auf allen deutschen Autobahnen einzuführen; dies würde - wie schon in anderen Ländern nachgewiesen - die Unfallzahlen deutlich reduzieren, weniger Schadstoffe erzeugen und weniger Benzin verbrauchen.
B: Also, wenn ich richtig verstanden habe, wollen Sie den Autofahrern die letzte Freiheit rauben und den letzten Spaß am Fahren nehmen ..
C: Halt, ich muss kurz unterbrechen. Sie sollten das Gesagte sinngemäß wiederholen und nicht kommentieren!
B: Wieso, ich habe doch wiederholt, aber ich versuch es noch mal.

Also Sie behaupten, dass mit einer Geschwindigkeitsbegrenzung auf 100 - jetzt weiß ich nicht mehr genau was sie sagten - dass dann halt alles besser wird.

C an A: Könnten Sie Ihre Aussage bitte noch einmal wiederholen.

A: Ich finde es wäre sehr sinnvoll, Tempo 100 auf allen deutschen Autobahnen einzuführen, wie es in anderen Ländern schon der Fall ist; dies würde die Unfallzahlen deutlich reduzieren, weniger Schadstoffe erzeugen und Benzin sparen.

B: Sie sind dafür, dass auf allen deutschen Autobahnen - wie auch in anderen Ländern - Tempo 100 eingeführt wird. Damit könnte man Benzin sparen, die Unfallzahlen und die Schadstoffe reduzieren.

A: Stimmt.

B: Das ist doch falsch: Die meisten Unfälle gibt's im Stadtverkehr und da haben wir Tempo 50; ohne Tempobegrenzung fließt der Verkehr am besten. Man sollte lieber die Autobahnstrecken ausbauen und damit Arbeitsplätze schaffen.

A: Ich glaube nicht, dass - halt ich soll ja sinngemäß wiederholen - also Sie meinen, dass die meisten Unfälle im Stadtverkehr, wo nur Tempo 50 erlaubt ist, passieren. Sie finden, dass ohne Tempolimit der Verkehr am besten fließen würde und dass man die Autobahnen ausbauen sollte. Damit würde es auch mehr Arbeitsplätze geben.

B: Stimmt.

A: Also, das mit der Statistik nehme ich Ihnen so nicht ab. Im Stadtverkehr gibt es nach meiner Meinung so viele Unfälle, weil dort so viele Autos rumfahren und die Leute abgelenkt sind. Auf der Autobahn hingegen fahren die Leute konzentriert und wollen auch schnell ihr Ziel erreichen. Sie sind auch nicht dadurch abgelenkt, dass sie dauernd nach Parkplätzen suchen oder auf Ampeln achten müssen.

B: Sie ....

5.2.5. Übung „Wohin mit den 5 Smilies?

Hinweise und Unterlagen :

Zur Durchführung: Als Sender sollte der Teilnehmer „freiwillig" bestimmt werden, dessen Sitzplatz die anderen Teilnehmer in zwei Gruppen trennt, damit der Blick zum Nachbarn der anderen Gruppe erschwert wird. Beide Teilgruppen erhalten unterschiedliche Formblätter, was sie aber nicht wissen dürfen, d.h. die Formblätter müssen entsprechend vorbereitet und von einem Stapel verteilt werden. Der Sender erhält das Formblatt, in dem der Seminarleiter fünf Smilies eingetragen hat. Dabei sollten die oberen beiden Smilies so platziert werden, dass beide Gruppen sie relativ problemlos in das Formblatt übertragen können. Dies verstärkt das Gefühl, gleiche Vorlagen zu haben. Ab dem dritten Smily sollte die eine Gruppe dann Verständnisschwierigkeiten bekommen, die andere hingegen nicht. Ab diesem Zeitpunkt wird es interessant.

Der Seminarleiter weist bei Regelverstößen, die in der sich entwickelnden Dynamik regelmäßig eintreten, auf die Spielregeln hin. Fragen beantwortet er nicht, da er voll mit der Beobachtung / Videoaufnahme beschäftigt ist!

In der ersten Vorlage (für den Sender) sind die Smilies eingezeichnet. Die beiden „leeren" Vorlagen sind für die Teilnehmergruppen.

Vorlage Sender:

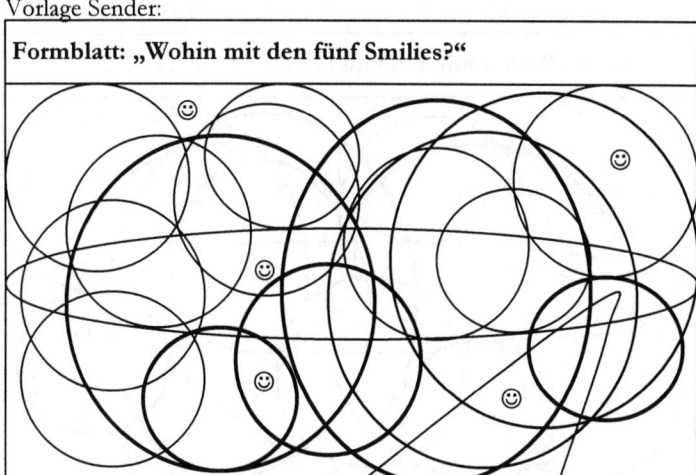

Formblatt: „Wohin mit den fünf Smilies?"

Vorlage für die Teilnehmergruppe 1:

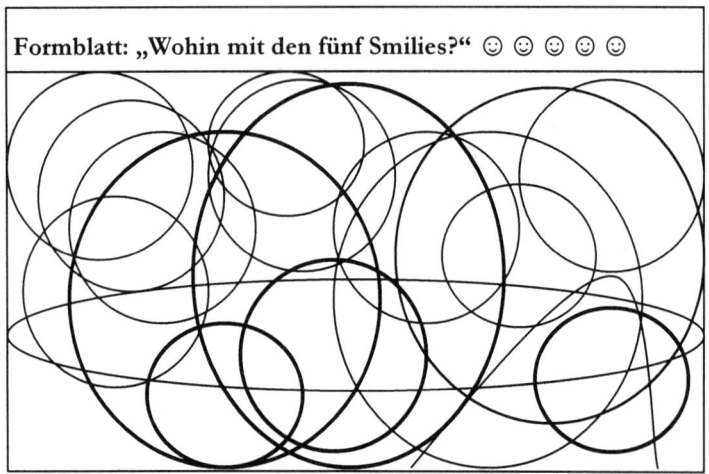

Vorlage für die Teilnehmergruppe 2:

5.2.6. Übung „Entfernungen schätzen"

(Auswertungsbeispiel). Der objektive Rangplatz ist richtig, die Eintragung unter „Rangplatz" ist willkürlich gewählt, um die Auswertung der „Differenz" zu demonstrieren.

	Rangplatz o Einzelarbeit o Gruppe	Objektiver Rangplatz	Differenz
Basel	2	4	2
Kiel	3	10	7
Brüssel	1	8	7
Paris	4	11	7
Dresden	5	3	2
Genf	6	9	3
Prag	8	2	6
Duisburg	10	5	5
Stuttgart	7	1	6
Wien	9	6	3
Bremen	11	7	4
Summe der Rangplatzdifferenzen:			52

Auswertungsschema für das Plenum:

Summe der Einzelarbeiten:	**52** (z.B.), 33, 18, 22, 36, 16
Summe Gruppenarbeit	z.B. 10
Leistung geschätzt:: Einzelarbeit: Gruppenarbeit	z.B. 2, 2, 3, 3, 2, 4 z.B. 5, 4, 6, 4, 5, 7
Leistung geschätzt:: Einzelarbeit: Gruppenarbeit	z.B. 2, 3, 1, 2, 2, 4 z.B. 4, 6, 5, 3, 3, 6

5.2.7. Problembearbeitung mit vorbereiteten Pinnwänden

(1) Problem-Analyse-Schema: Diese Methode ist gut geeignet, ein Problemthema in (Klein-)Gruppen intensiv zu bearbeiten, das Problem in Teilprobleme zu gliedern, systematisch zu beschreiben und Lösungsansätze sowie Hürden bei der Problemlösung deutlich zu machen.

Die Gruppen erhalten eine vorbereitete vierspaltige Tabelle - das Problem-Analyse-Schema (PAS) - und beantworten schrittweise die einzelnen Fragen, indem sie eine Aussage schrittweise nach rechts weiter bearbeiten (sonst wird das Ganze unübersichtlich).

Beispiel:

Problem
XYZ

Wie zeigt sich das Problem konkret?	Was könnte(n) die Ursache(n) dafür sein?	Was sollten wir tun?	Welche Widerstände sind zu erwarten?
1.	Ursache 1	Aktivität 1.1	1.1.1
			1.1.2
			1.1.3
		Aktivität 1.2	1.2
	Ursache 2	Aktivität 2.1	2.1.1
			2.1.2
		Aktivität 2.2	2.2
2.			
.....			

(2) Vier-Felder-Schema / Fadenkreuz

Dieses Schema ist gut für die Problemanalyse in Kleingruppen geeignet. Es dient dazu, (Teil-)Themen genauer zu beleuchten, mögliche Konflikte herauszuarbeiten und erste Lösungsansätze vorzuschlagen. Die Auseinandersetzung mit dem Problem wird allerdings auf die vorgegebenen vier Dimensionen eingeengt. Diese Dimensionen könnten sein:

> Wie sieht die Problemsituation konkret aus (Zahlen, Daten, Fakten)?

> Wie sollte die Situation konkret aussehen (Zahlen, Daten, Fakten)?

> Welche Lösungsvorschläge bieten sich an?

> Welche Widerstände sind zu erwarten?

Die Moderatoren stellen den Kleingruppen die entsprechende Vierfeldermatrix mit den Fragen (Flipchart oder Pinnwand) vor und fordern die Teilnehmer zu möglichst konkreten Antworten auf.

IST-situation (Zahlen, Fakten)	Zielsituation (Zahlen, Fakten)
Lösungsvorschläge:	**Widerstände:**

(3) Ursachen-Wirkungs-Diagramm („Ishikawa-Diagramm")

Diese Methode eignet sich gut zur systematischen Problemanalyse, wenn die Ursachen messbar vorliegen. Bei der Problemlösung müssen allerdings alle im Diagramm eingetragenen Äußerungen nochmals diskutiert werden.

Die Moderatoren stellen der Gruppe die Grobstruktur eines Flussdiagramms („Fischgrätenmuster") vor, an deren Kopfende die Problemsituation eingetragen ist. Die Gruppe erarbeitet die Problemursachen und stellt das Ergebnis im Plenum vor.

Die Bearbeitung kann auch im Plenum vorgenommen werden, wobei ein Moderator den Prozess steuert, der andere die Beiträge an der Pinnwand visualisiert.

Beispiel:

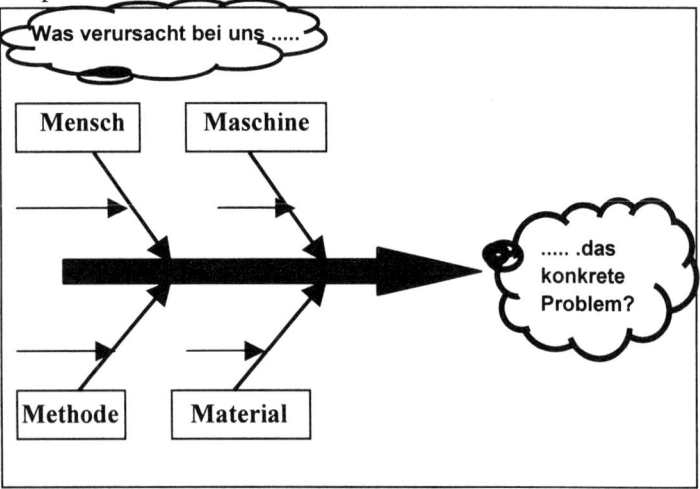

5.3. Literaturverzeichnis

Adler, A. (1920): Praxis und Theorie der Individualpsychologie. München: Bergmann.

Alderfer, C. F. (1969): An empirical test of a new theory of human needs. Organazional Behavior and Human Performance, 4, 142-175.

Alderfer, C. F. (1969): Existence, relatedness and growth. New York: Free Press.

Allport, G.W. & Odbert, H.S. (1936): Trait names: A psycho-lexical study. Psychol. Monographs, 47, 211.

Ames, A. (1951): Visual perception and rotaring trapezoid windows. Psychol. Monographs, 65, Whole No. 234.

Asch, S.E. (1948): Forming impressions of personality. J. Abn. Soc. Psychol., 41, 258-290.

Asch, S.E. (1952): Social psychology. New York: Prentice Hall.

Arnold, R. (1995): Betriebliche Weiterbildung. 2. Aufl., Bad Heilbrunn: Klinckhard.

Auhagen, A.E. & Bierhoff, H.W. (2003)(Hg.): Angewandte Sozialpsychologie. Das Praxishandbuch. Weinheim: Beltz.

Bandler, R. & Grinder, J. (1981): Neue Wege der Kurzzeit-Therapie. Neurolinguistische Programme. 4. Aufl., Paderborn: Jungfermann.

Bandler, R. & Grinder, J. (1989): Therapie in Trance. 4. Aufl., München: Pfeiffer.

Bandura, A. (1979): Sozial-kognitive Lerntheorie. Stuttgart: Klett

Bandura, A. (1986): Social foundations of thought and action: A social cognitive theory. New York: Prentice Hall.

Bandura, A. (1994): Self efficacy. New York: Freeman.

Batelle (1993)(Hg.): Die Batelle-Studie. Frankfurt: Batelle Institut.

Beck, A. (1979): Kognitive Therapie der Depression. München: Urban & Schwarzenberg.

Benesch, H. (2002): dtv-Atlas Psychologie. Band 1/2. 7. Aufl., München: Deutscher Taschenbuch Verlag.

Benien, K. (2003): Schwierige Gespräche führen. Reinbek: Rowohlt.

Berne, E. (2003): Spiele der Erwachsenen. 1. Aufl., 1967. Reinbek: Rowohlt.

Bernstein, S. & Lowy, L. (1975)(Hg.): Neue Untersuchungen zur Sozialen Gruppenarbeit. Freiburg: Lambertus.

Bono, E. de (1971): Laterales Denken. Reinbek: Rowohlt.

Boring. E.G. (1930): A new ambiguous figure. Amer. J. of Psychol., 42, 444- 445.

Bradley, D.R. & Petry, H.M. (1977): Organisational determinants of subjective contour: The subjective Necker cube. Amer. J. of Psychol., 90, 253-262.

Brechtel, C. (1986): Energie für den Alltag. Tonbandkassette. Bubenreuth: Team für psychologisches Management.

Brechtel, C. (1995): Muskuläres Tiefentraining. Bubenreuth: Team für psychologisches Management.

Brinkbäumer, K. u.a. (2002): Das Spiel seines Lebens. In: Der Spiegel, 19, 118-144.

Brocher, T. (1967): Theorie und Praxis der Erwachsenenbildung. Braunschweig: Westermann.

Bühler, K. (1934): Sprachtheorie. Jena: Fischer. 3. Aufl., (1999). Suttgart: Lucius & Lucius.

Buzon, T. & Buzon, B. (1996): Das Mind-Map Buch. Landsberg: mvg. Brocher, T. (1967): Theorie und Praxis der Erwachsenenbildung. Braunschweig: Westermann.

Cattell, R.B. (1973): Die empirische Erforschung der Persönlichkeit. Weilheim: Beltz.

Cohn, R.C. (1991): Von der Psychoanalyse zur Themenzentrierten Interaktion. 15. Aufl., Stuttgart: Klett-Cotta.

Costa, P.T. & McCrae, R.R. (1985): The NEO Personality Inventory Manual. Odessa: Psychological Assessment Resources.

Costa, P.T. & McCrae, R.R. (1989): The NEOPI / FFI Manual Supplement. Odessa: Psychological Assessment Resources.

Costa, P.T. & McCrae, R.R. (1992): Four ways five factors are basic. Personality and individual Difference, 13, 653-665.

Damm-Rüger, Sigrid & Stiegler, Barbara (1996): Soziale Qualifikation im Beruf. Eine Studie zu typischen Anforderungen in unterschiedlichen Tätigkeitsfeldern. Bielefeld: Bundesinstitut für Berufsbildung.

Dantscher, R. (1977): Arbeitsmaterial für Gruppenarbeit. Gelnhausen: Burkhardthaus.

Dieterich, R. & Sowarka, B.H. (2000): Gesamtkonzepte der Persönlichkeit. In: Sarges, W. (Hg.) 432-446.

Domsch, M.E., Regnet, E. & Rosenstiel, L. von (2001)(Hg.): Führung von Mitarbeitern. Fallstudien zum Personalmanagement. 2. Aufl., Stuttgart: Schäffer-Poeschel.

Drever, J. & Fröhlich, W.D. (1975): Wörterbuch zur Psychologie. 9. Aufl., Münschen: dtv.

Ellis, A. (1977): Die rational-emotive Therapie. München: Pfeiffer.

Ellis, A. (1989): Training der Gefühle. München: Moderne VG.

Ellis, A. (1997): Grundlagen und Methoden der Rational-Emotiven Therapie. Stuttgart: Klett-Cotta.

Ellis, A. & Grieger, R. ((1977)(Hg.): Praxis der Rational-Emotiven Therapie. München: Urban & Schwarzenberg.

Erpenbeck, J. (1996): Kompetenz und kein Ende. In QUEM-Bulletin, 1,Berlin: Arbeitsgemeinschaft Betriebliche Weiterbildungsforschung. S. 9-13.

Evers, R. (2000): Soziale Kompetenz zwischen Rationalisierung und Humanisierung – eine erwachsenenpädagogische Analyse. Münster: LIT.

Eysenck, H.J. (1973): The structure of human personality. 3. Aufl., London: Methuen.

Fahrenberg J., Hampel R. & Selg, H. (2001): Das Freiburger Persönlichkeits-Inventar. 7. Aufl., Göttingen: Hogrefe.

Fiedler, F.E. (1967): A theory of leadership effectiveness.New York: Mc Graw Hill.

Fiedler, F.E. (1996): Research on leadership-selection and training: One view of the future. Administrative Science Quarterly, 41 (1), 241-250.

Fiedler, F.E. & Mai-Daltin, R. (1995): Führungstheorie – Kontingenztheorie. In: Kieser, A. u.a. (Hg.): Handwörterbuch der Führung. Stuttgart: Poeschel, 940-953.

Fiege, R. Muck, R.M. & Schuler, H. (2001): Mitarbeitergespräche. In: Schuler, H. (Hg.), 433-482.

Figge, S. (1997): Persönlichkeitsentwicklung mit rational-emotiver Therapie. In: Obermann, C. & Schiel, F. (Hg.): Trainingspraxis. Köln: Wirtschaftsverlag Bachem. 187-208.

Fraser, J. (1908): A new visual illusion of direction. British J. of Psychol., 2, 307-321.

Giesecke, W. (1996): Verschiebungen auf dem Weiterbildungsmarkt. Wie die berufliche Bildung immer allgemeiner wird. In: Zeitschrift für Pädagogik. 35. Beiheft: Bildung zwischen Staat und Merkt. Weinheim. S. 67-87.

Goleman, D. (1998): Emotionale Intelligenz. 5. Aufl., München: Hanser.

Goleman, D. (1999): Der Erfolgsquotient. München: Hanser.

Gordon, G.W. (1961): Synectics. The development of creative capacity. New York: Harper & Row.

Gordon, T. (1982): Managerkonferenz. Reinbek: Rowohlt.

Grimm, H. (1980): Menschen im Sprachkontakt. Videokassette VC-Ent 1-1. Universität Erlangen-Nürnberg. FIM-Psychologie. (ISBN 3-8229-2899-2).

Güttler, P.O. (1996): Sozialpsychologie. 2. Aufl., München: Oldenbourg.

Guilford, J.P. & Höpfner, R. (1976): Analyse der Intelligenz. Weinheim: Beltz.

Häcker, H. & Stapf, K.H. (Hg.)(1998): Dorsch Psychologisches Wörterbuch. 13. Aufl., Bern: Huber.

Harris, T.A. (2003): Ich bin O.K. – Du bist O.K. 38. Aufl., Reinbek: Rowohlt.

Harris, A.B. & Harris, T.A. (2002): Einmal O.K. - Immer O.K. Reinbek: Rowohlt.

Hartley, E.L. & Hartley, R.E. (1955): Die Grundlagen der Sozialpsychologie. Berlin: Rembrandt.

Heckmair, B. (2000): Konstruktiv lernen. Weinheim: Beltz.

Heckmair, B. & Michl, W. (1998): Erleben und Lernen. Einstieg in die Erlebnispädagogik. 3. Aufl., Neuwied: Luchterhand.

Hersey, P., Blanchard, K. & Dewey, J.E. (1996): Management of organizational behavior: Utilizing human resources. 7. Aufl., Upper Saddle River: Prentice-Hall.

Hinsch, R. & Wittmann, S. (2003): Sozialkompetenz kann man lernen. Weinheim: Beltz.

Hoffmann, B. (1987): Handbuch des Autogenen Trainings. 7. Aufl., München: dtv.

Hofstätter, P.R. (1973): Einführung in die Sozialpsychologie. 5. Aufl., Stuttgart: Kröner.

Hofstätter, P.R. (1986): Gruppendynamik. Reinbek: Rowohlt.

Hofstätter, P.R. (1987): Tiefenpsychologische Führungstheorien. In: Kieser, A. u.a. (Hg.), 922-931.

Hovland, C.I. & Janis, I.L. (1959)(Hg.): Personality and persuability. New Haven: Yale University Press.

Holtz, K.-L. (1994): Geistige Behinderung und soziale Kompetenz. Analyse und Integration psychologischer Konstrukte. Heidelberg: Schindele.

Homans, G.C. (1972): Theorie der sozialen Gruppe. 6. Aufl., Opladen: Westdeutscher Verlag.

Huck-Schade, J.M. (2003): Soft Skills auf der Spur. Weinheim: Beltz.

Hück, H.W. (1978): Gruppen mit Programm. 85 Vorschläge. München: Pfeiffer.

Jacobson, E. (1938): Progressive relaxation. Chicago: University of Chicago Press. Deutsch: (1999) Entspannung als Therapie. Stuttgart: Klett-Cotta.

Janis, J.L. (1982): Groupthink: Psychological studies of foreign policy decisions and fiascoes. Boston: Houghton Mifflin.

Jugert, G., Rehder, A. Notz, P. & Petermann, F. (2002): Soziale Kompetenz für Jugendliche. München: Juventa.

Kanizsa, G. (1955): Condizioni et effetti della transparenza fenomenica. Riv. Psicol., 49, 3-19.

Kelley, H.H. (1973): The process of causal attributation. Amer. Psychologist, 28, 107-128.

Kelley, H.H. & Michela, J.L. (1980): Attributation theory and research. Ann. Rev. Psychol., 31, 457-501.

Kieser, A., Reber, G. & Wunderer, R. (1987)(Hg.): Handwörterbuch der Führung. Stuttgart: Poeschel.

Klebert, K., Schrader, E. & Straub, H. (1991): ModerationsMethode. 5. Aufl., Hamburg: Windmühle.

Kohler, J. (1951): Über Aufbau und Wandlungen der Wahrnehmungswelt. Wien: Österreichische Akademie der Wissenschaften.

Kraft, (1982): Autogenes Training. Stuttgart: Hippokrates.

Krech, D. & Crutchfield, R.H. (1985)(Hg.): Grundlagen der Psychologie. Bd. 7: Sozialpsychologie. Weinheim: Beltz.

Kretschmer, E. (1977): Körperbau und Charakter. 26. Aufl., Berlin: Springer.

Lazarus, A.A. & Fay, A. (2001): Ich kann wenn ich will. München: dtv

Lazarus, R.S. (1968): Emotion and adaption. Conceptual and empirical relations. In: W.J. Arnold (Ed.): Nebraska Symposion on Motivation. Lincoln: University of Nebraska Press, 175-270.

Lewin, K. (1963): Feldtheorie in den Sozialwissenschaften: Bern: Huber.

Lewin. K., Lippitt, R.. & White ,R.K. (1939): Patterns of aggressive behavior in experimental createtd „social climates". J. Soc. Psychol., 10, 217-299.

Lipp, U. & Will, H. (2001): Das große Workshop-Buch. 5. Aufl., Weinheim: Beltz.

Loriot (1993): Katalog zu den Ausstellungen "Loriot 70 Jahre". Zürich: Diogenes.

Luft, J. (1971): Einführung in die Gruppendynamik. Stuttgart: Klett.

Mackenzie, A. (1991): Die Zeitfalle. 10. Aufl., Heidelberg: Sauer.

Mahoney, M. (1977): Kognitive Verhaltenstherapie. München: Pfeiffer.

Malorny, C. (1997): Die sieben Kreativitätswerkzeuge K7. München: Hanser.

Maslow, A. (1954): Motivation and Personality. New York: Harper & Row. (1981): Motivation und Persönlichkeit. Reinbek: Rowohlt.

Maslow, A. (1973): Psychologie des Seins. 2. Aufl., München: Kindler.

McGregor, D. (1960): The human side of enterprise. New York: Mc Graw Hill.

Meichenbaum, D. (1977): Kognitive Verhaltensmodifikation. München: Urban & Schwarzenberg.

Mertens, D. (1974): Schlüsselqualifikationen. Thesen zur Schulung für eine moderne Gesellschaft. In: Buttler, F. & Reyher, L. (Hg.)(1991): Wirtschaft-Arbeit-Beruf-Bildung. Dieter Mertens: Schriften und Vorträge 1968 bis 1987. Nürnberg: Institut für Arbeitsmarkt- und Berufsforschung der Bundesanstalt für Arbeit. S. 559-572.

Muccielli, R. (1972): Das nicht-direktive Beratungsgespräch. Salzburg: O. Müller.

Neuberger, O. (1998): Das Mitarbeitergespräch. Praktische Grundlagen für erfolgreiche Führungsarbeit. 4. Aufl., Leonberg: Rosenberger Fachverlag.

Neuberger, O. (2002): Führen und führen lassen. 6. Aufl., Stuttgart: Lucius & Lucius.

Neuland, M. (1999): Neuland-Moderation. 3. Aufl., Künzell: Neuland-Verlag für lebendiges Lernen.

Neuland, M., Neuland, R. & Tosch, M. (1994): Neuland-Moderation. 2 Videokassetten mit Begleitbroschüre. Künzell: Institut Neuland.

Osborn, A. (1965): Applied Imagination. Principles and procedures of creative problem-solving. 3. Aufl., New York: Scribner.

Paulus, J. (1999): Die wahren Grundlagen der Persönlichkeit. Psychologie heute, 1, 44-49.

Preiser, S. (1986): Kreativitätsforschung. 2. Aufl., Darmstadt: Wissenschaftliche Buchgesellschaft.

Preiser, S. (2003): Pädagogische Psychologie. München: Juventa.

Preiser, S. & Buchholz, N. (2000): Kreativität. Ein Trainingsprogramm in sieben Stufen für Beruf und Alltag. 2. Aufl., Heidelberg: Asanger.

Quast, Ch. von (1994): Psychotest Zeitmanagement. München: Humboldt.

Rechtien, W. (2003): Gruppendynamik. In Auhagen, A.E. & Bierhoff, H.W. (Hg.), 103-122.

Rogers, C. (1974: Das Erlebnis der menschlichen Begegnung. München: Kindler.

Rogers, C. (1978): Die klientenzentrierte Gesprächspsychotherapie. 2. Aufl., München: Kindler.

Rogers, C. (1988): Entwicklung der Persönlichkeit. 6. Aufl., Stuttgart: Klett-Cotta.

Rosenstiel, L. von, Regnet, E. & Domsch, M. (1999)(Hg.): Führung von Mitarbeitern. Handbuch für erfolgreiches Personalmanagement. 4. Aufl., Stuttgart: Schäffer-Poeschel.

Roth, H. (1971): Pädagogische Anthropologie. Band 2: Entwicklung und Erziehung. Grundlagen einer Entwicklungspädagogik. Hannover: Schroedel.

Rothgang, G.W. (2003): Entwicklungspsychologie. Stuttgart: Kohlhammer.

Sarges, W. (2000)(Hg.): Management-Diagnostik. 3. Aufl., Göttingen: Hogrefe.

Saum-Aldehoff, T. (2003): Ein langer, immer ruhiger werdender Fluss. Psychologie heute, 2, 28-35.

Schad, N. & Michl, W. (2002)(Hg): Outdoor-Training. Neuwied: Luchterhand.

Schermer, F.J. (1999): Grundlagen der Psychologie. Stuttgart: Kohlhammer.

Schlicksupp, H. (1992): Innovation, Kreativität und Ideenfindung. Würzburg: Vogel.

Schlicksupp, H. (1993): Kreativ-Workshop. Würzburg: Vogel.

Schneewind, K.A., Schröder, K.A. & Cattell, R.B. (1986): Der 16-Persönlichkeits-Faktoren-Test. 2. Aufl., Bern: Huber.

Schnelle, E. (1982): Metaplan – Gesprächstechnik. Quickborn: Metaplan Reihe, Heft 2.

Schuler, H. (2001)(Hg.): Lehrbuch der Personalpsychologie. Göttingen: Hogrefe.

Schultz, J.H. (1991): Das Autogene Training. Konzentrative Selbstentspannung. 19. Aufl., Stuttgart: Thieme.

Schulz von Thun, F. (1981): Miteinander reden. Bd. 1: Störungen und Klärungen. Allgemeine Psychologie der Kommunikation. Reinbek: Rowohlt.

Schulz von Thun, F. (1989): Miteinander reden. Bd. 2: Stile, Werte und Persönlichkeitsentwicklung. Differentielle Psychologie der Kommunikation. Reinbek: Rowohlt.

Schulz von Thun, F. (1998): Miteinander reden. Bd. 3: Das „innere Team" und situationsgerechte Kommunikation. Kommunikation, Person, Situation. Reinbek: Rowohlt.

Schulz von Thun, F., Ruppel, J. & Stratmann, R. (2003): Miteinander reden. Kommunikationspsychologie für Führungskräfte. Reinbek: Rowohlt.

Seidel, E. (1978): Betriebliche Führungsformen. Stuttgart: Poeschel.

Seifert, J.W. (2001): Visualisieren, Präsentieren, Moderieren. 16. Aufl., Offenbach: Gabal.

Seiwert, L.J. (1993): Mehr Zeit für das Wesentliche. Video, Begleitheft und Trainingsplan. 5. Aufl., Landsberg: Verlag moderne Industrie.

Seiwert, L.J. 2002): Mehr Zeit für das Wesentliche. 20. Aufl., München: Readline Wirtschaft.

Seiwert, L.J.(2002): Das neue 1 x 1 des Zeitmanagements. 24. Aufl., München: Gräfe & Unzer.

Selye, H. (1956): The stress of life. New York: McGraw Hill.

Selye, H. (1973): The evolution of the stress concept. American Scientist, 61, 692-699.

Sheldon, W.H. (1942): The varieties of temperament. New York: Harper.

Stogdill, R.M. (1974): Handbook of leadership. New York: Free Press.

Tausch, R. & Tausch, A. (1990): Gesprächspsychotherapie. 9. Aufl., Göttingen: Hogrefe.

Tausch, R. & Tausch, A. (1998): Erziehungspsychologie. Begegnung von Person zu Person. 11. Aufl., Göttingen: Hogrefe.

Taylor, F.W. (1913): Die Grundsätze wissenschaftlicher Betriebsführung. München: Barth.

Thomann, C. & Schulz von Thun, F. (1988): Klärungshilfe. Reinbek: Rowohlt.

tpm (o.J.): Trainingssegmente MK, GF, KS. Unveröffentlichte Seminarunterlagen. Bubenreuth: Team für psychologisches Management.

Vaitl, D. & Petermann, F. (1993/1994): Handbuch der Entspannungsverfahren. 2 Bände. Weinheim: Beltz PVU.

Vester, F. (1982): Phänomen Stress. 4. Aufl., München: dtv.

Wack, O.G., Dettlinger, G. & Grothoff, H. (1993): Kreativ kann jeder sein. Hamburg: Windmühle.

Watzlawick, P. (1980): Fallinterpretationen. In: Grimm, H. (1980)

Watzlawick, P. (1983): Anleitung zum Unglücklichsein. München: Piper.

Watzlawick, P. Beavin, J. & Jackson, D. (1969): Menschliche Kommunikation. Bern: Huber.

Weinberger, S. (1988): Klientenzentrierte Gesprächsführung. 6. Aufl., Weinheim: Beltz.

Weinert, A. B. (1987): Lehrbuch der Organisationspsychologie. 2. Aufl., München: Psychologische-Verlags-Union.

Weisbach, C.-R. (1994): Professionelle Gesprächsführung. 2. Aufl., München: Beck-dtv.

Weiss, J.F. (1972): Psychological factors in stress and disease. Scientific Amer., 226, 104 f.

Wellhöfer, P.R. (1977): Grundstudium Persönlichkeitspsychologie. München: dtv.

Wellhöfer, P.R. (1988): Grundstudium Sozialpsychologie. 2. Aufl., Stuttgart: Lucius & Lucius.

Wellhöfer, P.R. (1990a): Psychologische Aspekte der richterlichen Entscheidungsfindung. In: Sozialmagazin, 10, 42-47.

Wellhöfer, P.R. (1990b): Grundstudium Allgemeine Psychologie. 2. Aufl., Stuttgart: Lucius & Lucius.

Wellhöfer, P.R. (1997): Grundstudium Sozialwissenschaftliche Methoden und Arbeitsweisen. 2. Aufl., Stuttgart: Lucius & Lucius.

Wellhöfer, P.R. (2001): Gruppendynamik und soziales Lernen. 2. Aufl., Stuttgart: Lucius & Lucius.

Wellhöfer, P.R. & Rothgang, G.-W. (2003): Evaluation und studentische Lehrveranstaltungskritik an Fachhochschulen in Bayern. In: Waldherr, F. (Hg.): Evaluation und Lehrbericht – Empfehlungen für Studiendekane. 2. Aufl., Augsburg: Ziel, 6-36.

Zimbardo, P.R. & Gerrig, R.J. (1999): Psychologie. 7. Aufl., Berlin: Springer.

5.4. Personen- und Stichwortverzeichnis

Wörterbuch der Soziologie

von G. Endruweit u. G. Trommsdorff (Hrsg.)

2., völlig neubearbeitete und erweiterte Auflage

2002. X/754 S., kt. € 34,90 / sFr 57,80. ISBN 3-8282-0172-5
UTB 2232 (ISBN 3-8252-2232-2)

Die 2. überarbeitete und erweiterte Auflage dieses erfolgreichen
Wörterbuchs umfasst über 350 Stichwörter, die aufgrund ihres deutlich über lexikalische Kürze hinausgehenden Umfangs sich auch gut
zur Einführung in zentrale Fragestellungen der modernen Soziologie
eignen. Beibehalten wurde die Grundkonzeption, in größeren Über-
blicksartikeln wichtigere Bereiche und Begriffe der Soziologie einge-
hend und in sich geschlossen zu behandeln. Daneben stehen kürze-
re, eher lexikalische Stichwortbehandlungen, denn die vielfältige
Entwicklung der Soziologie und ihrer Nachbarwissenschaften hat
auch solchen Gegenständen eine große Bedeutung gegeben, die
nicht auf den ersten Blick als Teil eines Systemzusammenhangs zu
erkennen sind.

Führen und führen lassen

von Oswald Neuberger

6. völlig neu bearb. und erw. Auflage

2002. XV, 899 S., mit 82 Abb. u. zahlr. Tab. u. Übers.
kt. € 34,90 / sFr 57,80
ISBN 3-8282-0173-3 (UTB 2234, ISBN 3-8252-2234-9)

Das erfolgreiche Lehrbuch zum Thema 'Führen' wird in einer völlig
neu konzipierten und stark erweiterten Auflage vorgelegt. Ziel ist es
weiterhin, einen Überblick über die wichtigsten Ansätze und
Befunde der Führungsforschung zu geben und sie kritisch zu kommentieren.

 *Stuttgart*